文科生也可以輕鬆學會

Web Scraper 網路爬蟲 與 Power Automate × Excel 大數據分析

活用 ChatGPT 學習網路爬蟲、大數據分析和辦公室自動化

作者序

　　基本上，大數據分析的首先任務是取得資料，或稱為數據，我們可以使用多種方法來取得這些資料，網路爬蟲就是一種直接從網路取得資料的技能。當成功取得數據後，我們需要進行清理後，才能進行資料分析，隨著資料量的飛躍成長，已經遠遠超過人腦的負荷，此時，需要使用資料視覺化來快速理解大量資料，大數據分析事實上就是一種資料視覺化，也是人工智慧和機器學習必備的先修課程。

　　Power Automate Desktop 是 Microsoft 低程式碼的自動化工具，可以建立桌面流程來自動化執行一系列動作，輕鬆建立 Windows 應用程式和 Excel 自動化，不只可以提高日常事務的工作效率，在使用 ChatGPT 學習 SQL 語法後，更可以整合 Power Automate Desktop + SQL 建立高效率的 Excel 資料處理。

　　本書可以作為大專院教、科技大學和技術學院非本科系關於網路爬蟲、資料視覺化或大數據分析相關課程的教材，全書使用免程式和低程式碼工具，不用真的寫程式，只需使用 CSS 選擇器節點組織你的網站地圖，就可以擷取網頁資料，組合一序列操作的動作建立桌面流程，就可以自動化操作 Windows 應用程式和 Excel 工作表，輕鬆完成自動化網頁資料爬取、處理 Excel 檔案和使用 SQL 語言進行 Excel 資料分析。

　　在內容上，因為「學習網路爬蟲需要了解 HTML 標籤+CSS 選擇器」，所以本書第一篇是使用著名的 Chrome 擴充功能 Web Scraper 爬蟲工具來執行網路爬蟲，你不用撰寫一行程式碼，就可以建立 CSS 選擇器的爬取地圖從網站擷取資料，不只能夠輕鬆爬取目前網路上的大部分網站，本書更透過 ChatGPT 讓你輕鬆一邊爬；一邊學習 HTML 標籤+CSS 選擇器，並且輕鬆了解 Web 網站的網頁內容和各種巡覽結構。

　　目前版本的 Web Scraper 已經支援將擷取資料匯出成 Excel 檔案，在取得 Excel 檔案的網路資料後，在第二篇是透過 ChatGPT 的幫助使用 Excel 進行資料清理、資料分析和繪製圖表的資料視覺化，最後在第三篇說明 Power Automate Desktop 自動化工具，可以將日常事務的軟體或 Excel 操作步驟都轉換成自動化的桌面流程，讓 Power Automate Desktop 幫助你處理這些重複操作，輕鬆建立自動化 Excel + SQL 語言的資料處理和資料分析。

如何閱讀本書

　　本書架構上是循序漸進從網路爬蟲的基礎知識開始，在使用 Web Scraper 學習 HTML 和 CSS 選擇器來爬取資料成為 Excel 檔案後，使用 ChatGPT X Excel 來處理 Web Scraper 擷取的網頁資料，最後使用 Power Automate Desktop 桌面流程建立 Windows 應用程式和 Excel 自動化。

第一篇：Web Scraper 網路爬蟲：用 ChatGPT 學習 HTML+CSS

　　第一篇說明如何使用 Web Scraper 爬蟲工具來取得網路資料，這是一個免程式工具，只需建立網站爬取的 CSS 選擇器地圖，即可從 HTML 網頁取得資料。第 1 章說明 HTML、CSS 和網路爬蟲的基礎，和在瀏覽器安裝 Web Scraper 擴充功能。在第 2 章說明如何爬取 HTML 標題與文字編排標籤，並且說明 CSS 的 id 和型態選擇器。第 3 章爬取 HTML 清單項目和表格標籤，同時解說 CSS 樣式類別和群組選擇器，在說明網頁多筆記錄和欄位資料爬取後，說明如何新增多個起始 URL 網址的網站地圖。在第 4 章爬取 HTML 圖片和超連結標籤，可以讓我們輕鬆爬取需要多頁面瀏覽才能取得的資料。

　　在第 5 章爬取 HTML 容器和 HTML 版面配置標籤，詳細說明如何建立 Web Scraper 的多層網站地圖和使用正規表達式來清理欄位資料。從第 6 章開始說明各種分頁網站的爬取，第 6 章是爬取階層選單和上下頁巡覽網站。在第 7 章是爬取頁碼、更多按鈕和捲動頁面巡覽的網站。最後在第 8 章提供實際的網站爬蟲範例，包含新聞、商務和金融數據資料爬取的實作範例。

第二篇：ChatGPT X Excel 資料清理與大數據分析

　　第二篇是 Excel 資料清理與大數據分析，在第 9 章說明什麼是大數據分析與資料視覺化，第 10 章首先使用 ChatGPT 產生表格資料建立 Excel 工作表後，轉換成 Excel 表格資料，即可使用 Excel 進行資料清理。在第 11 章說明 Excel 資料分析的常用函數（請 ChatGPT 幫助寫出這些函數）、和 Excel 樞紐分析表的建立，並且說明如何使用 ChatGPT 來進行表格資料的分析。第 12 章是 Excel 各種常用圖表的繪製，最後說明如何使用 Excel 樞紐分析表建立動態圖表。

第三篇：Power Automate Desktop 自動化：用 ChatGPT 學習 SQL

　　第三篇是 Power Automate Desktop 自動化，在第 13 章說明 Power Automate 的安裝和基本使用，第 14 章建立 Windows 應用程式的桌面流程來建立辦公室自動化，在說明如何自動化下載網路資料後，建立一個完整流程來自動化啟動 Web Scraper 開啟網站地圖爬取網頁資料，和將下載的 Excel 檔案搬移至指定目錄。

　　在第 15 章是使用 Power Automate Desktop 來自動化操作 Excel 工作表和儲存格，第 16 章說明如何使用 ChatGPT 學習 SQL 指令，和使用 Power Automate Desktop + SQL 建立高效率 Excel 資料處理的自動化桌面流程。

　　附錄 A 說明 ChatGPT 的註冊和基本使用。

　　編著本書雖力求完美，但學識與經驗不足，謬誤難免，尚祈讀者不吝指正。

陳會安

於台北 hueyan@ms2.hinet.net

2023.9.28

學習資源說明

　　為了方便讀者學習，筆者將本書的相關資料都收錄在碁峰資訊的下載網站 `http://books.gotop.com.tw/download/ACD023900`，其內容僅供合法持有本書的讀者使用，未經授權不得抄襲、轉載或任意散佈。

　　內容如下：

資料夾	說明
Ch01~Ch08 Ch10~Ch16 AppA	本書各章 Web Scraper 網站地圖、Excel 範例檔、Power Automate 流程檔（.txt）、ChatGPT 提示文字（_gpt.txt）、HTML 網頁、圖檔和 CSV 檔案等
電子書	附錄 A-註冊與使用 ChatGPT 電子書
HTMLeBook 資料	HTML 電子書

版權聲明

目錄

CHAPTER **3**

爬取清單項目和表格標籤

CHAPTER **4**

爬取圖片和超連結標籤

CHAPTER **5**

爬取容器和 HTML 版面配置標籤

CHAPTER **6**

爬取階層選單和上/下頁巡覽的網站

CHAPTER **7**

爬取頁碼、更多按鈕和捲動頁面巡覽的網站

CHAPTER **8**

Web Scraper 網路爬蟲實戰：
新聞、BBS 貼文、商務與金融數據

第二篇 ChatGPT X Excel 資料清理與大數據分析

CHAPTER **9**

認識大數據分析 – 資料視覺化

CHAPTER **10**

ChatGPT 建立 Excel 工作表與資料清理

CHAPTER **11**

Excel 資料分析與樞紐分析表

CHAPTER **12**

在 Excel 進行資料視覺化

第三篇　Power Automate Desktop 自動化

CHAPTER **13**

Power Automate Desktop 基本使用

CHAPTER **14**

Power Automate Desktop 辦公室自動化

CHAPTER **15**

Power Automate Desktop 自動化操作 Excel

CHAPTER **16**

Power Automate Desktop + SQL 高效率 Excel 資料處理術

## CHAPTER 1

認識 HTML、CSS 和網路爬蟲

1-1 網路爬蟲的基礎

「網路爬蟲」（Web Scraping）是一個從 Web 資源擷取資料的過程，我們可以使用瀏覽器檢視所需資料的網頁後，就可以直接從 Web 資源取得所需資訊，而不是使用網站提供的現成 API 存取介面。

網路爬蟲或稱為網路資料擷取（Web Data Extraction）是一種資料擷取技術，可以讓我們從 Web 網站的 HTML 網頁取出所需的資料，其過程包含與 Web 資源進行通訊，剖析文件取出所需資料和將資料整理成資訊，即轉換成所需的資料格式。

認識網路爬蟲

網路爬蟲（Web Scraping）是一種針對目標 Web 網站自動擷取資訊的技術，雖然我們可以手動自行使用複製和貼上方式來收集和擷取資訊，但是網路爬蟲可以自動幫助我們收集和擷取資訊。

一般來說，Web 網站內容很多都是從資料庫取出結構化資料來產生網頁內容，但是因為網站內容編排的版面配置，在網頁會新增標題、註腳、選單、巡覽列和側邊欄等其他資訊的區段，造成網頁內容反而變成一種結構不佳的資料。網路爬蟲可以讓我們從 Web 網站取出非表格或結構不佳的資料後，將之轉換成可用且結構化的資料，如下圖：

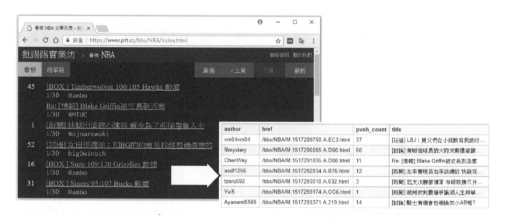

上述圖例可以看出直接從 PTT NBA 板的網頁中爬取資料，然後轉換成結構化資料（即使用表格呈現的資料），這就是網路爬蟲的目的：轉換 Web 網站的特定內容成為結構化資料，例如：轉換輸出成關聯式資料庫、Excel 試算表或 CSV 檔案等。

> **Memo**
>
> 以電腦資訊科技來說，網路爬蟲是一種反向工程，HTML 網頁的資料來源大多是伺服器資料庫的記錄資料，一種結構化資料，HTML 網頁內容將這些資料轉換成非結構化資料來呈現，網路爬蟲是將 HTML 網頁內容的非結構化資料，再度轉換成結構化的表格資料。

什麼不是網路爬蟲

　　在實務上，並非所有從網路取得資料的操作都可以稱為網路爬蟲，如果沒有資料擷取操作過程，可以直接從 Web 網站取得機器可讀取的資料，這些操作並不能稱為網路爬蟲，例如：

- 直接從網站下載資料檔：有些網站已經提供現成結構化資料的檔案可供下載，例如：Excel 檔案、CSV 檔案或 JSON 檔案等。

- 應用程式介面 Web API：很多公司都會提供 Web 基礎的 API 介面，例如：REST API，我們可以透過 REST API 來下載結構化資料，例如：JSON 資料。

▌Memo

請注意！上述應用程式介面 Web API 如果是公開 API，基本上，並不能算是網路爬蟲，如果不是公開的 API，而是自行透過分析瀏覽器的 HTTP 請求來找出的 Web API，從廣意來說，也可稱為網路爬蟲。

1-2 　了解瀏覽器瀏覽網頁的步驟

　　網路爬蟲就是一個從 Web 網頁擷取資料的過程，可以讓我們從瀏覽的網頁中擷取出所需的資訊，在實務上，我們一定需要先從瀏覽器的網頁內容中看到目標資料後，才能使用網路爬蟲將目標資料擷取回來。

　　相信每一位讀者都曾在瀏覽器輸入 URL 網址來瀏覽網頁，這些看起來十分簡單的操作，就是建立網路爬蟲第一步，打開瀏覽器的窗口找到你要的資料，然後擷取出有興趣的資料，其基本步驟如下：

1 在瀏覽器輸入 URL 網址就是向 Web 伺服器送出 HTTP 請求，這是 GET 請求（即取得資源的請求），使用的是第 1-3-1 節的 HTTP 通訊協定。

2 Web 伺服器依據瀏覽器送出的 HTTP 請求來回應內容至瀏覽器，通常就是 HTML 網頁。

3 瀏覽器接收到伺服器回應的 HTML 網頁後，將網頁內容剖析建立成樹狀結構，每一個 HTML 標籤是一個節點，這就是 DOM（Document Object Document）。

4 瀏覽器依據 DOM 產生內容，成為我們在瀏覽器看到的網頁內容。

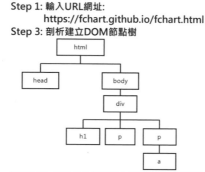

URL 網址

基本上，在瀏覽器輸入的 URL 網址是由幾個部分所組成，例如：fChart 教學工具簡介頁面的測試網頁，其 URL 網址：

```
https://fchart.github.io/fchart.html
```

上述 URL 網址的目的是指出你需要取得哪一個 Web 伺服器的哪一個資源，資源有很多種，最常見的就是 HTML 網頁和圖檔，詳細 URL 網址的說明請參閱第 1-3-2 節，如下：

- fchart.github.io：Web 伺服器的名稱。

- fchart.html：資源名稱，即 HTML 網頁的檔案名稱。

HTML 網頁

Web 伺服器在接收到瀏覽器的 HTTP 請求後，就會依據請求回應 HTML 網頁內容，即回應資源，例如：當在瀏覽器輸入 URL 網址 https://fchart.github.io/fchart.html，可以在瀏覽器看到回應的網頁內容，如下圖：

上述網頁內容是瀏覽器已經剖析 HTML 網頁+CSS 樣式產生的網頁內容，可以看到在中間區塊顯示的網頁內容：標題、段落和超連接。

我們可以檢視網頁的原始程式碼，請在瀏覽器的網頁內容上，點選滑鼠【右】鍵，執行快顯功能表的【檢視網頁原始碼】命令，可以看到 Web 伺服器回傳的 HTML 網頁內容，這是 HTML5 標籤，在<style>標籤中是 CSS 樣式（HTML 標籤的外觀描述），如下圖：

```
1   <!doctype html>
2   <html>
3   <head>
4       <title>fChart程式設計教學工具簡介</title>
5       <meta charset="utf-8" />
6       <meta http-equiv="Content-type" content="text/html; charset=utf-8"/>
7       <style type="text/css">
8       body {
9           background-color: #f0f0f2;
10      }
11      div {
12          width: 600px;
13          margin: 5em auto;
14          padding: 50px;
15          background-color: #fff;
16          border-radius: 1em;
17      }
18      </style>
19  </head>
20  <body>
21  <div>
22      <h1>fChart程式設計教學工具簡介</h1>
23      <p>fChart是一套真正可以使用「流程圖」引導程式設計教學的「完整」學習工具，
24      可以幫助初學者透過流程圖學習程式邏輯和輕鬆進入「Coding」世界。</p>
25      <p><a href="https://fchart.github.io">更多資訊...</a></p>
26  </div>
27  </body>
28  </html>
29
```

上述回應內容是 HTML 標籤和 CSS 樣式組成的 HTML 標籤碼。

樹狀結構的節點

瀏覽器首先會將 Web 伺服器回傳的 HTML 標籤，建立成樹狀結構的節點，即 DOM 節點樹，這是一種階層結構的標籤。因為 HTML 標籤是成對的：「<標籤名稱>...</標籤名稱>」（在結尾標籤名稱前有「/」），而且在標籤中可以擁有其他 HTML 標籤，如下：

```
<div>
    <p></p>
    …
</div>
```

在上述<div>標籤中擁有<p>標籤，<div>標籤是父標籤；<p>標籤是子標籤，這是巢狀標籤的階層結構。在 DOM 節點樹就是 HTML 標籤的階層結構，每一個 HTML 標籤是一個節點（Node）。

我們可以使用開發人員工具來顯示 HTML 標籤的階層結構，請在 Chrome 瀏覽器按 F12 鍵開啟開發人員工具，選【Elements】標籤（點選前方第 1 個圖示，可以在網頁移動游標來選擇元素），如下圖：

上述圖例顯示的 HTML 標籤可以一層一層的展開或摺疊，例如：請依序展開<body>、第 1 個<div>、第 2 個<p>標籤，可以看到最後的<a>標籤，在下方顯示【html body div p a】，這是 HTML 標籤的階層關係，如下圖：

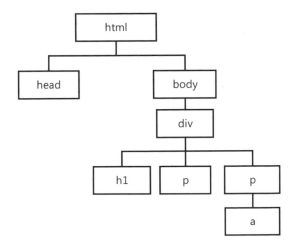

上述圖例是 HTML 網頁的 DOM 節點樹，在<body>標籤下有<div>標籤，之下是<h1>和 2 個<p>標籤，最後 1 個<p>標籤下是<a>標籤。

網路爬蟲就是使用 DOM 節點樹的階層結構來定位 HTML 標籤，我們可以一層一層的展開 HTML 標籤，直到找到目標資料所在的 HTML 標籤。

瀏覽器呈現的網頁內容

最後瀏覽器會產生 HTML 標籤+CSS 樣式編排的網頁內容，這就是在瀏覽器最後顯示的 HTML 網頁內容，如下圖：

fChart程式設計教學工具簡介

fChart是一套真正可以使用「流程圖」引導程式設計教學的「完整」學習工具，可以幫助初學者透過流程圖學習程式邏輯和輕鬆進入「Coding」世界。

更多資訊...

從上述網頁內容可以知道【fChart 程式設計教學工具簡介】標題文字是 <h1> 標籤，位在標題文字下方的第 1 個段落文字是第 1 個 <p> 標籤，【更多資訊...】是一個 <a> 超連結標籤，位在第 2 個 <p> 標籤之中。點選超連結，可以進入另一頁 HTML 網頁的資源，如下圖：

上述瀏覽器上方的欄位可以看到一個新的 URL 網址：

```
https://fchart.github.io/
```

上述網址有 Web 伺服器的網域名稱，但沒有指定資源的 HTML 檔案名稱，因為是 fChart 官方網站的首頁，預設資源檔名是 index.html，所以並不用指名資源名稱。

現在，你應該可以了解我們瀏覽網頁到底是在作了什麼，第一次輸入的是開始的起始 URL 網址，當點選超連結，就會進入另一個 URL 網址，我們可能需要透過點選多次超連結，才能找到欲擷取的目標資料。

當網頁內容顯示目標資料時，因為資料是位在某 1 個 HTML 標籤之中，我們需要走訪 DOM 樹的節點到目標 HTML 標籤，或使用 CSS 選擇器定位出資料所在的 HTML 標籤，就可以擷取出所需的資料。

1-3　認識 HTTP 通訊協定與 URL 網址

如同打電話需要電話號碼進行撥號，在打通時一定會有一段交談對話來確認彼此的身份，如下所示：

> 你好，請問陳會安在不在？
> 我就是，你是哪位？
> 我是 Gotop 出版社的編輯
> ...

對比瀏覽網頁，URL 網址是進入網站的電話號碼，打電話時的交談過程，就是使用 HTTP 通訊協定在瀏覽器和伺服器之間交換資料。

1-3-1　HTTP 通訊協定

網路爬蟲的第一步是向 Web 網站送出 HTTP 請求來取得資源的網頁內容，有了網頁內容，才能爬取網頁內容的資料。基本上，取得網頁內容的過程是一種請求和回應操作，在之間使用 HTTP 通訊協定進行溝通，也就是說，瀏覽器使用 HTTP 通訊協定送出請求，向 Web 伺服器請求所需的 HTML 網頁資源，如下圖：

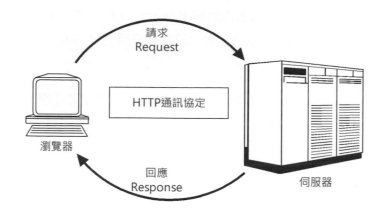

上述過程如同向父母要零用錢 500 元,你是瀏覽器,使用 HTTP 通訊協定的國語向父母要零用錢,父母是伺服器,也懂 HTTP 通訊協定的國語,所以聽得懂要 500 元,最後 Web 伺服器回傳資源 500 元,如同父母將 500 元交到你手上。

「HTTP 通訊協定」(Hypertext Transfer Protocol)就是一種在伺服端(Server)和客戶端(Client)之間傳送資料的通訊協定,如下圖:

上述 HTTP 通訊協定是一種主從架構(Client-Server Architecture)應用程式,在客戶端(瀏覽器)使用 URL(Uniform Resource Locations)萬用資源定位器指定連線的伺服端資源(Web 伺服器),傳送 HTTP 訊息(HTTP Message)進行溝通,可以請求指定的資源檔案,其過程如下:

1 客戶端要求連線伺服端。

2 伺服端允許客戶端的連線。

3 客戶端送出 HTTP 請求訊息,內含 GET/POST 請求取得伺服端的指定資源檔案(GET 是請求資源;POST 是表單送回)。

4 伺服端以 HTTP 回應訊息來回應客戶端的請求，傳回訊息包含請求的檔
案內容，和標頭資訊。

請注意！在瀏覽器顯示的 HTML 網頁內容並不是只送出一個 HTTP 請
求，所有組成網頁內容的 HTML 檔案、CSS 檔、JavaScript 程式檔和圖檔都
有獨立的 HTTP 請求。

請瀏覽 fChart 官方網站 https://fchart.github.io/，按 `F12` 鍵開啟開發人員
工具，選【Network】標籤後，按 `F5` 鍵或上方 URL 列的第 3 個重新整理鈕，
重新載入網頁，可以在【All】標籤顯示所有資源的 HTTP 請求，如下圖：

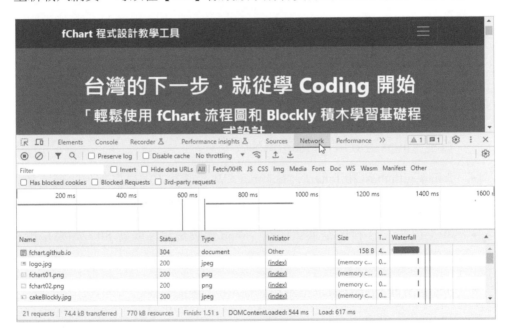

上述第 1 個網址是 fchart.github.io，類型 Type 欄是 document，即首頁的
index.html 檔案，這是在 URL 網址欄輸入的網址，也是瀏覽器送出的第 1 個
HTTP 請求，當取得 Web 伺服器回應的 HTML 網頁後，瀏覽器剖析 HTML 網
頁產生內容前，需要再次提出 HTTP 請求來取得相關資源檔案，例如：副檔
名.png 和.jpg 是圖檔、.css 的 CSS 樣式表檔案和.js 的 JavaScript 程式檔案等。

　　以此例，在瀏覽器下方狀態列顯示共有 21 個請求，換句話說，網頁內容除了 URL 網址的第 1 個 HTTP 請求後，還需要再提出 20 個 HTTP 請求來完整取回 HTML 網頁檔案、CSS 檔案、JavaScript 程式檔和圖檔後，最後才能在瀏覽器產生我們看到的網頁內容。

1-3-2　URL 網址

　　在瀏覽器輸入的 URL 網址是由幾個部分組成，例如：fChart 程式教學工具的官方 Web 網站，其 URL 網址：

```
https://fchart.github.io/
https://fchart.github.io:80/test/books.html
http://fchart.is-best/books.php?type=2
```

　　上述 URL 網址各部分的說明，如下：

- http 和 https：位在「://」符號之前是使用的通訊協定，http 是 HTTP 通訊協定，https 是 HTTP 的加密傳輸版本。

- fchart.github.io 和 fchart.is-best.net：Web 網站的網域名稱，此網域會透過 DNS（Domain Name System）服務轉換成 IP 位址。

- 80：位在「:」後的是通訊埠號，Web 預設是使用埠號 80，如果是預設埠號 80，並不用指明。

- /test：Web 伺服器請求指定網頁檔案的路徑。

- books.html 和 books.php：副檔名 .html 是 HTML 網頁檔案；.php 是伺服端網頁技術 PHP 的程式檔案。

- type=2：在「?」符號後的是傳遞的參數，位在「=」前是參數名稱，之後是參數值，如果不只一個，請使用「&」連接，如下：

```
type=2&name=hueyan
```

1-4 │ HTML5 標示語言與 CSS

Web 網站顯示的內容是使用 HTML 標示語言所編排的文件，其最新版本是 HTML5。CSS 是樣式表語言，其目的是格式化 HTML 標籤來顯示出漂亮的網頁內容。

1-4-1　HTML 標示語言

「HTML」（HyperText Markup Language）是一種功能強大的文件標示、管理和編排語言。

HTML 標籤和屬性

HTML 標示語言（Markup Language）是 Tim Berners-Lee 在 1991 年建立，這是一種文件內容的格式編排語言。Tim Berners-Lee 已經建立好一組 HTML 預設標籤集，就算不是專業的程式設計者，也一樣可以使用 HTML 標籤來建立 HTML 網頁。HTML 標籤和屬性，如下圖：

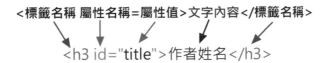

上述 HTML 標籤使用<標籤名稱>和</標籤名稱>括起文字內容，在開始的<標籤名稱>標籤可以有屬性清單（使用屬性名稱和屬性值組成，如果不只一個，請使用空白分隔），而位在<h3>和</h3>括起的文字內容，就是本書網路爬蟲欲擷取的目標資料。

HTML5 網頁的結構

HTML5 網頁的基本標籤結構，如下：

```
<!DOCTYPE html>
<html lang="zh">
  <head>
    <meta charset="utf-8">
```

```
    <title>網頁標題文字</title>
  </head>
  <body>
    網頁內容
  </body>
</html>
```

上述 HTML 網頁結構是一種階層結構的標籤，在<html>標籤下分成<head>和<body>標籤，如下圖：

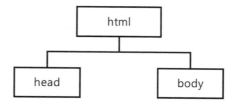

上述<html>標籤表示這是一份 HTML 網頁文件，<head>標籤是用來描述網頁本身，我們真正看到的內容是位在<body>標籤的子標籤。

<!DOCTYPE>

<!DOCTYPE>位在<html>標籤前，這不是 HTML 標籤，其目的是告訴瀏覽器所使用的 HTML 版本，以便瀏覽器使用正確引擎來產生 HTML 網頁內容。

<html>標籤

<html>標籤是 HTML 網頁的根元素，一個容器元素，其內容是其他 HTML 標籤，擁有<head>和<body>兩個子標籤。如果需要，<html>標籤可以使用 lang 屬性指定網頁使用的語言，如下：

```
<html lang="zh-TW">
```

上述標籤的 lang 屬性值，常用 2 碼值有：zh（中文）、en（英文）、fr（法文）、de（德文）、it（義大利文）和 ja（日文）等。lang 屬性值也可以加上「-」分隔的 2 碼國家或地區，例如：en-US 是美式英文、zh-TW 是台灣的正體中文等。

\<head>標籤

\<head>標籤的內容是標題元素,包含\<title>、\<meta>、\<script>和\<style>標籤。例如:\<meta>標籤可以指定網頁的編碼為 utf-8,如下:

```
<meta charset="utf-8">
```

\<body>標籤

\<body>標籤才是真正編排的網頁內容,包含文字、超連結、圖片、表格、清單和表單等網頁內容。

📝 HTML 網頁:ch1-4-1.html

我們準備使用 HTML5 標籤建立一份簡單的 HTML 網頁內容,點選檔案 ch1-4-1.html,就可以啟動瀏覽器看到網頁內容,如下圖:

上述 HTML 網頁的副檔名是.html 或.htm,因為是純文字內容,我們可以使用 Windows【記事本】來編輯 HTML 網頁,如下圖:

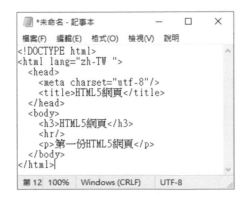

　　請執行「檔案>儲存檔案」命令，可以看到「另存新檔」對話方塊，在切換路徑輸入檔名（需自行加上副檔名.html）後，記得在【存檔類型】欄選【所有檔案】；下方【編碼】欄指定編碼 UTF-8 後，按【存檔】鈕儲存成 HTML 網頁檔案。

◀» **標籤內容**

```
01: <!DOCTYPE html>
02: <html lang="zh-TW ">
03:   <head>
04:     <meta charset="utf-8"/>
05:     <title>HTML5 網頁</title>
06:   </head>
07:   <body>
08:     <h3>HTML5 網頁</h3>
09:     <hr/>
10:     <p>第一份 HTML5 網頁</p>
11:   </body>
12: </html>
```

◀» **標籤說明**

　　第 1 行：DOCTYPE 宣告，告訴瀏覽器的 HTML 版本是 HTML5。

　　第 2~12 行：在<html>標籤使用 lang 屬性指定台灣的正體中文。

　　第 3~6 行：在<head>標籤擁有<meta>和<title>標籤。

　　第 7~11 行：在<body>標籤擁有<h3>、<hr>和<p>標籤。

1-4-2　CSS 基礎與 CSS 選擇器

　　「CSS」（Cascading Style Sheets）層級式樣式表就是產生漂亮 HTML 網頁內容的幕後功臣，因為 CSS 可以重新定義 HTML 標籤的顯示效果。我們可以想像 HTML 標籤是一位素顏的網紅，瀏覽器依據 CSS 替網紅化妝後，才能成為我們在網路上認識的網紅。

在 HTML 網頁使用 CSS 樣式

　　HTML 標籤<p>是段落，瀏覽器提供的預設樣式是平平無奇的字體與指定字型大小來顯示，CSS 可以重新定義標籤<p>的樣式，如同替嘴唇（段落）化了一個紅色比較小的妝，如下：

```
<style type="text/css">
p { font-size: 10pt;
    color: red; }
</style>
```

　　上述<style>標籤定義 CSS，重新定義<p>標籤使用尺寸 10pt 的文字，色彩為紅色，現在，只要 HTML 網頁使用<p>標籤，都會套用此字型尺寸和色彩來顯示<p>標籤的外觀。

CSS 基本語法

　　在 HTML 標籤可以套用 CSS 樣式來顯示出不同的樣式，我們只需選擇需要套用的 HTML 標籤，即可定義這些標籤顯示樣式的樣式規則，其基本語法如下：

```
選擇器 {屬性名稱 1: 屬性值 1; 屬性名稱 2: 屬性值 2…}
```

　　上述 CSS 語法分成兩大部分，在大括號前是選擇器（Selector），可以選擇套用樣式的 HTML 標籤，在括號中是重新定義顯示樣式的樣式組，稱為樣式規則，如下所示：

- 選擇器：選擇器可以定義哪些 HTML 標籤需要套用樣式，CSS Level 1 提供基本選擇器：型態、巢狀和群組選擇器，CSS Level 2 提供更多選擇器，例如：屬性條件選擇；在 Level 3 增加很多功能強大的選擇器，因為 CSS 選擇器可以在網頁中定位網頁元素，所以，網路爬蟲可以使用 CSS 選擇器來定位欲擷取的 HTML 標籤。

- 樣式規則：樣式規則是一組 CSS 樣式屬性，這是多個樣式屬性組成的集合，在各樣式之間使用「;」符號分隔，在「:」符號後是屬性值；之前是樣式屬性的名稱，例如：定義\<p\>標籤的 CSS 樣式，font-size 和 color 是樣式屬性名稱；10pt 和 red 是屬性值，如下所示：

```
p { font-size: 10pt;
    color: red; }
```

 HTML 網頁：ch1-4-2.html

請修改 HTML 網頁 ch1-4-1.html 成為 ch1-4-2.html，可以在\<p\>標籤套用 CSS 樣式的紅色字，其執行結果顯示的網頁內容，文字內容已經改為紅色比較小的字型尺寸，如下圖：

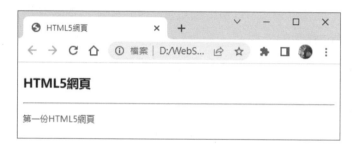

◀ㅣ） **標籤內容**

```
01: <!DOCTYPE html>
02: <html lang="zh-TW ">
03:   <head>
04:     <meta charset="utf-8"/>
05:     <title>HTML5 網頁</title>
06:     <style type="text/css">
07:     p  { font-size: 10pt;
08:         color: red; }
09:     </style>
10:   </head>
11:   <body>
12:     <h3>HTML5 網頁</h3>
13:     <hr/>
14:     <p>第一份 HTML5 網頁</p>
15:   </body>
16: </html>
```

◀)) **標籤內容**

第 6~9 行：在<style>標籤定義 CSS 樣式規則，重新定義<p>標籤的顯示樣式
　　　　　為紅色尺寸 10pt 的字型。

第 14 行：套用 CSS 樣式的<p>標籤。

　　一般來說，CSS 樣式規則並不是我們爬取的目標，我們要的是資料，不
是 CSS 樣式。對於網路爬蟲來說，我們需要了解 CSS 如何選出套用樣式的
HTML 標籤，即大括號前的「CSS 選擇器」（CSS Selectors），以此例就是 p，
如下圖：

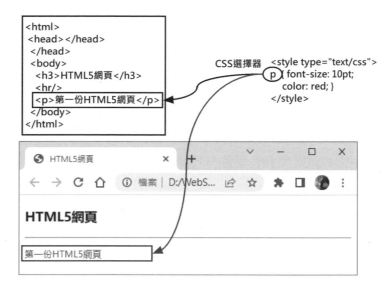

　　上述 CSS 選擇器是 p，即定位<p>標籤，我們可以在 HTML 網頁中找到
此<p>標籤，並且套用紅色尺寸 10pt 的字型，所以在下方顯示縮小紅色字的
段落文字。

　　HTML 網頁：ch1-4-2a.html 將原來<h3>標籤也改成<p>標籤，可以看到
CSS 選擇器 p 定位到 2 個<p>標籤，並且將這 2 個<p>標籤都套用成紅色尺寸
10pt 的字型，如下圖：

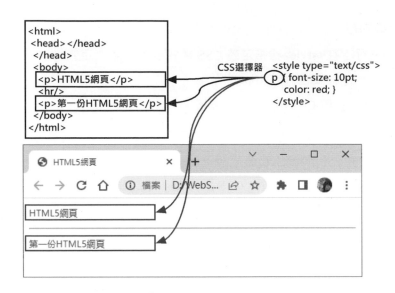

1-5 使用 ChatGPT 學習 HTML 和 CSS

ChatGPT 可以幫助我們學習 HTML 標籤，如果有不了解的 HTML 標籤，都可以詢問 ChatGPT，請在詢問時給 ChatGPT 一個角色，並且指定是使用繁體中文來回答，例如：在 ch1-4-1.html 的<h3>標籤。

我們可以詢問 ChatGPT 什麼是<h3>標籤，其詳細的問題描述（ch1-5_gpt.txt），如下所示：

> 你是 HTML 專家，請使用繁體中文說明什麼是 HTML5 的<h3>標籤？

 <h3>標籤是HTML5中的標題標籤之一。它用於在網頁中定義標題的第三級標題。通常，標題標籤用於組織和結構化網頁內容，使其更易於閱讀和理解。

<h3>標籤在標題層次結構中位於<h1>和<h2>標籤之後，表示一個次要的標題。根據HTML5的規範，標題標籤的文本大小比<h2>標籤小，但比<h4>標籤大。

使用<h3>標籤時，可以將相關內容或段落組織在一起，使其在網頁中有層次感。這有助於讀者快速瀏覽網頁並理解其內容結構。使用正確的標題層次結構不僅有助於使用者閱讀，還有利於搜索引擎優化（SEO），提高網頁在搜索結果中的可見性。

　　上述 ChatGPT 回答說明 HTML5 的<h3>標籤，不只如此，ChatGPT 還會提供一些 HTML 範例，如下：

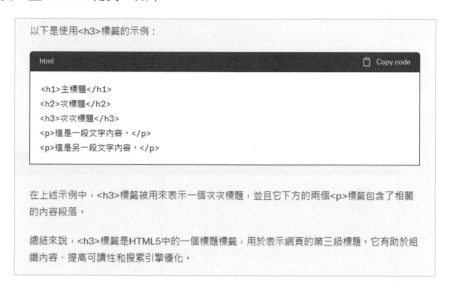

　　上述 ChatGPT 舉出<h1>、<h2>和<h3>標籤範例，<h3>標籤是一個次次標題，即第三級的標題文字。請點選右上方【Copy code】複製 HTML 標籤，然後貼至<body>標籤中且儲存成 ch1-5_gpt.html，其執行結果可以看到 3 個標題文字，和 2 個段落文字，如下圖：

　　除了學習 HTML 標籤，ChatGPT 一樣可以幫助我們學習 CSS 選擇器。首先使用 ChatGPT 說明第 1-4-2 節 CSS 選擇器的功能，其詳細的問題描述（ch1-5a_gpt.txt），如下：

你是 CSS 專家，請使用繁體中文說明下列 CSS 樣式中的 CSS 選擇器是什麼？並且舉例說明此選擇器可以將 CSS 樣式套用在哪些 HTML 標籤？

```
p { font-size: 10pt;
    color: red; }
```

在提供的CSS樣式中，選擇器是「p」。這是一個元素選擇器，用於選擇HTML中的段落（<p>）標籤。

以下是使用這個選擇器的示例：

```html
<p>這是一個段落。</p>
<p>這是另一個段落。</p>
```

在上述示例中，CSS樣式將會套用在所有的段落標籤上。這意味著所有的段落將擁有10pt的字體大小和紅色的文字顏色。

總結來說，選擇器「p」用於選擇HTML中的段落標籤。使用此選擇器，你可以將相關的CSS樣式套用在所有的段落上，從而改變它們的外觀和風格。

　　上述 ChatGPT 的回答說明這是元素選擇器，可以套用在 HTML 的段落標籤，即<p>標籤。

　　相同方式，當在學習本書 Web Scraper 網路爬蟲的過程中，如果有任何不清楚其功能的 HTML 標籤和 CSS 選擇器，都可以詢問 ChatGPT，讓 ChatGPT 成為你學習 HTML 和 CSS 的好幫手。

1-6 在瀏覽器安裝 Web Scraper 擴充功能

　　Web Scraper 擴充功能是 WebScraper.io 的產品，能夠讓我們不用撰寫一行程式碼，就可以輕鬆使用 CSS 選擇器來爬取網站資料。

1-6-1　認識 Web Scraper 擴充功能

WebScraper.io 是一個提供雲端資料爬取服務的網站，這是透過 Web Scraper 擴充功能提供的付費服務，當使用 Web Scraper 擴充功能建立好網站擷取的 CSS 選擇器樹，即網站地圖後，如果覺得自己爬取太慢，可以付費讓 WebScraper.io 雲端服務幫你執行你建立的網站地圖，來進行資料爬取。

我們一樣可以詢問 ChatGPT，什麼是 Web Scraper 擴充功能，其詳細的問題描述（ch1-6-1_gpt.txt），如下：

> 請使用繁體中文回答什麼是 Web Scraper Chrome Extension？

Web Scraper Chrome Extension是一款在Google Chrome瀏覽器上運行的擴展程式，用於從網頁上提取資料。它提供了一個方便且易於使用的界面，使用戶能夠定義和設置網頁爬取器，並自動抓取網頁上的特定資料。

使用Web Scraper Chrome Extension，用戶可以通過簡單的點擊和設置，選擇要爬取的網頁元素，例如文字、圖像、鏈接等。用戶可以指定特定的HTML元素，如標籤、類別、ID或XPath，作為抓取的目標。

這個擴展程式還提供了一些進階功能，如遞迴爬取、網頁滾動、JavaScript執行等。用戶可以根據需要進一步配置和自定義爬取選項。

Web Scraper Chrome Extension對於需要從網頁中抓取大量資料的用戶非常有用。它可以用於各種用途，包括資料探索、數據挖掘、價格比較、網站監測等。它為用戶提供了一種快速而有效的方式來自動化資料提取過程，並將提取的資料保存到CSV、JSON或Google Sheets等格式中。

總結來說，Web Scraper Chrome Extension是一個在Google Chrome瀏覽器上運行的擴展程式，用於從網頁上提取資料。它提供了一個簡單易用的界面和功能，使用戶能夠輕鬆地定義和設置網頁爬取器，以滿足他們的資料提取需求。

上述 ChatGPT 已經詳細說明 Web Scraper 擴充功能的功能，這是一個免費工具，其設計理念就是儘量簡化 Web 網站的資料擷取操作，可以讓我們不用撰寫一行程式碼，即可爬取 Web 網站的內容。Web Scraper 擴充功能的官方網址：

```
https://www.webscraper.io/
```

1-6-2　安裝與使用 Web Scraper 擴充功能

Web Scraper 擴充功能可以從 Chrome 線上應用程式商店免費安裝，在成功安裝後，就可以馬上使用 Web Scraper 擴充功能來執行網路爬蟲。

安裝 Web Scraper 擴充功能

Web Scraper 擴充功能支援 Edge、Chrome 和 Firefox 瀏覽器。在 Chrome 瀏覽器安裝 Web Scraper 擴充功能的步驟，如下：

1 請啟動瀏覽器進入 Chrome 線上應用程式商店的首頁 https://chrome. google.com/webstore/，在左上方搜尋欄位輸入【Web Scraper】，按 Enter 鍵，在搜尋到 Web Scraper 擴充功能後，點選 Web Scraper 擴充功能。

2 再按【加到 Chrome】鈕。

3 可以看到一個訊息視窗，請按【新增擴充功能】鈕安裝擴充功能。

4 等到成功新增擴充功能後，可以看到一個已經將 Web Scraper 加到瀏覽器的訊息視窗。

使用 Web Scraper 擴充功能

當成功安裝 Web Scraper 擴充功能後，在瀏覽器右上方工具列可以看到 WebScraper.io 的蜘蛛網圖示，點選圖示，可以顯示使用說明、教學影片和文件的相關訊息視窗。

請在 Chrome 瀏覽器按 F12 鍵切換開啟開發人員工具，可以在最後看到 【Web Scraper】標籤，點選標籤，就可以開始使用 Web Scraper 來爬取資料，如下圖：

　　在瀏覽器的開發人員工具可以設定停駐在視窗的哪一邊，請在上方標籤頁點選最後的垂直 3 個點，可以看到固定端（Dock side）選項列，選擇開發人員工具是停駐在視窗的右邊、下方或左邊，以此例是停駐在下方（Dock to bottom），如下圖：

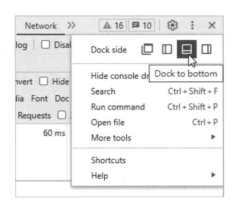

CHAPTER 2

爬取標題與文字編排標籤

2-1 爬取 HTML 標題文字標籤

HTML 網頁的標題文字是用來提綱挈領說明文件內容，這是使用<hn>標籤來定義標題文字，<h1>最重要，依序遞減至<h6>，提供 6 種不同尺寸的標題文字，其基本語法如下：

```
<hn>...</hn>   , n=1 ~~ 6
```

上述<h>標籤加上 1~6 數字可以顯示 6 種大小的字型，數字愈大，字型尺寸愈小，重要性也愈低，如下：

```
<h1>標題文字 h1 標籤</h1>
<h2>標題文字 h2 標籤</h2>
<h3>標題文字 h3 標籤</h3>
<h4>標題文字 h4 標籤</h4>
<h5>標題文字 h5 標籤</h5>
<h6>標題文字 h6 標籤</h6>
```

現在，我們準備使用 Web Scraper 爬取本書測試網址的<h1>、<h2>和<h3>前 3 個標題文字標籤。

步驟一：實際瀏覽網頁內容

網路爬蟲的第一步是實際瀏覽網頁內容來確認欲擷取的目標資料，其 URL 網址如下：

```
https://fchart.github.io/test/ex2-01.html
```

請捲動上述網頁，可以看到 6 個藍色字【標題文字 h1~6 標籤】的文字內容，而且尺寸逐漸縮小，這些是<h1>~<h6>的 HTML 標籤。

基本上，Web Scraper 爬取的網頁資料就是在開發人員工具顯示的 HTML 標籤，請在 Chrome 瀏覽器按 F12 鍵開啟開發人員工具，選【Elements】標籤，在<body>標籤下可以依序看到<h1>~<h6>標籤，這些就是欲爬取目標資料的 HTML 標籤，如右圖：

步驟二：在 Web Scraper 新增網站地圖專案

在實際瀏覽網頁內容且確認目標資料後，就可以將目前瀏覽的 URL 網址作為起始 URL 網址來建立 Web Scraper 專案的網站地圖，其步驟如下：

1 請在 Chrome 瀏覽器按 **F12** 鍵切換至開發人員工具，點選【Web Scraper】標籤開啟 Web Scraper 後，執行「Create new sitemap＞Create Sitemap」命令新增網站地圖。

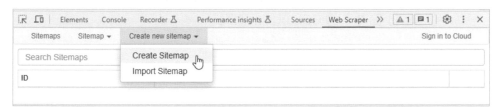

2 在【Sitemap name】欄輸入名稱【heading_tag】，網站地圖名稱長度至少 3 個字，可用英文字母、數字和「_」底線，不可用中文字，然後在【Start URL 1】欄輸入起始 URL 網址【https://fchart.github.io/test/ex2-01.html】，按【Create Sitemap】鈕新增網站地圖。

3 可以看到上方功能表改成網站地圖名稱，表示已經成功新增網站地圖專案，「_root」是 CSS 選擇器地圖的根節點。

步驟三：建立網站爬取的 CSS 選擇器地圖

在成功建立網站地圖專案後，就可以開始新增 CSS 選擇器，Web Scraper 提供多種類型來新增 CSS 選擇器節點，其步驟如下：

1 網站地圖【Start URL 1】欄輸入的網址是準備爬取資料的起始網址，請在瀏覽器先進入此網頁。

2 在下方【Web Scraper】標籤，按下方【Add new Selector】鈕新增目前【_root】節點下的 CSS 選擇器節點。

3 在【Id】欄輸入名稱【h1_tag】，【Type】欄選擇節點類型是【Text】，此類型的節點是擷取標籤的文字內容，按【Select】鈕。

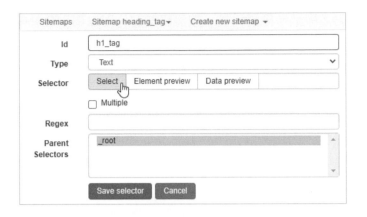

4 Web Scraper 內建 CSS 選擇器工具,可以拖拉滑鼠在網頁內容來選取目
標文字,即可自動取得定位的 CSS 選擇器,請在上方網頁移動游標至
<h1>標籤的標題文字上,可以看到土黃色框線;背景是淺土黃色標示
的方框,表示這是可選取的 HTML 元素。

5 當移動游標至目標資料後，按滑鼠左鍵，可以看到成為紅色框線和背景色彩，表示選取此元素，同時在下方浮動工具列的前方欄位顯示取得的 CSS 選擇器【h1】，按【Done selecting】鈕完成選擇。

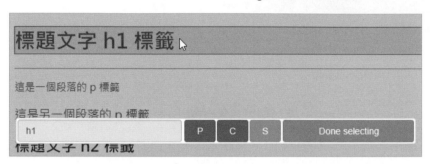

> **Memo**
>
> 如果在選擇 HTML 元素時不小心選錯了目標 HTML 元素，請在下方【Web Scraper】標籤再按一次【Select】鈕來重新選擇 HTML 元素。

6 可以在下方欄位填入選擇元素取得的 CSS 選擇器，請按第 2 個【Element preview】鈕來預覽選擇的元素。

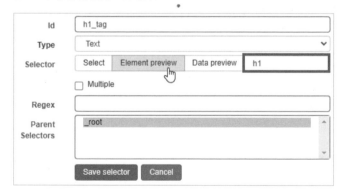

7 可以在上方預覽選擇的 HTML 元素，再按【Close preview】鈕關閉預覽。

8 按第 3 個【Data preview】鈕，可
以預覽 CSS 選擇器擷取的資料，
在上方是節點名稱；下方是標籤
內容，按右上方【X】鈕關閉預覽
視窗。

9 按【Save selector】鈕儲存選擇器節點，可以在【_root】根節點下新增
名為 h1_tag 的選擇器節點。

上述欄位從左至右依序是 ID 名稱、CSS 選擇器、節點類型（Text 就是 SelectorText）、是否是多筆、父選擇器節點，在 Actions 欄是編輯 CSS 選擇器節點的功能按鈕，依序是預覽 HTML 元素、預覽擷取的資料、重新編輯節點和刪除節點，按住最前方的三條線圖示，可以拖拉調整選擇器的順序。

10 請重複按【Add new selector】鈕依序新增 h2_tag 和 h3_tag 共 2 個 CSS 選擇器節點，首先是 h2_tag。

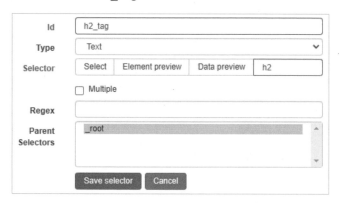

11 然後新增名為 h3_tag 的 CSS 選擇器節點。

12 在完成後，可以在【_root】（目前所在層的選擇器）下看到 3 個 Text 節點的 CSS 選擇器 h1_tag、h2_tag 和 h3_tag。

	ID	Selector	type	Multiple	Parent selectors	Actions			
≡	h1_tag	h1	SelectorText	no	_root	Element preview	Data preview	Edit	Delete
≡	h2_tag	h2	SelectorText	no	_root	Element preview	Data preview	Edit	Delete
≡	h3_tag	h3	SelectorText	no	_root	Element preview	Data preview	Edit	Delete

_root　Data preview

Add new selector

按上方【_root】後的【Data preview】鈕，可以預覽網站地圖的爬取資料。

13 在建立好網站地圖後，就可以使用樹狀圖形來顯示 CSS 選擇器節點的地圖，請執行「Sitemap heading_tag＞Selector graph」命令。

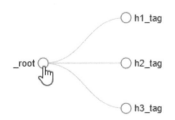

14 最初只顯示【_root】節點，點選可以顯示下一層的 3 個 CSS 選擇器。

　　上述 Web Scraper 網站地圖就是 CSS 選擇器地圖，可以告訴 Web Scraper 擴充功能如何一層接著一層，透過 CSS 選擇器從起始 URL 網址開始，依地圖的階層結構來從 HTML 網頁中擷取出指定的資料。

步驟四：執行 Web Scraper 網站地圖爬取資料

當成功建立擷取資料的 Web Scraper 網站地圖後，就可以執行 Web Scraper 網站地圖來爬取資料，其步驟如下：

1 請執行「Sitemap heading_tag>Scrape」命令來擷取資料。

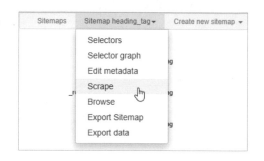

2 然後依序輸入送出 HTTP 請求的間隔時間，和載入網頁的延遲時間，預設值 2000 毫秒（即 2 秒），按【Start scraping】鈕開始爬取資料。

3 如果看到執行完成的彈出式視窗，表示已經爬完資料後，請按【refresh】鈕重新載入資料。

4 可以看到擷取的資料，即<h1>、<h2>和<h3>三個標題文字標籤的內容。

上述表格的第 1 欄是 Web Scraper 擴充功能執行爬蟲的編號，第 2 欄是起始 URL 網址，在之後才是從 HTML 網頁擷取的資料，可以看出同一層 CSS 選擇器是屬於同一筆資料的欄位。

步驟五：匯出爬取資料成為 Excel 檔案

在成功從 HTML 網頁擷取出所需資料後，Web Scraper 支援匯出成 Excel 或 CSV 檔案的功能，其步驟如下：

1 請執行「Sitemap heading_tag＞Export data」命令匯出爬取資料成為 Excel 或 CSV 檔案。

2 在匯出後，按【.XLSX】鈕是下載 Excel 檔案；【.CSV】鈕是下載 CSV 檔案，請按【.XLSX】鈕下載 Excel 檔案，預設下載的 Excel 檔名就是網路地圖名稱 "heading_tag.xlsx"。

使用 Excel 開啟"heading_tag.xlsx"檔案的內容，如下圖：

2-2 | 爬取 HTML 段落文字標籤

在 HTML 網頁的文字內容如同是一篇文章,這是由多個段落文字所組成,每一個段落就是一個<p>標籤。

2-2-1 爬取全部的 HTML 段落標籤

HTML 網頁的文字內容是使用段落來編排,我們是使用<p>標籤定義一個段落文字,瀏覽器預設在之前和之後增加間隔尺寸,如下:

```
<p>這是一個段落的 p 標籤</p>
```

上述<p>標籤的文字內容會換行成一個段落文字,不同於記事本或 Word 等文書處理器,在編輯時是按 Enter 鍵換行,HTML 網頁的換行是使用
換行標籤(只是換行,並不是建立段落),如下:

```
<b>粗體文字 b 標籤</b><br>
<strong>最重要文字 strong 標籤</strong>
```

上述
標籤可以換行來呈現 2 行文字內容。HTML 的<hr>標籤是一條水平線,可以美化版面和給予主題分割的意義,如下:

```
<h1>標題文字 h1 標籤</h1>
<hr>
<p>這是一個段落的 p 標籤</p>
```

在實務上,因為
和<hr>標籤是用來編排文字內容,<p>標籤才是有內容的 HTML 標籤,所以<p>標籤才是我們的爬取目標。在 Web Scraper 只需使用一個 Text 節點即可擷取所有<p>標籤的多筆資料。

步驟一:實際瀏覽網頁內容

實際瀏覽網頁步驟和第 2-1 節相同,這一次準備擷取所有<p>標籤,URL 網址是:https://fchart.github.io/test/ex2-01.html。在開發人員工具,可以看到共有 9 個<p>標籤,如下圖:

步驟二：在 Web Scraper 新增網站地圖專案

在確認目標資料的 HTML 元素後，就可以將目前瀏覽器的 URL 網址作為起始 URL 網址來建立網站地圖，如下圖：

上述欄位內容的輸入資料，如下所示：

- Sitemap name：p_tag。

- Start URL 1：https://fchart.github.io/test/ex2-01.html。

步驟三：建立網站爬取的 CSS 選擇器地圖

當成功建立網站地圖專案後，就可以開始新增 CSS 選擇器節點，一樣是使用 Text 節點類型，其步驟如下：

1 請在瀏覽器進入【Start URL 1】欄的網頁,因為要在此網頁選取擷取資料的 HTML 元素。

2 在下方【Web Scraper】標籤,按【Add new Selector】鈕新增目前【_root】節點下的 CSS 選擇器。

3 在【Id】欄輸入選擇器名稱【p_tag】,【Type】欄選擇【Text】,因為是擷取多筆,請勾選位在【Selector】欄下方的【Multiple】多筆後,再按【Select】鈕。

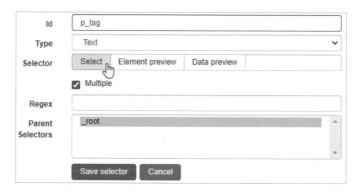

4 然後在網頁移動游標,點選第 1 個<p>標籤的 HTML 元素。

上述欄位取得的 CSS 選擇器是【p:nth-of-type(1)】,在【:】前是選<p>標籤;之後是 Pseudo-class 選擇器 nth-of-type(n),可以選擇第 n 個標籤(n 是從 1 開始),1 就是第 1 個<p>標籤,其進一步說明請參閱第 2-4 節。

5 因為是擷取所有<p>標籤，請再點選第 2 個<p>標籤，可以取得 CSS 選擇器是【p】，即可選擇全部<p>標籤，請按【Done selecting】鈕完成選擇。

6 可以在下方欄位填入 CSS 選擇器【p】。

7 按【Element preview】鈕，可以看到網頁所有<p>標籤都被選擇，按【Data preview】鈕，可以預覽擷取到多筆<p>標籤的內容。

8 按【Save selector】鈕儲存選擇器節點，可以在【_root】根節點下新增名為 p_tag 的選擇器節點，Multiple 是 yes 多筆。

	ID	Selector	type	Multiple	Parent selectors	Actions			
☰	p_tag	p	SelectorText	yes	_root	Element preview	Data preview	Edit	Delete

Add new selector

9 請執行「Sitemap p_tag>Selector graph」命令，點選【_root】節點可以顯示下一層的 CSS 選擇器節點。

上述 CSS 選擇器地圖只有一個 Text 節點，但是因為 CSS 選擇器是 p，再加上勾選【Multiple】，所以一樣可以擷取多筆<p>標籤的資料。

步驟四：執行 Web Scraper 網站地圖爬取資料

當建立好擷取資料的 Web Scraper 網站地圖後，可以執行 Web Scraper 網站地圖來爬取資料，其步驟如下：

1 請執行「Sitemap p_tag>Scrape」命令執行網路爬蟲，在輸入送出 HTTP 請求的間隔時間，和載入網頁的延遲時間後，按【Start scraping】鈕開始爬取資料。

2 等到爬完後，請按【refresh】鈕重新載入資料，可以看到擷取的資料，這是 HTML 網頁所有<p>段落標籤內容，每 1 個<p>標籤就是 1 筆記錄。

web-scraper-order	web-scraper-start-url	p_tag
1689125936-1	https://fchart.github.io/test/ex2-01.html	這是一個段落的 p 標籤
1689125936-2	https://fchart.github.io/test/ex2-01.html	這是另一個段落的 p 標籤
1689125936-3	https://fchart.github.io/test/ex2-01.html	HTML的 小文字 small 標籤 格式
1689125936-4	https://fchart.github.io/test/ex2-01.html	HTML的 引言 cite 標籤 格式
1689125936-5	https://fchart.github.io/test/ex2-01.html	HTML的 標記 mark 標籤 格式
1689125936-6	https://fchart.github.io/test/ex2-01.html	我最喜愛的顏色是 桿色 紅色
1689125936-7	https://fchart.github.io/test/ex2-01.html	我最喜愛的 顏色 是紅色
1689125936-8	https://fchart.github.io/test/ex2-01.html	這是 下標 sub 標籤 的文字
1689125936-9	https://fchart.github.io/test/ex2-01.html	這是 上標 sup 標籤 的文字

步驟五：匯出爬取資料成為 Excel 檔案

在成功爬取出所需資料後，Web Scraper 支援匯出成 Excel 檔案的功能，其步驟如下：

1 請執行「Sitemap p_tag＞Export data」命令匯出爬取資料成為 Excel 檔案。

2 在匯出後，按【.XLSX】鈕下載 Excel 檔案，預設檔名是網路地圖名稱 "p_tag.xlsx"。

2-2-2　使用 id 屬性爬取特定 HTML 段落標籤

當我們再次檢視 ex2-01.html 測試網頁的 HTML 標籤，可以發現有些<p>標籤有 id 屬性值，如下所示：

```
<p id="another" class="">這是另一個段落的 p 標籤</p>
<p id="red">我最喜愛的 <ins>顏色</ins> 是紅色</p>
```

上述 id 屬性值是 another 和 red，這個值是 HTML 元素的唯一識別名稱，在整頁 HTML 網頁中的名稱必須是唯一，換句話說，id 屬性值並不允許重複。也就是說，我們可以使用唯一的 id 屬性值，在眾多<p>標籤選出特定的 HTML 段落標籤。

請使用起始 URL 網址：https://fchart.github.io/test/ex2-01.html，新增名為 p_tag2 的網站地圖，如下圖：

然後在【_root】下新增 2 個 CSS 選擇器節點，第 1 個是【p_tag】，請自行在欄位輸入 CSS 選擇器【p#another】（記得絕對不可以按 Enter 鍵），即 id 屬性值是 another 的<p>標籤，請按【Element preview】鈕預覽選擇元素，如下圖：

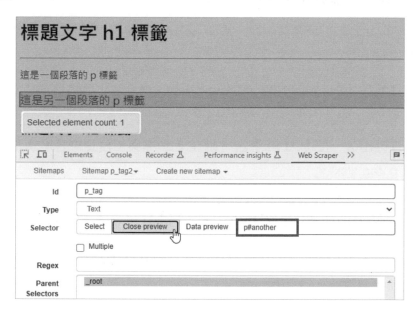

　　第 2 個是【p_tag2】，CSS 選擇器是輸入【p#red】，即 id 屬性值是 red 的<p>標籤，如下圖：

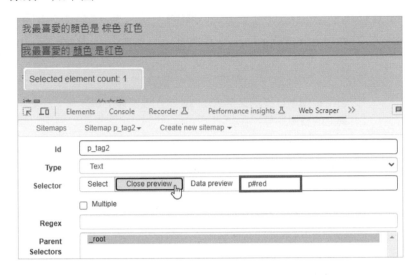

　　在【_root】下可以看到新增的 2 個 CSS 選擇器節點，如下圖：

	ID	Selector	type	Multiple	Parent selectors
☰	p_tag	p#another	SelectorText	no	_root
☰	p_tag2	p#red	SelectorText	no	_root

　　網站地圖的樹狀結構，如右圖：

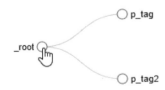

　　最後，我們可以看到網站地圖擷取回的資料，如下圖：

web-scraper-order	web-scraper-start-url	p_tag	p_tag2
1689127330-1	https://fchart.github.io/test/ex2-01.html	這是另一個段落的 p 標籤	我最喜愛的 顏色 是紅色

　　上述圖例可以看出因為 Text 節點沒有勾選 Multiple，所以是單筆，而在【_root】下同一層的 2 個選擇器是這筆記錄的 2 個欄位。

2-3 爬取 HTML 文字格式標籤

在 HTML 網頁可以使用文字格式標籤，替一些名詞或片語標示出特別的文字格式（Text Formatting），如下表所示：

標籤	說明
\<b\>	使用粗體字來標示文字，HTML5 代表文體上的差異，例如：關鍵字和印刷上的粗體字等
\<i\>	使用斜體字來標示文字，HTML5 代表另一種聲音或語調，通常是用來標示其他語言的技術名詞、片語和想法等
\<em\>	顯示強調文字的效果，在 HTML5 是強調發音上有細微改變句子的意義，例如：因發音改變而需強調的文字
\<strong\>	HTML 4.x 是更強的強調文字，HTML5 是重要文字
\<cite\>	HTML 4.x 是引言或參考其他來源，HTML5 是用來定義產品名稱，例如：一本書、一首歌、一部電影或畫作等
\<small\>	HTML 4.x 是顯示縮小文字，HTML5 是輔助說明或小型印刷文字，例如：網頁最下方的版權宣告等
\<mark\>	HTML5 標籤，可以用來標示文字內容，其顯示效果如同黃色螢光筆在閱讀圖書時替文字畫上記號
\<sub\>	顯示下標字
\<sup\>	顯示上標字

上表標籤在 HTML 4.x 版主要是替文字套用不同的顯示樣式，HTML5 進一步給予元素內容的意義，稱為語意（Semantics）。

一般來說，\<b\> 標籤是標示特別文字內容的最後選擇，首選是 \<h1\>~\<h6\>，強調文字使用\<em\>，重要文字使用\<strong\>，需要作記號的重點文字，請使用\<mark\>標籤。

我們可以詢問 ChatGPT 指定文字格式標籤的使用，其詳細的問題描述（ch2-3_gpt.txt），如下所示：

> 你是 HTML 專家，請使用繁體中文說明如何使用 HTML 的\<small\>標籤？

　　上述 ChatGTP 回答會舉例說明<small>標籤。基本上，因為文字格式標籤只是用來格式化文字內容，我們爬取 HTML 文字格式標籤和之前的<hn>與<p>標籤並沒有什麼不同，如下：

```
<p>HTML 的 <small>小文字 small 標籤</small> 格式</p>
<p>HTML 的 <cite>引言 cite 標籤</cite> 格式</p>
<p>HTML 的 <mark> 標記 mark 標籤</mark> 格式</p>
```

　　上述<small>、<cite>和<mark>標籤都是<p>的子標籤。Web Scraper 網站地圖 formatting_tag 的 URL 網址是：https://fchart.github.io/test/ex2-01.html，可以擷取上述<p>標籤下的<small>、<cite>和<mark>子標籤，如下圖：

　　然後在【_root】下新增 3 個 CSS 選擇器，第 1 個是【small_tag】（Text 節點），在按【Select】鈕選擇 HTML 元素後，請先移至<small>標籤外的<p>標籤，如下圖：

然後再移至<small>標籤來選擇 small 元素，如下圖：

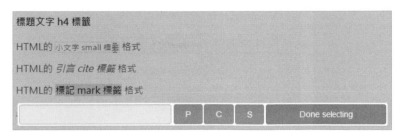

在選擇後，可以看到紅色框是位在<p>標籤之中的子元素，CSS 選擇器是small，如下圖：

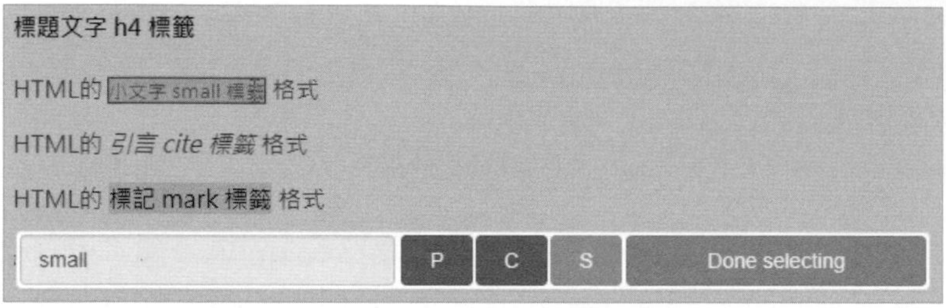

標題文字 h4 標籤

HTML的 小文字 small 標籤 格式

HTML的 *引言 cite 標籤* 格式

HTML的 標記 mark 標籤 格式

| small | | P | C | S | Done selecting |

按【Done selecting】鈕新增此 CSS 選擇器，如下圖：

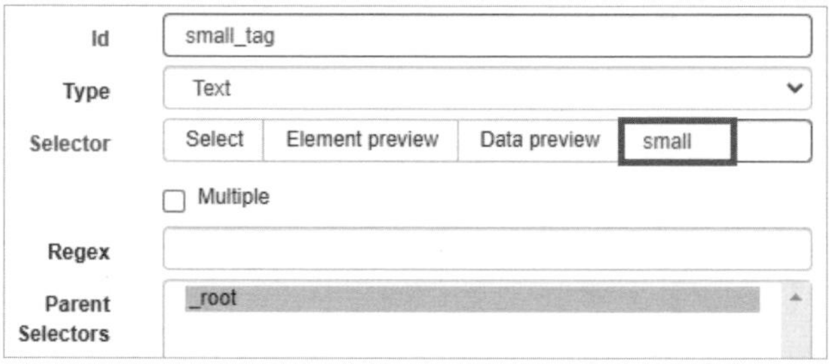

Id	small_tag
Type	Text ⌄
Selector	Select　Element preview　Data preview　small
	☐ Multiple
Regex	
Parent Selectors	_root

第 2 個是【cite_tag】，CSS 選擇器是【cite】，如下圖：

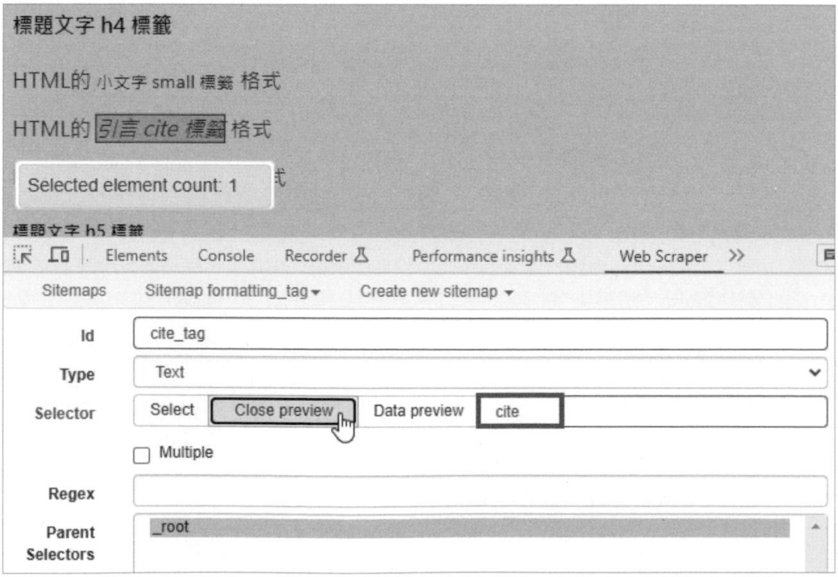

標題文字 h4 標籤

HTML的 小文字 small 標籤 格式

HTML的 *引言 cite 標籤* 格式

Selected element count: 1　式

標題文字 h5 標籤

| ⬚ ⬚ | Elements　Console　Recorder ⏷　Performance insights ⏷　Web Scraper ≫ |

Sitemaps　Sitemap formatting_tag ▾　Create new sitemap ▾

Id	cite_tag
Type	Text ⌄
Selector	Select　Close preview　Data preview　cite
	☐ Multiple
Regex	
Parent Selectors	_root

第 3 個是【mark_tag】，CSS 選擇器是【mark】，如下圖：

HTML的 *引言 cite 標籤* 格式

HTML的 標記 mark 標籤 格式

Selected element count: 1

⇱ 口	Elements	Console	Recorder ⚗	Performance insights ⚗	Web Scraper ≫	

Sitemaps	Sitemap formatting_tag ▾　Create new sitemap ▾

Id	mark_tag
Type	Text ⌄
Selector	Select　Close preview 🖑　Data preview　mark
	☐ Multiple
Regex	
Parent Selectors	_root

在【_root】下可以看到新增的 3 個 CSS 選擇器節點，如下圖：

_root

	ID	Selector	type	Multiple	Parent selectors
☰	small_tag	small	SelectorText	no	_root
☰	cite_tag	cite	SelectorText	no	_root
☰	mark_tag	mark	SelectorText	no	_root

網站地圖的樹狀結構，如下圖：

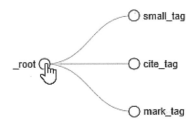

最後，我們可以看到網站地圖擷取回的資料，如下圖：

small_tag	cite_tag	mark_tag
小文字 small 標籤	引言 cite 標籤	標記 mark 標籤

2-4 使用 ChatGPT 學習 CSS 型態和 id 屬性選擇器

在 CSS 使用標籤名稱和 id 屬性值選取 HTML 元素是最基本的型態和 id 屬性選擇器。我們可以使用 ChatGPT 學習這些 CSS 選擇器。

型態選擇器

型態選擇器（Type Selectors）或稱為元素選擇器（Element Selectors），就是單純選擇 HTML 標籤名稱，在選擇器之後是大括號括起的樣式組，此樣式組是用來重新定義標籤樣式，例如：<p>標籤的新樣式，如下：

```
p { font-size: 12pt; color: green }
```

上述 CSS 選擇器選擇<p>標籤，表示在 HTML 網頁中的所有<p>標籤都會套用後面的樣式組。我們可以詢問 ChatGPT 從提供的 HTML 標籤之中，使用型態選擇器【p】來找出符合的 HTML 標籤，其詳細的問題描述（ch2-4_gpt.txt），如下：

你是 CSS 專家，請列出 CSS 選擇器字串【p】可以選出下列 HTML 標籤中的哪些標籤，如下所示：

```
<h1>標題文字 h1 標籤</h1>
    <hr>
    <p>這是一個段落的 p 標籤</p>
    <p id="another">這是另一個段落的 p 標籤</p>
<h2>標題文字 h2 標籤</h2>
    <b>粗體文字 b 標籤</b><br>
    <strong>最重要文字 strong 標籤</strong>
<h3>標題文字 h3 標籤</h3>
```

```
    <i>斜體字 i 標籤</i><br>
    <em>強調文字 em 標籤</em>
<h4>標題文字 h4 標籤</h4>
    <p>HTML 的 <small>小文字 small 標籤</small> 格式</p>
    <p>HTML 的 <cite>引言 cite 標籤</cite> 格式</p>
    <p>HTML 的 <mark> 標記 mark 標籤</mark> 格式</p>
<h5>標題文字 h5 標籤</h5>
    <p id="brown">我最喜愛的顏色是 <del>棕色</del> 紅色</p>
    <p id="red">我最喜愛的 <ins>顏色</ins> 是紅色</p>
<h6>標題文字 h6 標籤</h6>
    <p>這是 <sub>下標 sub 標籤</sub> 的文字</p>
    <p>這是 <sup>上標 sup 標籤</sup> 的文字</p>
```

請使用繁體中文回答問題。

 CSS選擇器字串【p】可以選出下列HTML標籤中的這些標籤：

- <p>這是一個段落的 p 標籤</p>
- <p id="another">這是另一個段落的 p 標籤</p>
- <p>HTML的 <small>小文字 small 標籤</small> 格式</p>
- <p>HTML的 <cite>引言 cite 標籤</cite> 格式</p>
- <p>HTML的 <mark> 標記 mark 標籤</mark> 格式</p>
- <p id="brown">我最喜愛的顏色是 <del>棕色</del> 紅色</p>
- <p id="red">我最喜愛的 <ins>顏色</ins> 是紅色</p>
- <p>這是 _{下標 sub 標籤} 的文字</p>
- <p>這是 ^{上標 sup 標籤} 的文字</p>

請注意，CSS選擇器字串【p】只會選擇使用了<p>標籤的元素，不會區分元素內的其他子元素。

上述 ChatGPT 回答定位出的<p>標籤，同樣的，你可以自行修改問題中的選擇器字串是 h1、h2、h3、b、small 或 strong 等標籤名稱來定位出目標的 HTML 元素。

id 屬性選擇器

HTML 標籤的 id 屬性值是元素的唯一識別名稱，如下：

```
<p id="another">這是另一個段落的 p 標籤</p>
```

　　上述 HTML 標籤是名為 another 的元素，CSS 選擇器是使用「#」開頭的 id 屬性值來定義選擇哪一個 id 屬性值的元素來套用 CSS 樣式，如下：

```
#another { font-size: 14pt }
```

　　上述 CSS 樣式組可以替 another 元素套用 font-size 樣式屬性，即使用【#another】來選擇出指定的 p 元素。我們可以詢問 ChatGPT 使用 id 選擇器【#another】來找出符合的 HTML 標籤，其詳細的問題描述（ch2-4a_gpt.txt），如下：

你是 CSS 專家，請列出 CSS 選擇器字串【#another】可以選出下列 HTML 標籤中的哪些標籤，如下所示：

```
<h1>標題文字 h1 標籤</h1>
    <hr>
    <p>這是一個段落的 p 標籤</p>
    <p id="another">這是另一個段落的 p 標籤</p>
<h2>標題文字 h2 標籤</h2>
    <b>粗體文字 b 標籤</b><br>
    <strong>最重要文字 strong 標籤</strong>
<h3>標題文字 h3 標籤</h3>
    <i>斜體字 i 標籤</i><br>
    <em>強調文字 em 標籤</em>
<h4>標題文字 h4 標籤</h4>
    <p>HTML 的 <small>小文字 small 標籤</small> 格式</p>
    <p>HTML 的 <cite>引言 cite 標籤</cite> 格式</p>
    <p>HTML 的 <mark> 標記 mark 標籤</mark> 格式</p>
<h5>標題文字 h5 標籤</h5>
    <p id="brown">我最喜愛的顏色是 <del>棕色</del> 紅色</p>
    <p id="red">我最喜愛的 <ins>顏色</ins> 是紅色</p>
<h6>標題文字 h6 標籤</h6>
    <p>這是 <sub>下標 sub 標籤</sub> 的文字</p>
    <p>這是 <sup>上標 sup 標籤</sup> 的文字</p>
```

請使用繁體中文回答問題。

CSS選擇器字串【#another】可以選出下列HTML標籤中的這個標籤：

* \<p id="another"\>這是另一個段落的 p 標籤\</p\>

請注意，CSS選擇器字串【#another】只會選擇具有id屬性且值為"another"的元素。在提供的HTML中，只有一個\<p\>標籤具有該特定的id屬性，因此只有該標籤會被選中。

上述 ChatGPT 的回答找出了一個\<p\>標籤，除了單獨使用 id 屬性值外，也可以在前方加上 p 標籤，表示是名為 id 屬性值的 p 標籤（因為 id 屬性是唯一值，不指名標籤也可以）。請繼續上述交談過程，直接詢問 ChatGPT，其詳細的問題描述（ch2-4b_gpt.txt），如下：

請改用選擇器【p#another】。

 使用選擇器【p#another】可以選出下列HTML標籤中的這個標籤：

* \<p id="another"\>這是另一個段落的 p 標籤\</p\>

請注意，選擇器【p#another】表示選擇具有id屬性為"another"且為\<p\>標籤的元素。在提供的HTML中，只有一個\<p\>標籤滿足這個條件，所以只有該標籤會被選中。

如何在 HTML 網頁選擇特定 HTML 元素

在實務上，當在 HTML 網頁使用標籤名稱的型態選擇器，例如：之前的 h1、h2、h3 和 p，因為可能有多個同名標籤，其定位出的資料可能是多筆資料。而 id 屬性值是唯一值，使用 id 屬性選擇器定位的資料一定只有一筆。

當我們在 HTML 網頁需要取出特定單筆的 HTML 元素時，可以使用的 CSS 選擇器，如下：

* 如果 HTML 網頁確認只有 1 個這種標籤，可以使用型態選擇器，例如：使用 small 定位\<small\>標籤。

* 如果 HTML 標籤擁有 id 屬性值，使用 id 屬性選擇器，例如：使用#another 定位\<p\>標籤。

- 如果 HTML 網頁有多個同名標籤，而且沒有 id 屬性值，Web Scraper 擴充功能是使用 Pseudo-class 選擇器 nth-of-type(n)，在同名標籤選擇第 n 個標籤（n 是從 1 開始），例如：第 1 個和第 3 個<p>標籤，如下：

```
p:nth-of-type(1)
p:nth-of-type(3)
```

我們可以詢問 ChatGPT 什麼是 Pseudo-class 選擇器 nth-of-type(n)，其詳細的問題描述（ch2-4c_gpt.txt），如下：

> 你是 CSS 專家，請使用繁體中文說明什麼是 Pseudo-class 選擇器 nth-of-type(n)？

 Pseudo-class選擇器nth-of-type(n)是一種CSS選擇器，用於選擇父元素中特定類型的子元素中的第n個元素。這個選擇器根據元素的類型（type）和出現順序（nth）來進行選擇。

具體來說，nth-of-type(n)選擇器使用一個數字（n）作為參數，用來表示要選擇的子元素在同一類型的元素中的位置。例如，nth-of-type(3)表示選擇父元素中同類型的子元素中的第三個元素。

這個選擇器非常有彈性，可以應用於各種不同的元素，如<p>、<div>、<span>等等。它對於需要選擇特定位置的元素非常有用，例如選擇一個列表中的第三個項目，或者選擇表格中的特定行等。

使用nth-of-type(n)選擇器可以根據元素的類型和位置來精確地選擇需要的元素，使得CSS選擇更加靈活和準確。

2-5 | 編輯與管理 Web Scraper 網站地圖

Web Scraper 擴充功能的上方標籤列有三個功能表命令，提供編輯與管理 Web Scraper 網站地圖的功能，如下圖：

Sitemaps　　Sitemap formatting_tag ▾　　Create new sitemap ▾

上述功能表的第 1 個【Sitemaps】可以顯示目前建立的網站地圖清單，第 2 個功能表是管理目前開啟的網站地圖，所以在 Sitemap 後是網站地圖名稱 formatting_tag，最後 1 個功能表是新增和匯入網站地圖。

顯示網站地圖清單

在 Web Scraper 點選【Sitemaps】，可以顯示目前建立的網站地圖清單，如下圖：

Sitemaps	Sitemap ▾	Create new sitemap ▾	Sign in to Cloud

Search Sitemaps	

ID	Domain	
formatting_tag	fchart.github.io	Delete
heading_tag	fchart.github.io	Delete
p_tag	fchart.github.io	Delete
p_tag2	fchart.github.io	Delete

點選項目即可開啟指定的網站地圖，按最後【Delete】鈕，在確認後即可刪除這一列的網站地圖。

顯示和編輯網站地圖的選擇器清單

在 Web Scraper 開啟指定的網站地圖後，例如：點選 heading_tag，預設顯示【_root】根節點下的 CSS 選擇器清單（或執行「Sitemap heading_tag> Selectors」命令來顯示），如下圖：

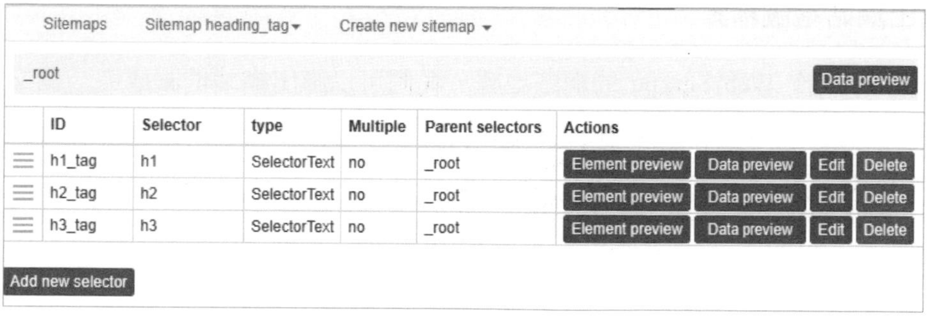

Sitemaps	Sitemap heading_tag ▾	Create new sitemap ▾				
_root						Data preview

	ID	Selector	type	Multiple	Parent selectors	Actions
≡	h1_tag	h1	SelectorText	no	_root	Element preview　Data preview　Edit　Delete
≡	h2_tag	h2	SelectorText	no	_root	Element preview　Data preview　Edit　Delete
≡	h3_tag	h3	SelectorText	no	_root	Element preview　Data preview　Edit　Delete

Add new selector

在上述右上角的【Data preview】是預覽網站地圖擷取的資料，在 Actions 欄可以編輯此列的 CSS 選擇器節點，其說明如下：

- Element preview：點選可以顯示此列選擇器選擇的 HTML 元素。

- Data preview：點選可以顯示此列選擇器選擇 HTML 元素所擷取的資料。

- Edit：重新編輯此列的 CSS 選擇器節點，可以重新點選【Select】鈕來選擇元素，和編輯其他欄位。

- Delete：刪除此列的 CSS 選擇器節點（不會確認，直接刪除）。

重新編輯網站地圖的 Metadata 資料

我們可以重新編輯網站地圖的 Metadata 資料，即網站地圖的定義資料，請執行「Sitemap heading_tag>Edit metadata」命令，可以看到和新增網站地圖相同的使用介面，如下圖：

在完成編輯後，例如：更改網站地圖名稱後，按【Save Sitemap】鈕儲存網站地圖。

匯出網站地圖檔案

對於 Web Scrape 的網站地圖，我們可以匯出網站地圖成為一個文字檔案，然後在之後再匯入 Web Scrape。匯出網站地圖檔案的步驟，如下：

1 請開啟欲匯出的網站地圖，例如：heading_tag 後，執行「Sitemap heading_tag>Export Sitemap」命令。

2 可以在下列方框看到網站地圖的 JSON 格式字串。

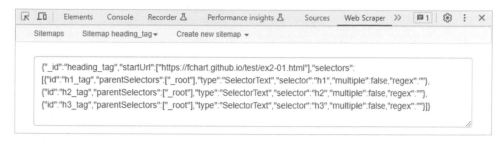

> **Memo** ·······································
>
> 「JSON」的全名為（JavaScript Object Notation），這是一種資料交換格式，其內容就是單純的文字內容（Text Only）。

3 請在方框全選 JSON 字串後，執行【右】鍵快顯功能表的【複製】命令，然後啟動【記事本】，貼上複製的 JSON 字串。

4 執行「檔案 > 儲存檔案」命令儲存網站地圖的 .txt 檔案，以此例是 heading_tag.txt。

匯入網站地圖檔案

在 Web Scraper 匯出的網站地圖檔案，例如：爬取 Yahoo! 電影本週新片清單的 yahoo_movies.txt（其進一步說明請參閱第 8-1-1 節），我們可以重新匯入 Web Scraper，其步驟如下：

1 請執行「Create new sitemap＞Import Sitemap」命令。

2 在【Sitemap JSON】欄位的方框貼上 yahoo_movies.txt 文字檔案內容的 JSON 字串，如下圖：

3 如果已經有同名的網站地圖，在上述【Sitemap name】欄可以更改匯入的網站地圖名稱，按【Import Sitemap】鈕，可以看到匯入的網站地圖 yahoo_movies。

4 點選【Sitemaps】，可以在網站地圖清單看到新增的 yahoo_movies。

瀏覽已經擷取的資料

如果已經執行過網路地圖且成功擷取到資料後，可以執行「Sitemap heading_tag＞Browser」命令瀏覽已經擷取的資料。

CHAPTER 3

爬取清單項目和 表格標籤

3-1 | 爬取 HTML 清單標籤

當 HTML 網頁需要群組資料時，我們可以使用清單標籤來群組成一項一項的列表，或使用表格標籤群組成表格方式來編排資料。

3-1-1 認識 HTML 清單標籤

HTML 支援多種清單標籤，可以將文字內容的重點綱要一一列出，常用 HTML 清單標籤有：項目符號、項目編號和定義清單（HTML 網頁：ch3-1-1.html）。

項目編號（Ordered List）

項目編號是有數字順序的 HTML 清單，使用<ol>標籤建立項目編號，每一個項目是一個<li>標籤，如下：

```
<ol start="2">
  <li>漢堡</li>
  <li>三明治</li>
  <li>蛋餅</li>
</ol>
```

早餐主餐

2. 漢堡
3. 三明治
4. 蛋餅

<ol>標籤的屬性說明，如下表：

屬性	說明
start	指定項目編號的開始，HTML 4.x 不支援此屬性
type	指定項目編號是數字、英文等，例如：1、A、a、I、i，HTML 4.x 不支援此屬性
reversed	HTML5 新增的屬性，指定項目編號是反向由大至小

項目符號（Unordered List）

　　項目符號是無編號的 HTML 清單，在項目前是使用小圓形、正方形等符號來標示項目，使用<ul>標籤建立項目符號，每一個項目是一個<li>標籤，如下：

```
<ul>
  <li>紅茶</li>
  <li>奶茶</li>
  <li>咖啡</li>
</ul>
```

早餐飲料

- 紅茶
- 奶茶
- 咖啡

定義清單（Definition List）

　　HTML 定義清單是名稱和值成對群組的一種結合清單，使用<dl>標籤建立定義清單，<dt>標籤定義項目；<dd>標籤描述項目，例如：詞彙說明的每一個項目有定義和說明，如下：

```
<dl>
  <dt>JavaScript</dt>
    <dd>客戶端腳本語言</dd>
  <dt>HTML</dt>
    <dd>網頁製作語言</dd>
</dl>
```

名詞說明

JavaScript
　　　客戶端腳本語言
HTML
　　　網頁製作語言

3-1-2　從 HTML 網頁爬取<ol>和<ul>兩種標籤

我們準備使用 Web Scraper 爬取本書測試網頁的<ol>和<ul>標籤，並且說明如何使用 CSS 選擇器同時選擇這 2 種不同的標籤。

步驟一：實際瀏覽網頁內容

請啟動瀏覽器進入網址：https://fchart.github.io/test/ex3-01.html，如下圖左，然後在開發人員工具的【Elements】標籤，可以看到是<ul>和<ol>清單標籤，如下圖右：

上述圖例可以看到<ul>和<ol>兩種標籤，所以需要使用 CSS 群組選擇器來選擇 2 個不同的 HTML 標籤。

步驟二：在 Web Scraper 新增網站地圖專案

在確認目標資料的 HTML 元素後，就可以將目前瀏覽器的 URL 網址作為起始 URL 網址來建立網站地圖專案，如下圖：

上述欄位內容的輸入資料，如下：

- Sitemap name：list_tag。

- Start URL 1：https://fchart.github.io/test/ex3-01.html。

步驟三：建立網站爬取的 CSS 選擇器地圖

在成功建立網站地圖專案後，就可以新增 CSS 選擇器節點，這一節是使用 Text 節點類型來擷取 2 個清單標籤的內容，其步驟如下：

1 請在瀏覽器進入【Start URL 1】欄的網頁，因為我們要在此網頁選取擷取資料的 HTML 元素。

2 按【Add new Selector】鈕新增目前【_root】節點下的 CSS 選擇器節點，在【Id】欄輸入名稱【list_tag】，【Type】欄選擇【Text】，因為是多筆 HTML 清單標籤，請勾選【Multiple】後，按【Select】鈕。

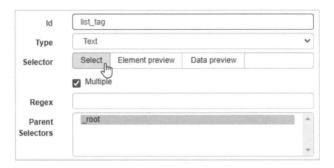

3 請在網頁移動游標，在清單前方點選第 1 個<ul>標籤的 HTML 元素，可以看到 CSS 選擇器是【ul】。

4 請按住 `Shift` 鍵後，在第 2 個清單前點選第 2 個<ol>標籤，就可以同時選擇多個元素，CSS 選擇器是【ul, ol】（使用「,」逗號分隔多個型態選擇器，即可同時選擇多種 HTML 標籤），按【Done selecting】鈕。

5 可以在下方欄位填入 CSS 選擇器【ul, ol】，分別按【Element preview】和【Data preview】鈕，可以預覽選擇的元素和擷取資料。

6 按【Save selector】鈕儲存選擇器節點，可以在【_root】根節點下新增名為 list_tag 的選擇器節點，Multiple 是 yes 多筆。

	ID	Selector	type	Multiple	Parent selectors
≡	list_tag	ul, ol	SelectorText	yes	_root

7 執行「Sitemap list_tag＞Selector graph」命令，點選【_root】節點顯示下一層的 CSS 選擇器 list_tag。

步驟四：執行 Web Scraper 網站地圖爬取資料

現在，我們已經建立好擷取資料的 Web Scraper 網站地圖，然後就執行 Web Scraper 網站地圖來爬取資料，其步驟如下：

1 請執行「Sitemap list_tag＞Scrape」命令執行網路爬蟲，在輸入送出 HTTP 請求的間隔時間，和載入網頁的延遲時間後，按【Start scraping】鈕開始爬取資料。

2 等到爬完後，請按【refresh】鈕重新載入資料，可以看到擷取的資料是 2 個清單的＜li＞標籤內容，這是使用空白字元分隔的項目資料。

web-scraper-order	web-scraper-start-url	list_tag
1689145626-1	https://fchart.github.io/test/ex3-01.html	Coffee Tea Milk Milk Tea
1689145626-2	https://fchart.github.io/test/ex3-01.html	咖啡 茶 牛奶 奶茶

步驟五：匯出爬取資料成為 Excel 檔案

當成功爬取資料後，Web Scraper 支援匯出成 Excel 檔案的功能，其步驟如下：

1 請執行「Sitemap list_tag＞Export data」命令匯出爬取資料成為 Excel 檔案。

2 在匯出後，按【.XLSX】鈕下載 Excel 檔案，預設檔名是網路地圖名稱 "list_tag.xlsx"。

3-1-3 使用 Element 選擇器類型

Web Scraper 的 Element 選擇器類型可以擷取網頁中的多筆記錄資料，這一節我們準備使用 Web Scraper 爬取本書測試網址的 3 個問卷調查題目，每一個題目都有問題描述和 2 個答案。

步驟一：實際瀏覽網頁內容

　　請啟動瀏覽器進入網址：https://fchart.github.io/test/ex3-02.html，如下圖左，這是類似問卷調查網頁，共有 3 個題目（即 3 筆記錄），在開發人員工具可以看到這 3 個題目是巢狀 HTML 清單，如下圖右：

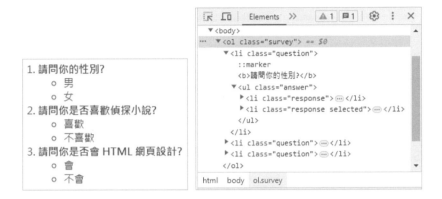

　　上述巢狀清單的外層是<ol>標籤，每一個<li>標籤是一個題目，問題是<b>子標籤，2 個答案是內層<ul>清單的<li>子標籤，三個問卷題目和答案的HTML 標籤結構完全相同。

　　Web Scraper 的 Element 選擇器類型是用來處理記錄資料（每筆記錄的HTML 標籤結構需相同），首先使用 Element 選擇多筆記錄的<li>父標籤（選擇全部記錄），然後針對<li>標籤的每一筆記錄，使用 Text 選擇器選擇<b>子標籤和內層<ul>的<li>，如下圖：

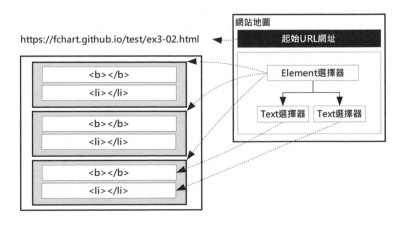

步驟二：在 Web Scraper 新增網站地圖專案

在確認目標資料的 HTML 元素後，就可以將目前瀏覽器的 URL 網址作為起始 URL 網址來建立網站地圖專案，如下圖：

上述欄位內容的輸入資料，如下：

- Sitemap name：list_tag2。

- Start URL 1：https://fchart.github.io/test/ex3-02.html。

步驟三：建立網站爬取的 CSS 選擇器地圖

在成功建立網站地圖專案後，就可以新增 CSS 選擇器，這一節是使用 Element 和 Text 節點類型來擷取資料，其步驟如下：

1 請在瀏覽器進入【Start URL 1】欄的網頁，因為我們要在此網頁選取擷取資料的 HTML 元素。

2 按【Add new Selector】鈕新增目前【_root】節點下的 CSS 選擇器節點，在【Id】欄輸入名稱【element_tag】，【Type】欄選【Element】，這是多筆記錄，請勾選【Multiple】後，按【Select】鈕。

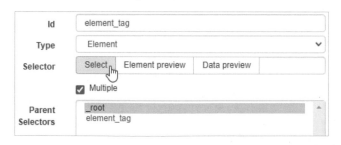

3 請在網頁移動游標，點選外層<ol>標籤下的第 1 個<li>標籤（包含之下的問題和答案，請移動游標到 1.的問題後方來選取）。

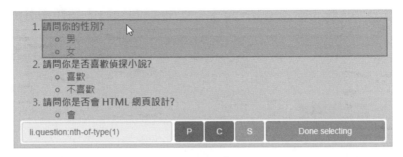

4 再點選第 2 個<li>標籤，可以看到 3 個問卷調查題目和答案都已經選擇，取得的 CSS 選擇器是【li.question】，即選擇 class 屬性值 question 的<li>標籤，按【Done selecting】鈕。

5 可以在下方欄位填入 CSS 選擇器【li.question】，分別按【Element preview】和【Data preview】鈕，可以預覽選擇的元素和擷取資料。

6 按【Save selector】鈕儲存選擇器節點，可以在【_root】根節點下新增名為 element_tag 的選擇器節點，type 是【SelectorElement】（即 Element 類型），Multiple 是 yes 多筆。

_root				
ID	Selector	type	Multiple	Parent selectors
element_tag	li.question	SelectorElement	yes	_root

7 請點選【element_tag】進入下一層的選擇器節點,我們準備新增擷取每一筆記錄中各欄位的 CSS 選擇器,可以看到上方路徑是【_root/element_tag】,按【Add new selector】鈕新增選擇器節點。

8 因為是新增 Element 類型之下的子選擇器,所以選擇的是此記錄欄位的 HTML 元素。在【Id】欄輸入名稱【question_tag】,【Type】欄選【Text】,不需勾選【Multiple】(每一筆記錄只有一個問題),按【Select】鈕。

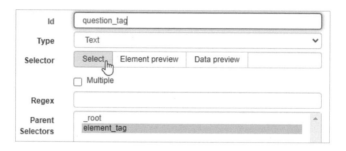

9 在網頁可以看到紫色背景和框線的方框,這是第一筆記錄的範圍,我們只允許在此範圍來選取欄位,請點選問題的<b>標籤後,按【Done selecting】鈕。

10　可以在下方欄位填入 CSS 選擇器【b】後，按【Save selector】鈕儲存
　　選擇器節點後，可以在【_root/element_tag】下看到新增的選擇器節點，
　　請按【Add new selector】鈕新增答案的選擇器節點。

ID	Selector	type	Multiple	Parent selectors
≡　question_tag	b	SelectorText	no	element_tag

_root / element_tag

Add new selector

11　在【Id】欄輸入名稱【answer_tag】，【Type】欄選【Text】，因為有
　　多個答案，請勾選【Multiple】後，按【Select】鈕。

Id	answer_tag
Type	Text
Selector	Select　Element preview　Data preview
	☑ Multiple
Regex	
Parent Selectors	_root / element_tag

12　在紫色背景的方框，請先點選第 1 個答案的 <li>；再點選第 2 個答案的
　　<li>（因為有多個答案），按【Done selecting】鈕完成選擇。

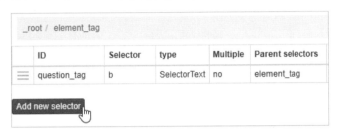

1.請問你的性別?
　○ 男
　○ 女
2.請問你是否喜歡偵探小說?
　○ 喜歡
　○ 不喜歡
3.請問你是否會 HTML 網頁設計?

li　　　P　C　S　　Done selecting

13 可以在下方欄位填入 CSS 選擇器【li】後，按【Save selector】鈕儲存選擇器節點後，即可在【_root/element_tag】下新增選擇器節點。

_root / element_tag

	ID	Selector	type	Multiple	Parent selectors
☰	question_tag	b	SelectorText	no	element_tag
☰	answer_tag	li	SelectorText	yes	element_tag

14 請執行「Sitemap list_tag2>Selector graph」命令，在展開後，可以看到二層階層結構的 CSS 選擇器節點樹。

上述第 1 層 element_tag 是 Element 類型擷取多筆記錄，第 2 層的 2 個 Text 類型分別擷取每一筆記錄的單一問題和多個答案。

步驟四：執行 Web Scraper 網站地圖爬取資料

現在，我們已經建立好擷取資料的 Web Scraper 網站地圖，然後就執行 Web Scraper 網站地圖來爬取資料，其步驟如下：

1 請執行「Sitemap list_tag2>Scrape」命令執行網路爬蟲，在輸入送出 HTTP 請求的間隔時間，和載入網頁的延遲時間後，按【Start scraping】鈕開始爬取資料。

2 等到爬完後，請按【refresh】鈕重新載入資料，可以看到擷取的資料因為每一個答案是一筆記錄，所以問題會重複 2 次。

question_tag	answer_tag
請問你的性別?	男
請問你的性別?	女
請問你是否喜歡偵探小說?	喜歡
請問你是否喜歡偵探小說?	不喜歡
請問你是否會 HTML 網頁設計?	會
請問你是否會 HTML 網頁設計?	不會

步驟五：匯出爬取資料成為 Excel 檔案

在成功爬取出所需資料後，Web Scraper 支援匯入成 Excel 檔案的功能，其步驟如下：

1 請執行「Sitemap list_tag2 > Export data」命令匯出爬取資料成為 Excel 檔案。

2 在匯出後，按【.XLSX】鈕下載 Excel 檔案，預設檔名是網路地圖名稱 "list_tag2.xlsx"。

3-1-4　將多個答案改為是同一筆記錄

在第 3-1-3 節的每一個答案是一筆記錄，因為問卷調查的每一個問題都只有 2 個答案，我們可以建立網站地圖 list_tag3，將題目和 2 個答案改為同一筆記錄，即每 1 個答案是 1 個欄位，如下圖：

question_tag	answer1_tag	answer2_tag
請問你的性別?	男	女
請問你是否喜歡偵探小說?	喜歡	不喜歡
請問你是否會 HTML 網頁設計?	會	不會

網站地圖 list_tag3 的 CSS 選擇器節點樹，如下圖：

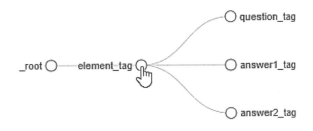

上述 CSS 選擇器節點的差異在於每一個答案是一個 Text 節點，第一層的 CSS 選擇器節點和第 3-1-3 節完全相同，如下圖：

_root					
	ID	Selector	type	Multiple	Parent selectors
≡	element_tag	li.question	SelectorElement	yes	_root

點選【element_tag】，可以檢視下一層的 CSS 選擇器節點，如下圖：

_root / element_tag					
	ID	Selector	type	Multiple	Parent selectors
≡	question_tag	b	SelectorText	no	element_tag
≡	answer1_tag	li:nth-of-type(1)	SelectorText	no	element_tag
≡	answer2_tag	li:nth-of-type(2)	SelectorText	no	element_tag

上述 CSS 選擇器節點的 Multiple 都是 no，答案有 2 個 Text 節點。Web Scraper 內建的選擇器工具只能正確選出第 1 個 answer1_tag 的 CSS 選擇器，如下圖：

上述取得的 CSS 選擇器是【li:nth-of-type(1)】，但無法正確的選取第 2 個 answer2_tag 的選擇器，此時，請自行在 answer2_tag 的【Selector】欄位輸入 CSS 選擇器【li:nth-of-type(2)】。

請注意！當在欄位自行輸入 CSS 選擇器時，別忘了按【Element preview】鈕預覽是否可以正確的定位 HTML 元素，按【Data preview】鈕預覽是否可以正確的擷取到資料。

3-2 | 爬取 HTML 表格標籤

HTML 表格標籤是一組 HTML 巢狀標籤，從外到內依序是表格、列和儲存格的 HTML 標籤。

3-2-1　認識 HTML 表格標籤

HTML 表格是一組標籤的集合，相關標籤說明如下表：

標籤	說明
\<table\>	建立表格，其他表格相關標籤都位在此標籤之中
\<tr\>	定義表格的每一個表格列
\<th\>	定義表格的標題列
\<td\>	定義表格列的每一個儲存格
\<caption\>	定義表格標題文字，其位置是\<table\>標籤的第 1 個子元素
\<thead\>	群組 HTML 表格的標題內容
\<tbody\>	群組 HTML 表格的本文內容
\<tfoot\>	群組 HTML 表格的註腳內容

HTML5 表格只支援\<table\>標籤的 border 屬性，而且屬性值只能是 1 或空字串""（HTML 網頁：ch3-2-1.html）。

基本 HTML 表格標籤

最基本的 HTML 表格是在\<table\>標籤下有多個\<tr\>、\<th\>和\<td\>標籤，每一個\<tr\>標籤定義一列表格列，\<th\>標籤定義標題列，在每一列使用多個\<td\>標籤來建立儲存格，如下：

```
<table border="1">
<tr>
  <th>網頁</th><th>桌面</th>
</tr>
<tr>
  <td>JavaScript</td><td>C#</td>
</tr>
<tr>
  <td>HTML</td><td>Python</td>
</tr>
</table>
```

完整 HTML 表格標籤

完整 HTML 表格可以額外使用<caption>標籤建立標題文字，<thead>、<tbody>和<tfoot>標籤是將表格內容群組成標題、本文和註腳三個區段，如下：

```
<table border="">
  <caption>每月存款金額</caption>
  <thead>
  <tr>
    <th>月份</th>
    <th>存款金額</th>
  </tr>
  </thead>
  <tbody>
  <tr>
    <td>一月</td>
    <td>NT$ 5,000</td>
  </tr>
  <tr>
    <td>二月</td>
    <td>NT$ 1,000</td>
  </tr>
  </tbody>
  <tfoot>
  <tr>
    <td>存款總額</td>
    <td>NT$ 6,000</td>
  </tr>
  </tfoot>
</table>
```

每月存款金額	
月份	存款金額
一月	NT$ 5,000
二月	NT$ 1,000
存款總額	NT$ 6,000

3-2-2　使用 Table 選擇器類型

我們準備使用 Web Scraper 爬取本書測試網頁的<table>標籤，Web Scraper 提供專屬 Table 選擇器類型來擷取 HTML 表格資料。

步驟一：實際瀏覽網頁內容

請啟動瀏覽器進入網址：https://fchart.github.io/test/ex3-03.html，如下圖左，然後在開發人員工具，可以看到<table>、<tr>和<td>標籤的階層結構，如下圖右：

步驟二：在 Web Scraper 新增網站地圖專案

在確認目標資料的 HTML 元素後，我們可以將目前瀏覽器的 URL 網址作為起始 URL 網址來建立網站地圖專案，如右圖：

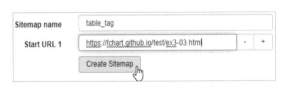

上述欄位內容的輸入資料，如下：

- Sitemap name：table_tag。

- Start URL 1：https://fchart.github.io/test/ex3-03.html。

步驟三：建立網站爬取的 CSS 選擇器地圖

在成功建立網站地圖專案後，就可以新增 CSS 選擇器，這一節我們是使用 Table 節點類型來擷取 HTML 表格標籤，其步驟如下：

1　請在瀏覽器進入【Start URL 1】欄的網頁，因為我們要在此網頁選取擷取資料的 HTML 元素。

2　按【Add new Selector】鈕新增目前【_root】節點下的 CSS 選擇器，在【Id】欄輸入名稱【table_tag】，【Type】欄選【Table】，然後在【Selector】欄按【Select】鈕。

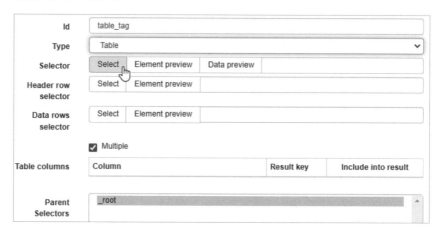

上述 Table 選擇器類型共有 3 種 CSS 選擇器，其說明如下：

- Selector 欄：選取 HTML 表格的<table>標籤。

- Header row selector 欄：選取標題列的 HTML 標籤，這是單列。

- Data rows selector 欄：選取資料列的 HTML 標籤，通常是多列。

3　請在網頁移動游標，點選 HTML 表格的<table>標籤，可以看到 CSS 選擇器是【table】，按【Done selecting】鈕完成選擇。

HTML 表格標籤

公司	聯絡人	國家	營業額
USA one company	Tom Lee	USA	3,000
Centro comercial Moctezuma	Francisco Chang	China	5,000
International Group	Roland Mendel	Austria	6,000
Island Trading	Helen Bennett	UK	3,000
Laughing Bacchus Winecellars	Yoshi Tannamuri	Canada	4,000

table	P	C	S	Done selecting

4 可以看到自動填入標題列和資料列的 CSS 選擇器，因為表格有多列資料
列，請勾選【Multiple】（沒有勾選，只會擷取資料列的第 1 列）。

Id	table_tag
Type	Table
Selector	Select　Element preview　Data preview　table
Header row selector	Select　Element preview　tr:nth-of-type(1)
Data rows selector	Select　Element preview　tr:nth-of-type(n+2)
	☑ Multiple

　　上述 Selector 欄是【table】；Header row selector 欄是【tr:nth-of-type(1)】
（即第 1 列）；Data rows selector 欄是【tr:nth-of-type(n+2)】（即第 1 列之後
的所有列）。如果需要，可以自行按各欄的【Select】鈕來選擇標題列和資料
列的資料，因為資料列是多列，需選取表格中的所有資料列。

5 然後在下方【Table columns】自動列出取得的欄位清單，在【Include
into result】欄可以勾選擷取哪些欄位，欄位名稱的長度是 3 個字，可
用英文、數字或中文，因為取得的欄位有些長度不足，所以這些欄位下
方顯示紅色的錯誤訊息。

Table columns	Column	Result key	Include into result
	公司	公司 The column name should be at least 3 characters long	☑
	聯絡人	聯絡人	☑
	國家	國家 The column name should be at least 3 characters long	☑
	營業額	營業額	☑

6 請將【Result key】欄的第 1 個改為【公司名稱】，第 3 欄改為【國家名稱】後，按【Save selector】鈕。

Table columns	Column	Result key	Include into result
	公司	公司名稱	☑
	聯絡人	聯絡人	☑
	國家	國家名稱	☑
	營業額	營業額	☑
Parent Selectors	_root		

Memo

請注意！Result key 欄位名稱並不允許使用空白字元或「_」底線開頭，如果欄位名稱有錯誤，欄位框是紅色，並且在下方顯示紅色錯誤訊息。

7 可以在【_root】根節點下新增名為 table_tag 的選擇器節點，Multiple 是 yes 取回多列資料列。

_root				
ID	**Selector**	**type**	**Multiple**	**Parent selectors**
☰ table_tag	table	SelectorTable	yes	_root

8　請執行「Sitemap table_tag>Selector graph」命令，點選可以顯示下一層的 CSS 選擇器 table_tag。

步驟四：執行 Web Scraper 網站地圖爬取資料

現在，我們已經建立好擷取資料的 Web Scraper 網站地圖，然後就執行 Web Scraper 網站地圖來爬取資料，其步驟如下：

1　請執行「Sitemap table_tag>Scrape」命令執行網路爬蟲，在輸入送出 HTTP 請求的間隔時間，和載入網頁的延遲時間後，按【Start scraping】鈕開始爬取資料。

2　等到爬完後，請按【refresh】鈕重新載入資料，可以看到擷取的表格資料，如下圖：

公司名稱	聯絡人	國家名稱	營業額
USA one company	Tom Lee	USA	3,000
Centro comercial Moctezuma	Francisco Chang	China	5,000
International Group	Roland Mendel	Austria	6,000
Island Trading	Helen Bennett	UK	3,000
Laughing Bacchus Winecellars	Yoshi Tannamuri	Canada	4,000
Magazzini Alimentari Riuniti	Giovanni Rovelli	Italy	8,000

步驟五：匯出爬取資料成為 Excel 檔案

在成功爬取出所需的資料後，Web Scraper 支援匯出成 Excel 檔案的功能，其步驟如下：

1　請執行「Sitemap table_tag>Export data」命令匯出爬取資料成為 Excel 檔案。

2　在匯出後，按【.XLSX】鈕下載 Excel 檔案，預設檔名是網路地圖名稱 "table_tag.xlsx"。

3-2-3　在同一個網站地圖依序爬取多個 HTML 表格

如果在同一頁網頁有多個 HTML 表格，我們可以在同一層 CSS 選擇器節點使用多個 Table 類型節點來依序爬取多個 HTML 表格。請啟動瀏覽器進入網址：https://fchart.github.io/test/ex3-04.html，如下圖：

一至四月的每月存款金額		五至八月的每月存款金額	
月份	存款金額	月份	存款金額
一月	NT$ 5,000	五月	NT$ 5,500
二月	NT$ 1,000	六月	NT$ 1,500
三月	NT$ 3,000	七月	NT$ 3,500
四月	NT$ 1,000	八月	NT$ 1,500
存款總額	NT$ 10,000	存款總額	NT$ 12,000

上述網頁共有二個 HTML 表格，依序記錄 1~8 個月的存款金額。Web Scraper 網站地圖：table_tag2.txt 的 CSS 選擇器節點樹，如右圖：

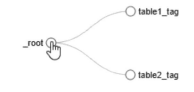

上述 CSS 選擇器節點使用二個 Table 選擇器類型來擷取 2 個表格的資料，在【_root】的 CSS 選擇器節點，如下圖：

_root					
	ID	Selector	type	Multiple	Parent selectors
☰	table1_tag	table#tb1	SelectorTable	yes	_root
☰	table2_tag	table#tb2	SelectorTable	yes	_root

上述 CSS 選擇器節點的類型是 SelectorTable，Multiple 都是 yes，使用的 CSS 選擇器字串，如下：

```
table1_tag → table#tb1
table2_tag → table#tb2
```

上述#tb1 和#tb2 是對應<table>標籤的 id 屬性值 tb1 和 tb2，【table#tb1】是定位 id 屬性值是 tb1 的<table>標籤；【table#tb2】是定位 id 屬性值是 tb2 的<table>標籤。執行網站地圖可以擷取 2 個表格的資料，如下圖：

month	amount	month	amount
二月	NT$ 1,000	二月	NT$ 1,000
八月	NT$ 1,500	八月	NT$ 1,500
一月	NT$ 5,000	一月	NT$ 5,000
三月	NT$ 3,000	三月	NT$ 3,000
七月	NT$ 3,500	七月	NT$ 3,500
六月	NT$ 1,500	六月	NT$ 1,500
四月	NT$ 1,000	四月	NT$ 1,000
五月	NT$ 5,500	五月	NT$ 5,500

3-3 網路爬蟲實戰：爬取台積電的股價資訊

我們準備使用 Web Scraper 爬取台積電股價資訊的<table>標籤，使用的是 Web Scraper 的 Table 類型選擇器。

步驟一：實際瀏覽網頁內容

在本書已經建立數家台股股票資訊的測試網頁（這些網頁都是使用 PChome 股票資訊作為範本，然後丟給 ChatGPT 套用 Bootstrap 所寫出的完整測試網頁）。台積電股價資訊的 URL 網址：

```
https://fchart.github.io/test/stock/sid2330.html
```

台積電 (2330) 半導體業 上市 台積電集團

573.00 ▲+8.00 +1.42% 32.49億

漲跌	成交張	買價	買量	賣價	賣量	開盤	最高	最低	昨收
+8.00	5,674	572.00	131	573.00	334	574.00	574.00	570.00	565.00

上述 sid2330.html 檔名的 2330 就是台積電的股票代碼，接著，請開啟開發人員工具，可以看出台積電股票資訊可以分成 2 部分，在上半部分是股票名稱和收盤價，如右圖：

```
▼<h1>
  ▼<em class="corp-name">
      "台積電"
      <span class="stock-code">  (2330)</span>
    </em>
  ▶ <span class="companyCategory">…</span>
  </h1>
▼<div class="price s-up">
    <span class="data_close s-up">573.00</span>
    <span class="data_diff s-up">▲+8.00</span>
    <span class="data_diff s-up">+1.42%</span>
  ▶ <span class="data_total">…</span>
  </div>
```

上述<h1>下的<em>標籤是股票名稱；<div>下的第 1 個<span>是收盤價。在下方是使用<table>表格標籤來顯示漲跌、成交張、買價、買量、賣價、賣量、開盤、最高和最低價，如右圖：

```
▼<table class="table">
  ▼<thead>
    ▶ <tr>…</tr>
    </thead>
  ▼<tbody id="stock_info_data_b">
    ▼<tr>
        <td class="s-up">+8.00</td>
        <td>5,674</td>
        <td class="s-up">572.00</td>
        <td>131</td>
      ▶ <td>…</td>
        <td>334</td>
        <td class="s-up">574.00</td>
      ▶ <td>…</td>
        <td class="s-up">570.00</td>
        <td>565.00</td>
      </tr>
    </tbody>
  </table>
```

步驟二：在 Web Scraper 新增網站地圖的爬取專案

在確認目標資料的 HTML 元素後，我們就可以將目前瀏覽器的 URL 網址作為起始 URL 網址來建立網站地圖，如下圖：

上述欄位內容的輸入資料，如下：

- Sitemap name：tw_stock。

- Start URL 1：https://fchart.github.io/test/stock/sid2330.html。

步驟三：建立網站爬取的 CSS 選擇器地圖

在成功建立網站地圖專案後，就可以新增 CSS 選擇器，這一節我們是使用 Table 節點類型來擷取 HTML 表格標籤，其步驟如下：

1 請在瀏覽器進入【Start URL 1】欄的網頁，因為我們要在此網頁選取擷取資料的 HTML 元素。

2 按【Add new Selector】鈕新增目前【_root】節點下的 CSS 選擇器節點，在【Id】欄輸入名稱【name】，【Type】欄選【Text】，按【Select】鈕點選股票名稱後，按【Done selecting】鈕，再按【Save selector】鈕儲存。

3 再按【Add new Selector】鈕新增 CSS 選擇器節點，在【Id】欄輸入名稱【close】，【Type】欄選【Text】，按【Select】鈕點選股票收盤價後，按【Done selecting】鈕，再按【Save selector】鈕儲存。

4 再按【Add new Selector】鈕新增 CSS 選擇器節點，在【Id】欄輸入名稱【table_stock】，【Type】欄選【Table】後，按【Select】鈕。

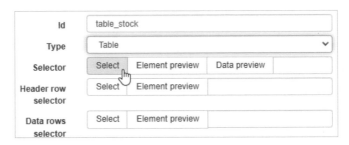

5 在網頁移動游標，點選 HTML 表格的 <table> 標籤，CSS 選擇器是【table】，按【Done selecting】鈕完成選擇。

6 可以看到自動填入標題列和資料列的 CSS 選擇器，因為表格資料列只有 1 列，並不用勾選【Multiple】。

Id	table_stock
Type	Table ⌄
Selector	Select | Element preview | Data preview | table
Header row selector	Select | Element preview | thead tr
Data rows selector	Select | Element preview | #stock_info_data_b tr
	☐ Multiple

7 因為欄位的字數不足，請將【Result key】欄的字首加上英文字母【s】（或數字順序 1、2、…），按【Save selector】鈕儲存。

Table columns	Column	Result key	Include into result
	漲跌	s漲跌	☑
	成交張	成交張	☑
	買價	s買價	☑
	買量	s買量	☑
	賣價	s賣價	☑
	賣量	s賣量	☑
	開盤	s開盤	☑
	最高	s最高	☑
	最低	s最低	☑
	昨收	s昨收	☑

8 在【_root】根節點下共新增 3 個選擇器節點，2 個 Text；1 個 Table 節點。

_root				
ID	Selector	type	Multiple	Parent selectors
name	em.corp-name	SelectorText	no	_root
close	span.data_close	SelectorText	no	_root
table_stock	table	SelectorTable	no	_root

9 請執行「Sitemap tw_stock＞Selector graph」命令，點選可以顯示下一層的 CSS 選擇器。

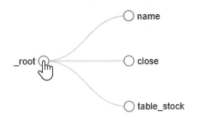

步驟四：執行 Web Scraper 網站地圖爬取資料

現在，我們已經建立好擷取資料的 Web Scraper 網站地圖，然後就執行 Web Scraper 網站地圖來爬取資料，其步驟如下：

1 請執行「Sitemap tw_stock＞Scrape」命令執行網路爬蟲，在輸入送出 HTTP 請求的間隔時間，和載入網頁的延遲時間後，按【Start scraping】鈕開始爬取資料。

2 等到爬完後，請按【refresh】鈕重新載入資料，可以看到擷取的表格資料。

name	close	s漲跌	成交張	s買價	s買量	s賣價	s賣量	s開盤	s最高	s最低	s昨收
台積電 (2330)	573.00	+8.00	5,674	572.00	131	573.00	334	574.00	574.00	570.00	565.00

步驟五：匯出爬取資料成為 Excel 檔案

在成功爬取出所需資料後，Web Scraper 支援匯出成 Excel 檔案的功能，其步驟如下：

1 請執行「Sitemap tw_stock＞Export data」命令匯出爬取資料成為 Excel 檔案。

2 在匯出後，按【.XLSX】鈕下載 Excel 檔案，預設檔名是網路地圖名稱 "tw_stock.xlsx"。

3-4 | 在網路地圖新增多個起始 URL

在第 3-3 節的網路爬蟲只有擷取一家台股的股票資訊，如果想取得多家股票資訊時，我們可以在網路地圖專案新增多個起始 URL。

例如：我們準備擷取台積電、聯發科、日月光和旺宏四家公司的股票資訊（在「Ch03\stock」子目錄有筆者使用 ChatGPT 建立的 7 家股票資訊），如下：

```
https://fchart.github.io/test/stock/sid2330.html
https://fchart.github.io/test/stock/sid2454.html
https://fchart.github.io/test/stock/sid3711.html
https://fchart.github.io/test/stock/sid2337.html
```

我們準備使用 Web Scraper 爬取多家公司的股票資訊，因為每一家的網站地圖都相同，我們只需在網路地圖新增多個起始 URL 即可，其步驟如下：

1 請在 Web Scraper 執行「Create new sitemap>Import Sitemap」命令匯入 tw_stock.txt 網站地圖且在下方【Sitemap name】欄改名成【tw_stock2】後，按【Import Sitemap】鈕匯入網站地圖。

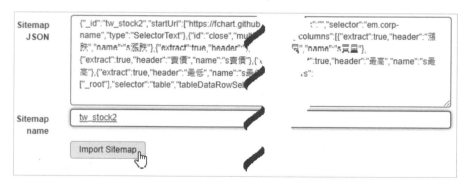

2 請執行「Sitemap tw_stock2>Edit metadata」命令，在【Start URL 1】
欄的最後，按【＋】鈕新增起始 URL（【-】鈕是刪除起始 URL）。

Sitemap name	tw_stock2		
Start URL 1	https://fchart.github.io/test/stock/sid2330.html	-	+
	Save Sitemap		

3 然後在【Start URL 2】欄輸入第 2 家公司的起始 URL 網址。

Sitemap name	tw_stock2		
Start URL 1	https://fchart.github.io/test/stock/sid2330.html	-	+
Start URL 2	https://fchart.github.io/test/stock/sid2454.html	-	+
	Save Sitemap		

4 請重複按【＋】鈕將所有起始 URL 網址都新增至網站地圖後，按【Save
Sitemap】鈕儲存。

Sitemap name	tw_stock2		
Start URL 1	https://fchart.github.io/test/stock/sid2330.html	-	+
Start URL 2	https://fchart.github.io/test/stock/sid2454.html	-	+
Start URL 3	https://fchart.github.io/test/stock/sid3711.html	-	+
Start URL 4	https://fchart.github.io/test/stock/sid2337.html	-	+
	Save Sitemap		

5 請執行「Sitemap tw_stock2>Scrape」命令執行網路爬蟲，在輸入送出
HTTP 請求的間隔時間，和載入網頁的延遲時間後，按【Start scraping】
鈕開始爬取資料。

6 然後按【refresh】鈕重新載入資料，可以看到擷取的 HTML 表格資料。

name	close	s漲跌	成交張	s買價	s買量	s賣價	s賣量	s開盤	s最高	s最低	s昨收
旺　宏 (2337)	32.00	+0.20	1,368	31.95	138	32.00	129	31.85	32.10	31.85	31.80
日月光投控 (3711)	109.00	+1.00	6,653	109.00	1,119	109.50	928	109.50	111.00	109.00	108.00
聯發科 (2454)	686.00	+13.00	1,701	685.00	17	686.00	50	682.00	686.00	676.00	673.00
台積電 (2330)	573.00	+8.00	5,674	572.00	131	573.00	334	574.00	574.00	570.00	565.00

7 請執行「Sitemap tw_stock2＞Export data」命令匯出爬取資料成為 Excel 檔案。

8 在匯出後，按【.XLSX】鈕下載 Excel 檔案，預設檔名是網路地圖名稱 "tw_stock2.xlsx"。

3-5 | 使用 ChatGPT 學習 CSS 樣式類別和群組選擇器

我們常用的 CSS 選擇器除了第 2 章的標籤名稱和 id 屬性值外，還有樣式類別和群組選擇器。

樣式類別選擇器

HTML 標籤可以使用 class 屬性指定 CSS 樣式的類別名稱，如下：

```
<div class="red">自訂樣式類別 Class</div>
```

上述 HTML 標籤的 class 屬性值是 red，這是對應使用「.」開頭的選擇器名稱定義的 CSS 樣式組，稱為樣式類別（Class），如下：

```
.red { color: red }
```

上述 CSS 選擇器是使用「.」句點開始的名稱，可以對應 HTML 標籤的 class 屬性值 red。我們可以詢問 ChatGPT 從提供的 HTML 標籤之中，使用類別選擇器【.red】和【.green】來找出符合的 HTML 標籤，其詳細的問題描述（ch3-5_gpt.txt），如下：

你是 CSS 專家，請分別列出 CSS 選擇器字串【.red】和【.green】可以選出下列
HTML 標籤中的哪些標籤，如下所示：

```
<p>JavaScript 網頁設計</p>
<div id="home">
    <p>Python 程式設計</p>
</div>
<span><p>網路爬蟲</p></span>
<div class="red">自訂樣式類別 Class</div>
<span class="green">自訂樣式類別 Class</span>
<p class="red">自訂樣式類別 Class</p>
<div id="bodycolor">動態樣式的字型與色彩</div>
```

請使用繁體中文回答問題。

 根據您提供的HTML標籤，下面是使用CSS選擇器字串`.red`和`.green`可以選擇的標籤：

　`.red`可以選擇以下標籤：

- `<div class="red">自訂樣式類別Class</div>`
- `<p class="red">自訂樣式類別Class</p>`

　`.green`可以選擇以下標籤：

- `<span class="green">自訂樣式類別Class</span>`

請注意，`.red`和`.green`是CSS類別選擇器，它們可以選擇具有相應類別屬性的標籤。

上述 ChatGPT 的回答【.red】選擇器找到 2 個 HTML 標籤；【.green】找
到 1 個。

在第 3-1-2 節的 Web Scrape 網站地圖是擷取 2 種不同<ul>和<ol>清單標
籤，如下：

```
<ul class="list">…</ul>
…
<ol class="list">…</ol>
```

上述 2 個 HTML 標籤雖然不同，但都有相同的 class 屬性值 list，換句話說，我們可以改用 class 屬性的樣式類別選擇器來選擇 2 個清單項目。請在 Web Scraper 建立名為 list_tag4 的網站地圖，如下圖：

然後在【_root】新增名為【list_tag】的選擇器和勾選【Multiple】，因為 Web Scraper 的 CSS 選擇器工具並不容易選對，請自行在【Selector】欄位輸入選擇器【.list】（請不要按 Enter 鍵），在前方是「.」句點，之後是 class 屬性值，如下圖：

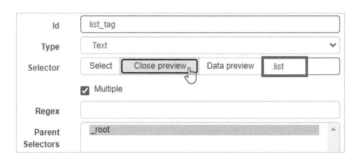

按【Element preview】鈕，可以看到成功選擇<ul>和<ol>這 2 個標籤，如右圖：

群組選擇器

　　群組選擇器（Grouping Selectors）是用來選取多個不同的 HTML 標籤，這是使用「,」分隔的多個 CSS 選擇器。請繼續之前的交談過程，ChatGPT 詳細的問題描述（ch3-5a_gpt.txt），如下：

> 請列出 CSS 選擇器字串【div, p】可以選出哪些標籤？

CSS選擇器字串 `div, p` 可以選擇以下標籤：

* `<div id="home">`
* `<div class="red">自訂樣式類別Class</div>`
* `<div id="bodycolor">動態樣式的字型與色彩</div>`
* `<p>JavaScript網頁設計</p>`
* `<p>Python程式設計</p>`
* `<p class="red">自訂樣式類別Class</p>`
* `<span><p>網路爬蟲</p></span>`

這些選擇器可以選擇 `<div>` 和 `<p>` 標籤。注意，選擇器之間使用逗號分隔，表示可以選擇符合其中任一選擇器的標籤。

　　上述 ChatGPT 的回答可以選取所有<div>和<p>的標籤。事實上，「,」號不只可以分隔 HTML 標籤名稱，也可以分隔樣式類別和 id 屬性選擇器，如下表：

CSS 選擇器字串	說明
.red, span	選取所有 class 屬性值 red 的標籤和<span>標籤
.red, .green	選取所有 class 屬性值 red 和 green 的標籤
span, #home, #bodycolor	選取所有<span>標籤，和 id 屬性值是 home 和 bodycolor 的標籤

　　因為目前 ChatGPT 正在交談過程中，而且已經知道你的問題是使用 CSS 選擇器找出 HTML 標籤，我們只需輸入上表的 CSS 選擇器字串作為問題（不用再加上任何描述，但可能會改成簡體中文來回答問題），ChatGPT 就可以替我們找出符合的 HTML 標籤。

3-6 | 如何使用 Element 節點爬取 HTML 標籤

Web Scraper 擴充功能的 Element 類型是用來選取網頁中的多筆記錄,和每一筆記錄中多個欄位資料的選擇器,可以幫助我們在 HTML 網頁爬取是記錄與欄位的 HTML 標籤。

在 HTML 網頁中建立記錄與欄位是一種巢狀 HTML 標籤,外層是多筆記錄的父標籤,內層是多筆欄位的父標籤。基本上,我們使用 Element 類型爬取的 HTML 標籤主要有三種,如下:

HTML 清單標籤的記錄與欄位

HTML 清單標籤的記錄與欄位中,記錄是外層的<ol>或<ul>(這是所有記錄的父標籤),每一筆記錄是一個<li>標籤(這是欄位的父標籤),如下:

```
<ul>
    <li>記錄 1</li>
    <li>記錄 2</li>
    …
</ul>
```

上述<ul>標籤包圍多筆<li>標籤的記錄,各欄位就是<li>標籤的子元素,你可以想像因為記錄與欄位有二層,所以 Web Scraper 的 Element 選擇器節點需要使用二層選擇器來擷取這些資料,第一層選擇多筆記錄的<li>標籤(所以需勾選 Multiply);第二層才是一一選擇<li>標籤下的每一個欄位。

在 Element 選擇器節點的【Selector】欄位,需選取<ul>標籤下的所有<li>標籤,這也是為什麼使用 Web Scraper 選擇器工具時,需要先選取第 1 筆記錄後,再選取第 2 筆記錄來選取所有<li>標籤的記錄,然後切換至第二層的 CSS 選擇器路徑,這一層是選擇<li>標籤欄位的子元素。

HTML 表格標籤的記錄與欄位

HTML 表格標籤在 Web Scraper 可以使用 Table 選擇器節點（只能擷取文字內容），因為表格也是記錄與欄位所組成，我們一樣可以使用 Element 選擇器節點來擷取表格資料，如下：

```
<table>
    <tr>
        <td>欄位 1</td>
        <td>欄位 2</td>
        …
    </tr>
    <tr>
        <td>欄位 1</td>
        <td>欄位 2</td>
        …
    </tr>
    …
</table>
```

上述<table>標籤包圍多筆<tr>標籤的記錄，各欄位是<td>標籤。在 Element 選擇器節點的【Selector】欄位，需選取<table>標籤下的所有<tr>標籤，在切換至下一層選擇器後，選擇每 1 個<td>標籤的欄位。

HTML 容器標籤<div>的記錄與欄位

除了 HTML 清單和表格標籤時，HTML 還可以使用二層 HTML 容器標籤<div>來建立記錄與欄位（詳見第 5 章的說明），如下：

```
<div>
    <div>記錄 1</div>
    <div>記錄 2</div>
    …
</div>
```

上述<div>父標籤包圍多筆下一層<div>標籤的記錄，各欄位就是第二層<div>標籤的子元素，第一層<div>標籤是群組多筆記錄；第二層<div>就是各筆記錄，其子元素就是記錄的欄位。

CHAPTER 4

爬取圖片和超連結標籤

4-1 爬取 HTML 圖片標籤

HTML 網頁是一種多媒體文件可以顯示漂亮圖片，我們可以使用 HTML 超連結建立網站巡覽結構，輕鬆連接其他網頁和全世界的資源。

4-1-1 認識 HTML 圖片標籤

HTML 網頁除了文字內容外，還可以顯示圖片，其基本語法如下：

```
<img src="檔名或 URL 網址" width="寬度" height="高度" alt="替代文字"/>
```

上述<img>標籤的 src 和 alt 屬性是主要屬性，請注意！圖片並沒有真的插入 HTML 網頁，<img>標籤只是建立一個長方形區域來連接外部圖檔，瀏覽器會依據 src 屬性值送出 HTTP 請求來取得圖檔的資源。其常用屬性的說明，如下表：

屬性	說明
src	圖片檔案名稱和路徑的 URL 網址，支援 gif、jpg 或 png 等格式的圖檔
alt	指定圖片無法顯示時顯示的替代文字
width	圖片寬度，可以是點數或百分比
height	圖片高度，可以是點數或百分比

HTML 網頁 ch4-1-1.html 分別使用不同尺寸來顯示"views.gif"圖檔，如下：

```
<img src="views.gif" width="100" height="100" alt="風景"/>
<img src="views.gif" width="100" height="150" alt="風景"/>
<img src="views.gif" width="50" height="100" alt="風景"/>
<img src="views.gif" width="100" height="50" alt="風景"/>
```

上述 4 個<img>標籤顯示四張圖片，src 屬性值的圖檔都是"views.gif"，只有圖片尺寸的 width 和 height 屬性值不同，其執行結果如下圖：

4-1-2　從 HTML 網頁找出圖片的 URL 網址

HTML 的<img>標籤是使用 src 屬性指定圖檔路徑，或其他 URL 網址，例如：使用瀏覽器進入 https://fchart.github.io/test/profile.html 個人簡歷網頁，如下圖：

　　請開啟開發人員工具的【Elements】標籤，點選上方標籤列最前方箭頭鈕後，移動游標至圖片上方，即可在浮動框看到是 img 標籤，選圖片即可選取<img>標籤，請將游標移至<img>標籤的 src 屬性值，可以看到圖片的縮圖，和在浮動框顯示完整的 URL 網址，如下圖：

　　上述網址是圖片的 URL 網址，看到了嗎？這和 src 屬性值"assets/images/timothy-paul-smith-256424-1200x800.jpg"不同，因為屬性值是圖檔的相對路徑（位在相同網域下的檔案路徑），開發人員工具會自動加上網域來建立完整的 URL 網址。

請在 src 屬性值上，執行【右】鍵快顯功能表的【Copy link address】命令複製圖片的 URL 網址，如下圖：

然後使用【記事本】建立 HTML 網頁：ch4-1-2.html，在<img>標籤的 src 屬性值貼上上述圖片的 URL 網址（別忘了前後的雙引號），如下：

```
<img src="https://fchart.github.io/test/assets/images/timothy-paul-smith-
256424-1200x800.jpg"/>
```

上述 src 屬性值就是完整圖檔的 URL 網址，在瀏覽器開啟網頁就可以在 HTML 網頁顯示這張圖片。

4-1-3　爬取 HTML 圖片標籤

Web Scraper 爬取<img>圖片標籤是使用 Image 類型選擇器，請啟動瀏覽器進入網址：https://fchart.github.io/test/ex4-01.html，如下圖：

上述網頁共顯示 3 張圖片，在開發人員工具可以看到 3 個<img>標籤，如下：

```
<img src="https://fchart.github.io/test/img/views.gif" width="100"
                         height="100" alt="風景"/>
<img src="img/koala.png" width="100" height="150" alt="無尾熊"/>
<img src="img/penguins.png" width="150" height="100" alt="企鵝"/>
```

上述<img>標籤的 src 屬性值是三張不同的圖檔，第 1 個是 URL 網址；後 2 個是相對路徑。請在 Web Scraper 新增名為 img_tag 的網站地圖，如下圖：

然後在【_root】根節點下，新增名為【img_tag】的節點，【Type】欄選 【Image】類型，然後依序選擇這 3 張圖，即可取得 CSS 選擇器【img】，因 為有多張圖片，請勾選【Multiple】，最後按【Save selector】鈕儲存，如下 圖：

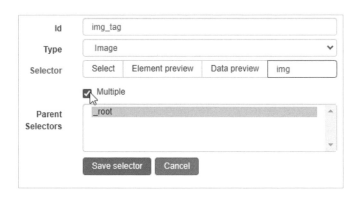

完成的網站地圖，如下圖：

請使用 Web Scraper 執行網站地圖來爬取圖片資料，可以看到擷取到的表格資料，因為圖片就是在擷取 src 屬性值，所以【img_tag】選擇器加上「-src」字尾成為【img_tag-src】欄位，如下圖：

web-scraper-order	web-scraper-start-url	img_tag-src
1689214510-1	https://fchart.github.io/test/ex4-01.html	https://fchart.github.io/test/img/views.gif
1689214510-2	https://fchart.github.io/test/ex4-01.html	img/koala.png
1689214510-3	https://fchart.github.io/test/ex4-01.html	img/penguins.png

4-2 爬取 HTML 超連結標籤

在 HTML 網頁可以使用超連結建立巡覽結構來連接網站的其他網頁，或全世界其他網站的網頁。

4-2-1 認識 HTML 超連結標籤

HTML 超連結標籤<a>的主要目的是建立網站的巡覽結構，讓我們可以從一頁網頁透過超連結來巡覽至下一頁網頁，其基本語法如下：

```
<a href="URL 網址">超連結名稱</a>
```

上述<a>超連結標籤預設在瀏覽器顯示藍色底線字，造訪過的超連結顯示紫色底線字，啟動的超連結是紅色底線字，<a>標籤包圍的文字內容就是超連結名稱。

HTML 超連結<a>標籤可以有子標籤的文字內容、<img>標籤的圖片，或區塊元素<h3>標籤等，如果是圖片就是圖片超連結，如下：

```
<a href="https://www.gotop.com.tw/">
  <h3>Gotop 出版公司</h3>
</a>
```

超連結<a>標籤的常用屬性說明，如下表所示：

屬性	說明
href	指定超連結連接的目的地，其值可以是相對 URL 網址，即指定同網站的檔案名稱，例如：default.html，或絕對 URL 網址，例如：http://www.hinet.net
target	指定超連結如何開啟目的地的 HTML 網頁，其屬性值 _blank 是在新視窗或新標籤開啟 HTML 網頁；_self 是在原視窗或標籤開啟 HTML 網頁（預設值）
type	指定連接 HTML 網頁的 MIME 型態

　　在 HTML 網頁 ch4-2-1.html 建立多個超連結文字和圖片超連結，首先是文字超連結，如下：

```
<a href="http://www.hinet.net">中華電信 HiNet</a>
<a href="https://www.gotop.com.tw/">
    <h3>Gotop 出版公司</h3>
</a>
```

　　上述 2 個<a>標籤是 2 個文字超連結，使用 href 屬性值指定超連結連接的目標 URL 網址，第 1 個文字超連結是單純文字內容，第 2 個文字內容是一個<h3>子標籤的標題文字。然後是圖片超連結，如下：

```
<a href="ch4-1-1.html">
   <img src="dragon.jpg" width="50" height="50">
</a>
```

　　上述<a>標籤的 href 屬性值是相對位址的 HTML 網頁檔案，其<img>子標籤是一張圖片，src 屬性值的圖檔是"dragon.jpg"，其執行結果如右圖：

文字超連結:

中華電信HiNet

Gotop出版公司

圖片超連結:

上述藍色底線字是文字超連結，當將游標移至圖片上，可以看到游標成為手形，表示是一個超連結，下方浮動框顯示其連接的目標網址。

4-2-2　爬取 HTML 超連結標籤

Web Scraper 爬取 HTML 超連結標籤<a>是使用 Link 類型選擇器，請啟動瀏覽器進入網址：https://fchart.github.io/test/ex4-02.html，如下圖：

fChart程式設計教學工具

- fChart標準版 Hot!120次瀏覽
- fChart - Python版 Hot!50次瀏覽
- fChart Node版 Hot!32次瀏覽

上述網頁使用清單顯示 3 個超連結文字，在開發人員工具可以看到<ul>、<li>和<a>標籤，如下：

```
<ul>
  <li><a href="fchart6.html">fChart 標準版</a>
      <small>120 次瀏覽</small></li>
  <li><a href="fchartPython6.html">fChart  - Python 版</a>
      <small>50 次瀏覽</small></li>
  <li><a href="fchartNode6.html">fChart Node 版</a>
      <small>32 次瀏覽</small></li>
</ul>
```

上述<li>清單項目標籤有<a>和<small>子標籤，<a>子標籤的 src 屬性值連接三頁不同的 HTML 網頁。請在 Web Scraper 新增名為 a_tag 的網站地圖，如下圖：

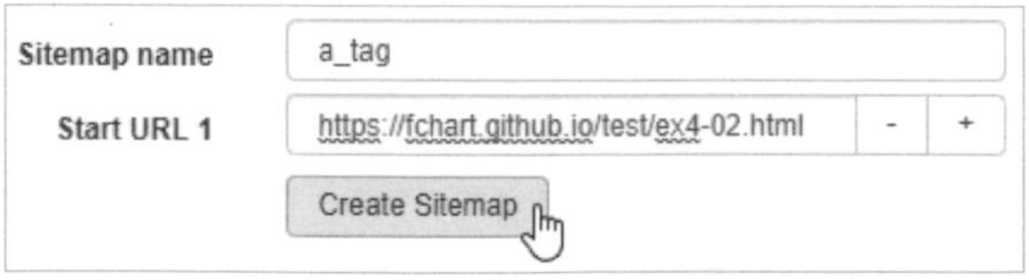

Sitemap name	a_tag
Start URL 1	https://fchart.github.io/test/ex4-02.html - +
	Create Sitemap

　　然後在【_root】根節點下，新增名為【a_tag】的節點，【Type】欄位選【Link】類型，請依序選擇 3 個超連結文字，可以取得 CSS 選擇器【a】，因為有多個超連結文字，請勾選【Multiple】，然後按【Save selector】鈕儲存，如下圖：

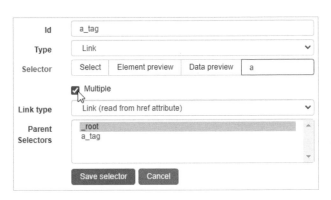

　　上述【Link type】欄位可以選擇擷取 href 屬性值（預設值）或超連結文字的 Text 內容等。完成的網站地圖，如右圖：

　　請使用 Web Scraper 執行網站地圖來爬取超連結資料，可以看到擷取到的表格資料，如下圖：

a_tag	a_tag-href
fChart標準版	https://fchart.github.io/test/fchart6.html
fChart - Python版	https://fchart.github.io/test/fchartpython6.html
fChart Node版	https://fchart.github.io/test/fchartnode6.html

　　上述【a_tag】欄位是超連結名稱；【a_tag-href】欄位就是<a>標籤的 href 屬性值。

4-2-3　使用 Link 類型爬取清單和詳細內容的網頁

HTML 的<a>超連結可以連接其他網頁，最常見的應用就是建立清單和詳細內容的網頁結構（一頁對多頁），首先是清單網頁的網址：https://fchart.github.io/test/ex4-02.html，如下圖：

上述網頁內容是超連結清單，點選超連結可以顯示詳細頁面，例如：點選【fChart 標準版】超連結，可以顯示此版本的詳細說明頁面，如下圖：

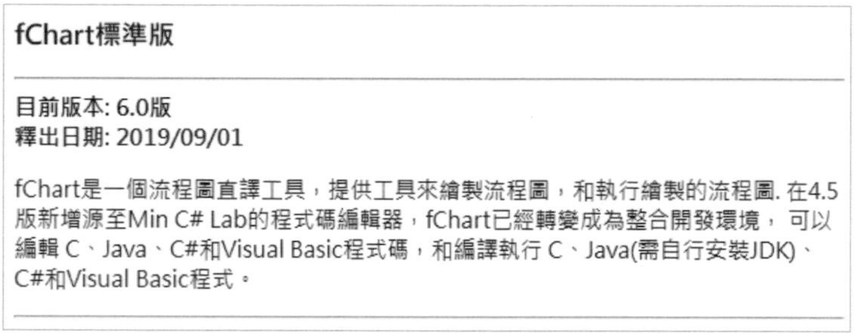

在 Web Scraper 爬取清單和詳細內容的網頁，需要先建立 Element 類型來擷取記錄，在記錄的欄位有 Link 類型的超連結，而且在此超連結還有下一層選擇器（在第 4-2-2 節的 Link 節點因為沒有下一層，所以擷取出的是超連結名稱和 URL 網址）。

Web Scraper 就會使用此超連結的 href 屬性值來自動巡覽至下一層網頁，然後再擷取此網頁的資料，如下圖：

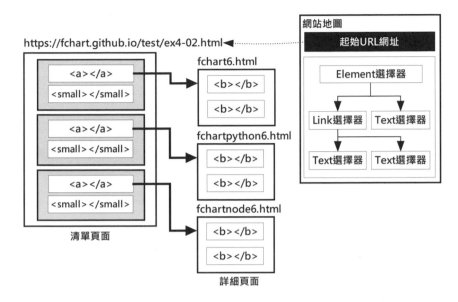

建立 Web Scraper 網站地圖

請在 Web Scraper 新增名為 a_nav 的網站地圖，如下圖：

第一層選擇器：使用 Element 爬取 HTML 清單的記錄

在【_root】根節點下，新增名為【items】的節點，【Type】欄位選【Element】類型，請選擇 3 個<li>標籤（請在網頁中點選項目的後方來選取），可以取得 CSS 選擇器【li】，因為有多筆記錄，請勾選【Multiple】，按【Save selector】鈕儲存，如下圖：

第二層選擇器：使用 Link 和 Text 爬取記錄的欄位

請在選擇器清單選【items】切換至【_root/items】路徑下，如下圖：

然後新增名為【a_tag】節點，【Type】欄位選【Link】類型，請選擇超連結，可以取得 CSS 選擇器【a】，不用勾選【Multiple】後，按【Save selector】鈕儲存，如下圖：

接著，在【_root/items】路徑再新增名為【views】的節點，【Type】欄位選【Text】類型，請選擇超連結後的瀏覽數，可以取得 CSS 選擇器【small】，不用勾選【Multiple】後，按【Save selector】鈕儲存，如下圖：

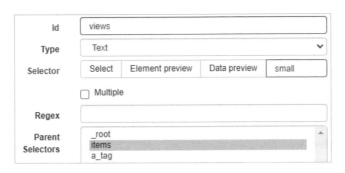

第三層選擇器：爬取詳細頁面的資料

請在瀏覽器上方先瀏覽至詳細頁面後，在【_root/items】路徑下，點選【a_tag】再切換至 Link 節點的下一層選擇器，即【_root/items/a_tag】路徑，如下圖：

然後新增名為【version】的節點，【Type】欄位選【Text】類型，請選擇版本，可以取得 CSS 選擇器【b:nth-of-type(1)】，不用勾選【Multiple】後，按【Save selector】鈕儲存。如下圖：

接著在【_root/items/a_tag】路徑再新增名為【release】的節點,【Type】欄位選【Text】類型,請選擇版本釋出日期,可以取得 CSS 選擇器【b:nth-of-type(2)】,不用勾選【Multiple】後,按【Save selector】鈕儲存,如下圖:

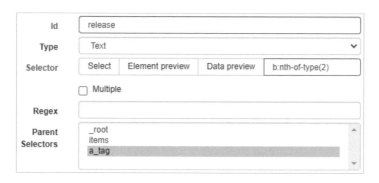

完成的網站地圖,如下圖:

上述階層地圖的前二層（_root 不算）分別是 Element 類型的記錄和 2 個欄位，第三層是因為第二層的 Link 類型，當 Link 類型有下一層選擇器，Web Scraper 就會自動巡覽至此層網頁來繼續擷取資料，第三層就是擷取詳細頁面的資料。

請使用 Web Scraper 執行網站地圖來爬取清單和詳細的一對多頁面的資料，可以看到擷取到的表格資料，如下圖：

a_tag	a_tag-href	views	version	release
fChart Node版	https://fchart.github.io/test/fchartnode6.html	32次瀏覽	目前版本: 6.11版	釋出日期: 2019/09/11
fChart - Python版	https://fchart.github.io/test/fchartpython6.html	50次瀏覽	目前版本: 6.1版	釋出日期: 2019/08/21
fChart標準版	https://fchart.github.io/test/fchart6.html	120次瀏覽	目前版本: 6.0版	釋出日期: 2019/09/01

上述表格只顯示最後 5 個欄位，前 3 個欄是清單頁面的資料；後 2 個欄是詳細頁面的資料。

4-3 網路爬蟲實戰：網路商店的商品清單

我們準備使用 Web Scraper 爬取網路商店的商品清單，可以取得購物商品的清單，然後在第 4-4 節瀏覽商品的詳細網頁，即可再進一步擷取商品的詳細資訊。

步驟一：實際瀏覽網頁內容

網路商店的商品清單是使用 PHP+MySQL 技術建立的範例商務網站，我們準備爬取桌上型電腦分類的商品清單，其 URL 網址如下：

```
http://fchart.is-best.net/Ecommerce/category.php?category=desktop-pc
```

上述網頁的每一個方框是一個桌上型電腦商品。
請開啟開發人員工具,點選上方標籤列最前方的箭頭
鈕後,移動游標至電腦圖片,點選圖片後,在
【Elements】標籤可以看到是<img>圖片標籤,如右
圖:

然後點選上方標籤列最前方的箭頭鈕,移動游標至商品名稱,可以看到
是<a>超連結標籤,如下圖:

接著移至方框邊界，點選選取整個方框後，可以在【Elements】標籤看到
這是\<div\>容器標籤，如下圖：

上述圖例反白顯示的商品方框，在【Elements】標籤對應的是\<div
class="col-sm-4"\>標籤，整個商品清單是使用\<div\>和\<div\>建立的巢狀標籤，
即 class 屬性值 col-sm-9 的\<div\>父標籤，每一列是 class 屬性值 row 的\<div\>
標籤，在每一列有 3 項商品，每一項商品是 class 屬性值 col-sm-4 的\<div\>子
標籤，如下：

```
<div class="col-sm-9">
    <div class="row">
      <div class="col-sm-4">…</div>
      <div class="col-sm-4">…</div>
      <div class="col-sm-4">…</div>
    </div>
    <div class="row">…</div>
    …
</div>
```

上述每一個\<div class="col-sm-4"\>標籤分成 2 個\<div\>子標籤，第 1 個是
圖片和商品名稱的超連結，第 2 個是價格，在第 3-6 節已經說明過\<div\>標籤
如何群組資料，其進一步說明請參閱第 5 章。

因為每一項商品的<div class="col-sm-4">標籤是一筆記錄，我們需要使用 Element 類型爬取記錄，然後在下一層取出商品圖片（Image 類型）、名稱（Text 類型）和價格（Text 類型）等商品資訊。

步驟二：在 Web Scraper 新增網站地圖專案

在確認目標資料的 HTML 元素後，我們就可以將目前瀏覽器的 URL 網址作為起始 URL 網址來建立網站地圖，如下圖：

上述欄位內容的輸入資料，如下：

- Sitemap name：ecommerce_desktoppc。

- Start URL 1：http://fchart.is-best.net/Ecommerce/category.php?category=desktop-pc。

步驟三：建立網站爬取的 CSS 選擇器地圖

在成功建立網站地圖後，就可以新增 CSS 選擇器，因為準備擷取多項商品資訊，這是記錄，所以選擇器有二層，第一層取出此頁的每一筆記錄，然後在第二層取出記錄的每一個欄位，其步驟如下：

1 請在瀏覽器進入【Start URL 1】欄的網頁，因為我們要在此網頁選取擷取資料的 HTML 元素。

2 按【Add new Selector】鈕新增目前【_root】節點下的 CSS 選擇器節點，在【Id】欄輸入名稱【items_tag】，【Type】欄選【Element】，然後勾選【Multiple】多筆記錄，按【Select】鈕。

3 在網頁移動游標至商品區塊，點選到第一項商品的<div>標籤。

4 請再點選第 2 個<div>標籤，和下一列的<div>標籤，可以看到所有商品方框都已經選擇後，按【Done selecting】鈕完成選擇。

5 可以在下方欄位填入 CSS 選擇器【div.col-sm-4】，分別按【Element preview】和【Data preview】鈕，可以預覽選擇的元素和擷取資料。

6 按【Save selector】鈕儲存選擇器節點，可以在【_root】根節點下新增名為 items_tag 的選擇器節點，type 是 SelectorElement 的 Element 類型，Multiple 是 yes 多筆，如下圖：

	ID	Selector	type	Multiple	Parent selectors
☰	items_tag	div.col-sm-4	SelectorElement	yes	_root

7 請點選【items_tag】選擇器節點，準備新增擷取每筆記錄欄位的選擇器，可以看到上方路徑是【_root/items_tag】，按【Add new selector】鈕新增選擇器節點。

_root / items_tag   Data preview

	ID	Selector	type	Multiple	Parent selectors	Actions

Add new selector

8 第 1 個新增的是商品名稱，【Id】欄輸入名稱【商品名稱】，【Type】欄選【Text】，不用勾選【Multiple】後，按【Select】鈕。

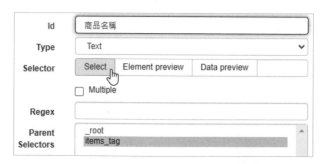

Id	商品名稱
Type	Text
Selector	Select　Element preview　Data preview
	☐ Multiple
Regex	
Parent Selectors	_root items_tag

9 在網頁可以看到紫色背景和框線的方框，即每筆記錄，請選商品名稱的超連結，按【Done selecting】鈕完成選擇。

10 可以在下方欄位填入 CSS 選擇器【a】，按【Save selector】鈕儲存選擇器節點，可以在【_root/items_tag】下新增選擇器節點。

11 再按【Add new selector】鈕新增商品價格節點，在【Id】欄輸入名稱【商品價格】，【Type】欄選【Text】，按【Select】鈕後，選商品價格後，按【Done selecting】鈕完成選擇，再按【Save selector】鈕儲存。

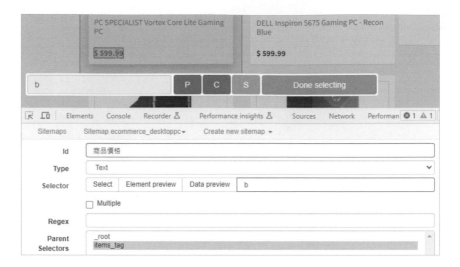

12 再按【Add new selector】鈕新增商品圖片，在【Id】欄輸入名稱【商品圖片】，【Type】欄選【Image】，請按【Select】鈕後，選取圖片，按【Done selecting】鈕完成選擇，再按【Save selector】鈕儲存。

13 可以在【_root/items_tag】下看到新增的選擇器節點。

_root / items_tag				
ID	Selector	type	Multiple	Parent selectors
商品名稱	a	SelectorText	no	items_tag
商品價格	b	SelectorText	no	items_tag
商品圖片	img	SelectorImage	no	items_tag

14 請執行「Sitemap ecommerce_desktoppc＞Selector graph」命令，展開網站地圖的節點樹。

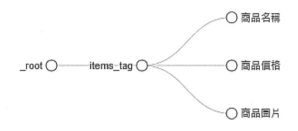

步驟四：執行 Web Scraper 網站地圖爬取資料

現在，我們已經建立好擷取資料的 Web Scraper 網站地圖，然後就執行 Web Scraper 網站地圖來爬取資料，其步驟如下：

1 請執行「Sitemap ecommerce_desktoppc＞Scrape」命令執行網路爬蟲，在輸入送出 HTTP 請求的間隔時間，和載入網頁的延遲時間後，按【Start scraping】鈕開始爬取資料。

2 等到爬完後，請按【refresh】鈕重新載入資料，可以看到擷取的表格資料（請注意！因為＜div class＝"col-sm-4"＞標籤共有 9 個，但最後 1 個並沒有商品資料），如下圖：

商品名稱	商品價格	商品圖片-src
PC SPECIALIST Vortex Core Lite Gaming PC	$ 599.99	images/pc-specialist-vortex-core-lite-gaming-pc.jpg
DELL Inspiron 5675 Gaming PC - Recon Blue	$ 599.99	images/dell-inspiron-5675-gaming-pc-recon-blue.jpg
HP Barebones OMEN X 900-099nn Gaming PC	$ 489.98	images/hp-barebones-omen-x-900-099nn-gaming-pc.jpg
ACER Aspire GX-781 Gaming PC	$ 749.99	images/acer-aspire-gx-781-gaming-pc.jpg
HP Pavilion Power 580-015na Gaming PC	$ 799.99	images/hp-pavilion-power-580-015na-gaming-pc.jpg
LENOVO Legion Y520 Gaming PC	$ 899.99	images/lenovo-legion-y520-gaming-pc.jpg
PC SPECIALIST Vortex Minerva XT-R Gaming PC	$ 999.99	images/pc-specialist-vortex-minerva-xt-r-gaming-pc.jpg
PC SPECIALIST Vortex Core II Gaming PC	$ 649.99	images/pc-specialist-vortex-core-ii-gaming-pc.jpg

步驟五：匯出爬取資料成為 Excel 檔案

在成功爬取出所需資料後，Web Scraper 支援匯出成 Excel 檔案的功能，其步驟如下：

1 請執行「Sitemap ecommerce_desktoppc＞Export data」命令匯出爬取資料成為 Excel 檔案。

2 在匯出後，按【.XLSX】鈕下載 Excel 檔案，預設檔名是網路地圖名稱 "ecommerce_desktoppc.xlsx"。

4-4　網路爬蟲實戰：商品項目的詳細資訊

在第 4-3 節 Web Scraper 爬取的商品清單只有商品名稱、商品價格和商品圖片，請點選商品名稱的超連結，如下圖：

可以瀏覽此項商品的詳細資料，如下圖：

上述是商品項目的網頁，提供分類和商品描述的更多商品資訊。在這一節我們準備修改第 4-3 節的 ecommerce_desktoppc.txt 網站地圖成為 ecommerce_desktoppc2，新增 Link 類型節點，可以巡覽至第三層的 CSS 選擇器來擷取商品分類和描述資訊，其步驟如下：

1 請在 Web Scraper 執行「Create new sitemap > Import Sitemap」命令匯入 ecommerce_desktoppc.txt 網站地圖且在下方【Sitemap name】欄改名成【ecommerce_desktoppc2】後，按【Import Sitemap】鈕匯入網站地圖。

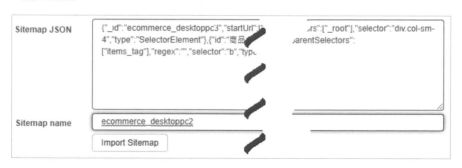

2 執行「Sitemap ecommerce_desktoppc2＞Selectors」命令顯示【_root】的選擇器清單，請點選【items_tag】。

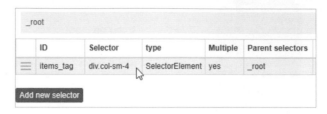

3 可以切換至下一層【_root/items_tag】選擇器清單，我們準備在這一層新增連接詳細頁面的 Link 類型選擇器，請按【Add new selector】鈕。

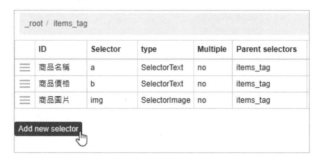

4 在【Id】欄輸入名稱【m_link】，【Type】欄選【Link】，按【Select】鈕。

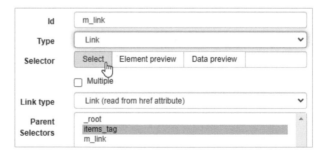

5 請選取商品名稱的超連結,按【Done selecting】鈕完成選擇,再按【Save selector】鈕儲存。

6 可以在【_root/items_tag】下新增 m_link 選擇器節點,請點選【m_link】。

_root / items_tag

	ID	Selector	type	Multiple	Parent selectors
☰	商品名稱	a	SelectorText	no	items_tag
☰	商品價格	b	SelectorText	no	items_tag
☰	商品圖片	img	SelectorImage	no	items_tag
☰	m_link	a	SelectorLink	no	items_tag

7 可以切換至下一層【_root/items_tag/m_link】選擇器清單,我們準備在這一層新增擷取詳細頁面資料的 CSS 選擇器,按【Add new selector】鈕新增節點。

_root / items_tag / m_link   Data preview

	ID	Selector	type	Multiple	Parent selectors	Actions

Add new selector

8 請在上方切換至商品項目的詳細頁面後，在【Id】欄輸入名稱【商品分類】，【Type】欄選【Text】，按【Select】鈕。

9 選取商品分類的 HTML 元素，取得的 CSS 選擇器【p a】是子孫選擇器，詳見第 5-1-2 節的說明，按【Done selecting】鈕完成選擇，再按【Save selector】鈕儲存。

10 可以在【_root/items_tag/m_link】下新增選擇器節點【商品分類】，再按【Add new selector】鈕新增節點。

11 在【Id】欄輸入名稱【商品描述】，【Type】欄選【Text】，按【Select】
鈕。

12 選取商品描述的 HTML 元素，即第 4 個<p>標籤，按【Done selecting】
鈕完成選擇，再按【Save selector】鈕儲存。

13 可以在【_root/items_tag/m_link】下新增選擇器節點【商品描述】。

	ID	Selector	type	Multiple	Parent selectors
☰	商品分類	p a	SelectorText	no	m_link
☰	商品描述	p:nth-of-type(4)	SelectorText	no	m_link

_root / items_tag / m_link

14 請執行「Sitemap ecommerce_desktoppc2＞Selector graph」命令，展開網站地圖的節點樹。

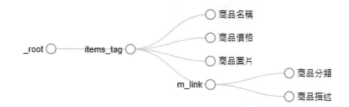

15 請執行「Sitemap ecommerce_desktoppc2＞Scrape」命令執行網路爬蟲，在輸入送出 HTTP 請求的間隔時間，和載入網頁的延遲時間後，按【Start scraping】鈕開始爬取資料。

16 然後按【refresh】鈕重新載入資料，可以看到擷取的 HTML 表格資料。

17 請執行「Sitemap ecommerce_desktoppc2＞Export data」命令匯出爬取資料成為 Excel 檔案。

18 在匯出後，按【.XLSX】鈕下載 Excel 檔案，預設檔名是網路地圖名稱 "ecommerce_desktoppc2.xlsx"。

4-5 使用 ChatGPT 找出定位 HTML 元素的 CSS 選擇器

雖然 Web Scraper 內建視覺化 CSS 選擇器工具可以找出絕大部分定位 HTML 元素的 CSS 選擇器,問題是目前 HTML 網頁的標籤結構十分複雜,所以仍然有可能找不到,或找出的 CSS 選擇器並不符合需求,此時,可以自行使用 ChatGPT 找出定位 HTML 元素的 CSS 選擇器。

筆者在 GitHub 已經建立一頁使用 Bootstrap 技術的相簿網頁,其網址:

```
https://fchart.github.io/test/album.html
```

　　請使用 Chrome 開發人員工具檢視 HTML 網頁後,可以看出每一張照片的方框是一個<div>標籤,其父標籤也是<div>標籤建立的照片表格(非<table>標籤的 HTML 表格),共有 3X3 個方框,如右圖:

　　上述每一個方框是一張照片資訊，我們可以使用開發人員工具，取出第一張照片方框的 HTML 標籤<div>為範本，然後詢問 ChatGPT 來找出目標資料的 CSS 選擇器。請開啟開發人員工具和選取方框後，在標籤上執行【右】鍵快顯功能表的「Copy>Copy element」命令，複製此方框的<div>標籤，如下圖：

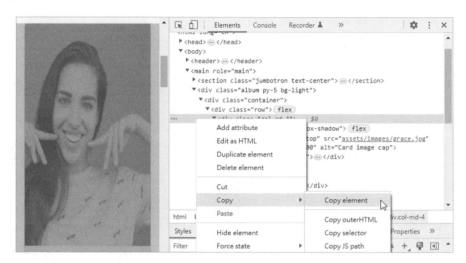

　　然後，在方框的<div>標籤找出指定文字內容的 CSS 選擇器，ChatGPT 詳細的問題描述（ch4-5_gpt.txt），如下：

你是 CSS 專家，請使用繁體中文依據下列輸入 HTML 標籤的<div>片段，寫出定位下列指定 HTML 標籤和文字內容的 CSS 選擇器，如下所示：

1. <img>標籤。
2. "一位音樂家"。
3. "贊助: $1123.87"。
4. "112 reviews"。

輸入的 HTML 標籤，如下所示：

```
<div class="col-md-4">
 <div class="card mb-4 box-shadow">
 <img class="card-img-top" src="assets/images/grace.jpg" width="100"
height="400" alt="Card image cap">
   <div class="card-body">
```

```
      <p class="card-text">一位音樂家，喜歡彈奏古典吉他並創作自己的音樂。</p>
      <div class="d-flex justify-content-between align-items-center">
         <div class="btn-group">
            <button type="button" class="btn btn-sm btn-outline-
secondary">檢視</button>
            <button type="button" class="btn btn-sm btn-outline-
secondary">編輯</button>
         </div>
         <h6 class="pull-right price">贊助: $1123.87</h6>
         <small class="text-muted">112 reviews</small>
      </div>
   </div>
 </div>
</div>
```

請寫出最短的 CSS 選擇器，而且不用程式框來顯示。

根據提供的 HTML 標籤片段，下面是定位指定 HTML 標籤和文字內容的最短 CSS 選擇器：

1. `<img>` 標籤：
   • CSS 選擇器：`.card-img-top`
2. "一位音樂家"：
   • CSS 選擇器：`.card-text`
3. "贊助: $1123.87"：
   • CSS 選擇器：`.price`
4. "112 reviews"：
   • CSS 選擇器：`.text-muted`

我們可以使用 ChatGPT 找出目標欄位標籤的 CSS 選擇器，如下表所示：

目標資料	CSS 選擇器
照片檔	.card-img-top
描述文字	.card-text
贊助金額	.price
瀏覽數	.text-muted

Memo ....

請注意！因為 ChatGPT 提示文字和回答有長度限制，每一次對話的問答長度是 4097 Tokens（1000 個 Tokens 大約等於 750 個單字），所以我們並不能使用完整 HTML 標籤，因為很有可能超過長度限制，只能取出部分 HTML 標籤來進行標籤結構的處理。

CHAPTER 5

爬取容器和 HTML 版面配置標籤

5-1　爬取 HTML 容器標籤

　　HTML 的 \<div\> 和 \<span\> 標籤是一種結構標籤，主要是作為容器來群組元素，以便建立 HTML 網頁的版面配置（詳見第 5-3 節的說明）。

5-1-1　認識 HTML 容器標籤

　　HTML 的 \<div\> 和 \<span\> 標籤是用來群組元素的容器，其本身並沒有任何預設樣式，如同網頁中的一個透明方框，我們需要自行使用 CSS 樣式來格式化標籤內容。

<div>標籤

HTML 的<div>標籤可以在 HTML 網頁定義一個長方形區塊，其主要目的是群組子元素來建立網頁結構，和使用 CSS 樣式來格式化群組子元素，如下：

```
<div>
    <h3>JavaScript</h3>
    <p>客戶端網頁技術</p>
</div>
```

<span>標籤

HTML 的<span>標籤也是用來群組元素，不過，這是單行元素，不會建立區塊（即換行），如下：

```
<p>外國人很多都是<span>淡藍色</span>眼睛</p>
```

在 HTML 網頁 ch5-1-1.html 是使用<div>和<span>容器標籤來替 HTML 元素套用 CSS 樣式.green 和 lightblue，如下：

```
<div class="green">
    <h3>JavaScript</h3>
    <p>客戶端網頁技術</p>
</div>
<p>外國人很多都是<span class="lightblue">淡藍色</span>眼睛</p>
```

上述<div>標籤有<h3>和<p>二個子標籤，因為<div>標籤是使用 class 屬性套用 green 樣式，<span>標籤是 lightblue 樣式，其執行結果可以看到前二行套用綠色字;在最後一段中後方有套用淡藍色的文字，如右圖：

> **JavaScript**
>
> 客戶端網頁技術
>
> 外國人很多都是淡藍色眼睛

5-1-2 爬取 HTML 容器標籤

基本上，如果是使用標籤名稱（CSS 型態選擇器）來爬取容器標籤，其爬取方式和其他 HTML 標籤並沒有什麼不同。因為<div>標籤是一種結構標籤，通常都擁有多層的<div>子標籤，如下：

```
<div id="content">
   <div class="article lightblue">
      <div class="blue">
        <h2>HTML</h2><hr>
        <p>Web 網頁是使用
        <span class="green">HTML5</span>標示語言所編排</p>
      </div>
   </div>
   …
</div>
```

上述<div>標籤共有三層來建立網頁的版面配置，我們在爬取資料時，首先使用 id 屬性或 class 屬性取得最上層<div>標籤，即可使用 CSS 父子或子孫選擇器來定位下一層的<div>或<span>子標籤。

父子選擇器與子孫選擇器

子孫選擇器（Descendant Selectors）包含父子和子孫選擇器，其目的是為了避免與其他元素同名的子孫元素產生衝突，可以指明是定位哪一個 HTML 標籤的子孫。

當成功定位 HTML 父元素後，可以使用父子選擇器與子孫選擇器來選取下一層或下下層的 HTML 子元素，如下：

* 父子選擇器：使用「>」符號選取子元素，例如：【#content > div】是使用 id 屬性值 content 定位父元素，然後取出所有<div>子標籤。

* 子孫選擇器：在 2 個選擇器之間空一格就是【#content div】子孫選擇器，可以取出下一層，和再下一層的所有<div>子孫標籤。

我們可以詢問 ChatGPT 從提供的 HTML 標籤之中，使用父子選擇器【#content > div】來找出符合的 HTML 標籤，其詳細的問題描述（ch5-1-2_gpt.txt），如下：

你是 CSS 專家，請列出 CSS 選擇器字串【#content > div】可以選出下列 HTML 標籤中的哪些標籤，如下所示：

```
<div id="content">
  <div class="article lightblue">
    <div class="blue"><h2>HTML</h2></div>
  </div>
  <div class="article lightblue">
    <div class="blue"><h2>JavaScript</h2></div>
  </div>
  <div class="article">
    <div class="red"><h2>ASP.NET</h2></div>
  </div>
  <div class="article lightblue">
    <div class="blue"><h2>CSS</h2></div>
  </div>
  <div class="article">
    <div class="red"><h2>PHP</h2></div>
  </div>
 </div>
```

請使用繁體中文回答問題。

CSS選擇器字串【#content > div】可以選出以下HTML標籤：

1. 第一個div標籤：`<div class="article lightblue">`
2. 第二個div標籤：`<div class="article lightblue">`
3. 第三個div標籤：`<div class="article">`
4. 第四個div標籤：`<div class="article lightblue">`
5. 第五個div標籤：`<div class="article">`

注意，此選擇器只會選擇直接子元素為div的標籤，所以子元素為h2的標籤將不會被選中。

上述 ChatGPT 的回答可以選出第二層所有<div>子標籤。在第二層的<div>標籤分成客戶端技術的 HTML、CSS 和 JavaScript，和伺服端的 ASP.NET 和 PHP。

如果只需定位客戶端技術的<div>子標籤，因為其 class 屬性值是 lightblue，就可以使用 class 屬性值來定位這些<div>子標籤。請繼續交談過程，ChatGPT 詳細的問題描述（ch5-1-2a_gpt.txt），如下：

請列出 CSS 選擇器字串【#content > div.lightblue】可以選出哪些標籤？

> CSS選擇器字串【#content > div.lightblue】可以選出以下HTML標籤：
>
> 1. 第一個div標籤：`<div class="article lightblue">`
> 2. 第二個div標籤：`<div class="article lightblue">`
> 3. 第四個div標籤：`<div class="article lightblue">`
>
> 該選擇器會選擇直接子元素為div且具有class為"lightblue"的標籤。其他沒有"lightblue" class 的div標籤將不會被選中。

上述 ChatGPT 的回答共選取第二層客戶端技術的三個<div>子標籤，即 HTML、CSS 和 JavaScript。

最後，如果想選取<div>父標籤下的所有<div>子孫標籤，請繼續交談過程，ChatGPT 詳細的問題描述（ch5-1-2b_gpt.txt），如下：

請列出 CSS 選擇器字串【#content div】可以選出哪些標籤？

> CSS選擇器字串【#content div】可以選出以下HTML標籤：
>
> 1. 第一個div標籤：`<div class="article lightblue">`
> 2. 第二個div標籤：`<div class="blue">`
> 3. 第三個div標籤：`<div class="article lightblue">`
> 4. 第四個div標籤：`<div class="blue">`
> 5. 第五個div標籤：`<div class="article">`
> 6. 第六個div標籤：`<div class="red">`
> 7. 第七個div標籤：`<div class="article lightblue">`
> 8. 第八個div標籤：`<div class="blue">`
> 9. 第九個div標籤：`<div class="article">`
> 10. 第十個div標籤：`<div class="red">`
>
> 該選擇器會選擇id為"content"的元素中的所有div標籤，無論其是否有class。

上述 ChatGPT 的回答可以選取所有<div>子孫標籤。我們也可以選取<div>父標籤下的所有<h2>子孫標籤，請繼續交談過程，ChatGPT 詳細的問題描述（ch5-1-2c_gpt.txt），如下：

請列出 CSS 選擇器字串【#content h2】可以選出哪些標籤？

上述 ChatGPT 的回答可以選取所有<h2>子孫標籤。

爬取 HTML 容器標籤

HTML 的<div>標籤是用來群組 HTML 子元素，一樣可以建立記錄與欄位的標籤結構，在 Web Scraper 爬取群組<div>標籤就是使用 Element 選擇器類型來爬取多筆記錄。請啟動瀏覽器進入網址：https://fchart.github.io/test/ex5-01.html，如下圖：

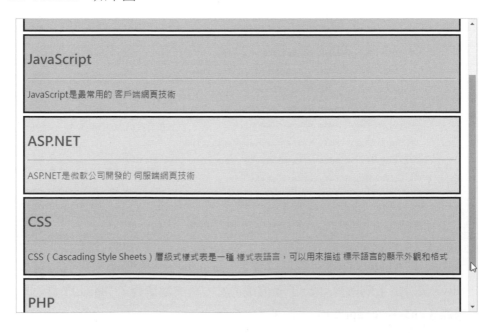

上述網頁使用巢狀\<div\>標籤顯示 5 種伺服端和客戶端網頁技術的說明卡片，在開發人員工具可以看到三層巢狀\<div\>標籤，如下：

```
<div id="content">
   <div class="article lightblue">
      <div class="blue">
         <h2><span class="green">HTML</span></h2><hr>
         <p>Web 網頁是使用
         <span class="green">HTML5</span>標示語言所編排</p>
      </div>
   </div>
   …
</div>
```

上述\<div id="content"\>標籤是最上層，在之下有 3 個\<div class="article lightblue"\>和 2 個\<div class="article"\>共 5 個子標籤，然後再下一層也是\<div\>標籤，最後才是\<h2\>和\<p\>標籤。

請在 Web Scraper 新增名為 div_tag 的網站地圖，我們準備爬取 3 個\<div class="article lightblue"\>標籤的客戶端網頁技術，即 3 筆記錄，每一筆記錄擷取標題、說明文字和綠色說明子字串共 3 個欄位，如下圖：

在【_root】根節點下，新增名為【items】的節點，在【Type】欄選【Element】類型，請選擇 3 個藍底的\<div\>標籤，可以取得 CSS 選擇器【div.lightblue】，因為有 3 個，請勾選【Multiple】多筆後，按【Save selector】鈕儲存，如下圖：

　　然後切換至【_root/items】路徑下，新增名為【title】的 Text 類型選擇器，請選擇 HTML 標題文字的<h2>標籤，可以取得 CSS 選擇器【h2】，按【Save selector】鈕儲存，如下圖：

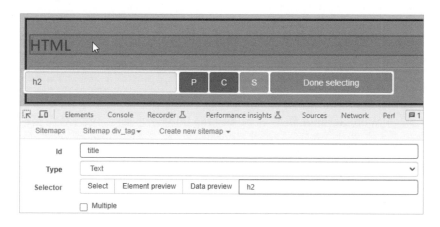

　　再新增名為【note】說明文字的 Text 類型選擇器，CSS 選擇器是【p】，如下圖：

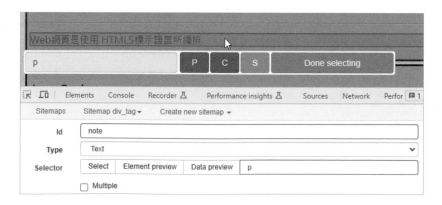

　　因為在說明文字之中有綠色子字串，請再新增名為【green_note】的 Text 類型選擇器，CSS 選擇器是【p span】子孫選擇器，可以擷取綠色子字串，如下圖：

▌Memo ....

因為<h2>和<p>標籤下都有 class 屬性值"green"的<span>子標籤，所以需要使用父子選擇器【p > span】或子孫選擇器【p span】定位是<p>標籤下的<span>子標籤；而不是<h2>標籤下的<span>子標籤。

　　在成功新增選擇器節點 title、note 和 green_note 後，就完成網站地圖的建立，如下圖：

　　請使用 Web Scraper 執行網站地圖來爬取巢狀<div>標籤的資料,可以看到擷取到的表格資料,如下圖:

title	note	green_note
HTML	Web網頁是使用 HTML5標示語言所編排	HTML5
JavaScript	JavaScript是最常用的 客戶端網頁技術	客戶端
CSS	CSS(Cascading Style Sheets)層級式樣式表是一種 樣式表語言,可以用來描述 標示語言的顯示外觀和格式	樣式表語言

5-2 網路爬蟲實戰:Bootstrap 相簿網頁的網頁資料

　　在第 4-5 節我們已經使用 ChatGPT 找出定位 HTML 元素的 CSS 選擇器,這一節就使用 Web Scraper 爬取 Bootstrap 技術的相簿網頁,可以比較看看不同工具找出的 CSS 選擇器是否相同。

步驟一:實際瀏覽網頁內容

　　在 Bootstrap 相簿網頁提供照片分享功能,其 URL 網址如下:

```
https://fchart.github.io/test/album.html
```

上述相簿網頁的每一個方框是一張照片資訊，上方是照片；下方是照片說明、多少人瀏覽和贊助金額。在第 4-5 節已經檢視過 HTML 標籤結構，這是巢狀<div>標籤，Web Scraper 是使用 Element 類型爬取上層<div>父標籤的多筆記錄，每一筆記錄使用 Image 類型取出照片；Text 類型取出照片說明、多少人瀏覽和贊助金額。

步驟二：在 Web Scraper 新增網站地圖專案

在確認目標資料的 HTML 元素後，我們可以將目前瀏覽器的 URL 網址作為起始 URL 網址來建立網站地圖，如右圖：

上述欄位內容的輸入資料，如下：

- Sitemap name：album。

- Start URL 1：https://fchart.github.io/test/album.html。

步驟三：建立網站爬取的 CSS 選擇器地圖

在成功建立網站地圖專案後，就可以新增 CSS 選擇器，其步驟如下：

1 請在瀏覽器進入【Start URL 1】欄的網頁，因為我們要在此網頁選取擷取資料的 HTML 元素。

2 按【Add new Selector】鈕新增目前【_root】節點下的 CSS 選擇器節點，在【Id】欄輸入名稱【items】，【Type】欄選【Element】，然後勾選【Multiple】多筆記錄，按【Select】鈕。

3 在網頁移動游標至第 1 個項目區塊，點選第一個<div>標籤後，再選第 2 個，直到所有方框都選到後，按【Done selecting】鈕完成選擇。

4 按【Save selector】鈕儲存選擇器節點，可以在【_root】根節點下新增名為 items 的選擇器節點，type 是 SelectorElement 的 Element 類型，Multiple 是 yes 多筆。

_root					
	ID	Selector	type	Multiple	Parent selectors
≡	items	div.col-md-4	SelectorElement	yes	_root

5 請點選【items】選擇器節點，我們準備新增擷取每一筆記錄欄位的選擇器，可以看到上方路徑是【_root/items】。

6 按【Add new selector】鈕新增選擇器節點，第 1 個是照片，請在【Id】欄輸入名稱【照片檔】，【Type】欄選【Image】，不用勾選【Multiple】，按【Select】鈕。

Id	照片檔
Type	Image
Selector	Select | Element preview | Data preview
	☐ Multiple
Parent Selectors	_root items

7 在網頁可以看到紫色背景和框線方框的第一筆記錄，請選取圖片，CSS 選擇器是【img】，按【Done selecting】鈕完成選擇。

8 可以在下方欄位填入 CSS 選擇器，按【Save selector】鈕在【_root/items】下新增選擇器節點。

9 再按【Add new selector】鈕新增選擇器節點，在【Id】欄輸入名稱【描述文字】，【Type】欄選【Text】，請按【Select】鈕後，選取描述文字，按【Done selecting】鈕完成選擇，再按【Save selector】鈕儲存。

10 在【_root/items】下可以看到新增的選擇器節點。請再按【Add new selector】鈕新增選擇器節點。在【Id】欄輸入名稱【贊助金額】，【Type】欄選【Text】，請按【Select】鈕後，選取贊助金額，按【Done selecting】鈕完成選擇，再按【Save selector】鈕儲存。

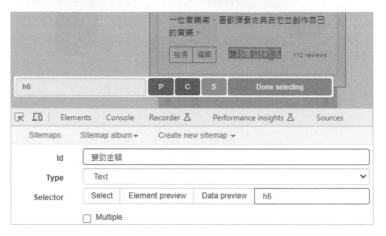

11 在【_root/items】下可以看到新增的選擇器節點。請再按【Add new selector】鈕新增選擇器節點。在【Id】欄輸入名稱【瀏覽數】，【Type】欄選【Text】，請按【Select】鈕後，選取瀏覽數，按【Done selecting】鈕完成選擇，再按【Save selector】鈕儲存。

12 在【_root/items】下可以看到新增的 4 個選擇器節點。

	ID	Selector	type	Multiple	Parent selectors
≡	照片檔	img	SelectorImage	no	items
≡	描述文字	p	SelectorText	no	items
≡	贊助金額	h6	SelectorText	no	items
≡	瀏覽數	small	SelectorText	no	items

_root / items

13 請執行「Sitemap album＞
Selector graph」命令，展開
網路地圖的節點樹。

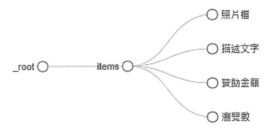

步驟四：執行 Web Scraper 網站地圖爬取資料

現在，我們已經建立好擷取資料的 Web Scraper 網站地圖，然後就執行
Web Scraper 網站地圖來爬取資料，其步驟如下：

1 請執行「Sitemap album＞Scrape」命令執行網路爬蟲，在輸入送出 HTTP
請求的間隔時間，和載入網頁的延遲時間後，按【Start scraping】鈕開
始爬取資料。

2 等到爬完後，請按【refresh】鈕重新載入資料，可以看到擷取的表格資
料，如下圖：

照片檔-src	描述文字	贊助金額	瀏覽數
assets/images/grace.jpg	一位音樂家，喜歡彈奏古典吉他並創作自己的音樂。	贊助: $1123.87	112 reviews
assets/images/jane.jpg	一位熱愛攝影的自由工作者，喜歡拍攝自然風光和人文紀實。	贊助: $223.55	23 reviews
assets/images/peoples.jpg	一位創意設計師，擅長平面設計和網站設計，致力於為客戶打造獨特的品牌形象。	贊助: $13.05	29 reviews
assets/images/hand.jpg	一位IT專業人士，擁有豐富的編程和數據分析經驗，目前正在開發一個新的移動應用程序。	贊助: $456.66	32 reviews
assets/images/mary.jpg	一位醫生，擁有豐富的經驗和專業知識，致力於為患者提供最好的治療方案。	贊助: $18.50	13 reviews
assets/images/pose.jpg	一位作家，已出版多本小說和詩集，擅長描繪人性和情感。	贊助: $300.66	33 reviews
assets/images/simon.jpg	一位環保主義者，積極參與各種環保活動，致力於保護地球和生態系統。	贊助: $23.87	12 reviews
assets/images/woman.jpg	一位社會工作者，致力於幫助弱勢群體，特別是兒童和老年人。	贊助: $13.67	2 reviews
assets/images/pose3.jpg	一位專業舞蹈家，擅長足球和籃球，曾代表國家隊參加多項比賽。	贊助: $123.87	3 reviews

步驟五：匯出爬取資料成為 Excel 檔案

在成功爬取出所需資料後，Web Scraper 支援匯出成 Excel 檔案的功能，其步驟如下：

1 請執行「Sitemap album＞Export data」命令匯出爬取資料成為 Excel 檔案。

2 在匯出後，按【.XLSX】鈕下載 Excel 檔案，預設檔名是網路地圖名稱 "album.xlsx"。

在第 4-5 節 ChatGPT 找出定位的 CSS 選擇器和 Web Scraper 內建 CSS 選擇器工具找出的 CSS 選擇器並不相同，筆者已經將網站地圖 album.txt 另存成 album2，並且修改成第 4-5 節的 CSS 選擇器，如下圖：

Sitemaps	Sitemap album2 ▾	Create new sitemap ▾			
_root / items					
	ID	Selector	type	Multiple	Parent selectors
≡	照片檔	.card-img-top	SelectorImage	no	items
≡	描述文字	.card-text	SelectorText	no	items
≡	贊助金額	.price	SelectorText	no	items
≡	瀏覽數	.text-muted	SelectorText	no	items

上述網站地圖的爬取結果和 album 完全相同，因為定位 HTML 標籤的 CSS 選擇器會有多種不同的寫法。

5-3　爬取 HTML 版面配置標籤

HTML5 提供描述頁面內容的結構標籤，在 HTML 4.x 是使用<div>標籤，可以建立 HTML 網頁的版面配置，即組織網頁內容的方式。

使用 HTML 版面配置標籤

我們先詢問 ChatGPT 什麼是 HTML 版面配置，其詳細的問題描述（ch5-3_gpt.txt），如下：

你是 HTML 專家，請使用繁體中文說明什麼是 HTML 版面配置？可以使用哪些 HTML 標籤來建立版面配置。

 HTML版面配置是指使用HTML標記語言來組織和安排網頁內容的方式。它涉及到使用HTML 標籤來創建不同的區塊、佈局和結構，以便有效地呈現網頁的內容。

以下是一些常用的HTML標籤，可以用來建立版面配置：

1. `<div>`：`<div>`標籤是最常見和通用的HTML標籤之一，用於創建一個容器，可以包含其他HTML元素。它通常用於組織網頁的不同區塊，並為這些區塊應用樣式或佈局。
2. `<header>`和`<footer>`：這些標籤用於定義網頁的頂部和底部區域。`<header>`標籤通常用於包含網頁標題、導航菜單或標誌等內容，而`<footer>`標籤用於放置網頁的版權信息、聯繫資訊或頁腳內容。
3. `<nav>`：這個標籤用於定義網頁的導航區域，通常包含一個菜單或鏈接列表，用於網頁內部或外部的導航。
4. `<section>`：這個標籤用於定義網頁的一個區塊，通常用於區分網頁的不同內容部分，如章節、文章、功能模塊等。
5. `<article>`：這個標籤用於定義網頁的一個獨立的、完整的內容單元，如一篇新聞文章、博客帖子等。
6. `<aside>`：這個標籤用於定義網頁的附屬內容區域，通常放置一些與主要內容相關但不是必要的信息，如側邊欄、廣告等。
7. `<main>`：這個標籤用於定義網頁的主要內容區域，每個網頁應該只有一個`<main>`標籤，用於容納網頁的主要內容。
8. `<figure>`和`<figcaption>`：這些標籤用於定義一個圖像或媒體文件，並可使用`<figcaption>`標籤添加圖片的標題或說明。

　　上述 ChatGPT 回答的版面配置標籤有 HTML5 的<main>、<header>、<section>、<article>、<nav>、<aside>和<footer>等，可以讓我們建立擁有自我描述能力的版面配置（下圖右）。在舊版 HTML 4.x 是使用<div>容器標籤搭配 id 或 class 屬性來建立版面配置（下圖左），如下圖：

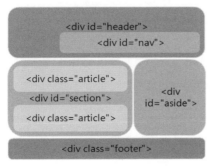
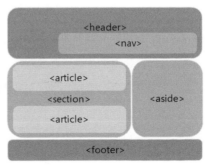

上述 HTML 網頁使用結構標籤分割成最上方的標題區段，在此區段擁有巡覽列，最下方是註腳區段，中間內容部分成兩欄，左邊是文章區段；右邊是離題但相關的側邊區段，其網址：

```
https://fchart.github.io/test/ex5-02.html
https://fchart.github.io/test/ex5-03.html
```

上述第 1 個 URL 網址是 HTML 4.x 版的版面配置；第 2 個是 HTML5 版面配置，這 2 頁網頁在瀏覽器顯示的內容並沒有什麼不同，因為已經使用 CSS 樣式格式化版面配置的網頁內容，如下圖：

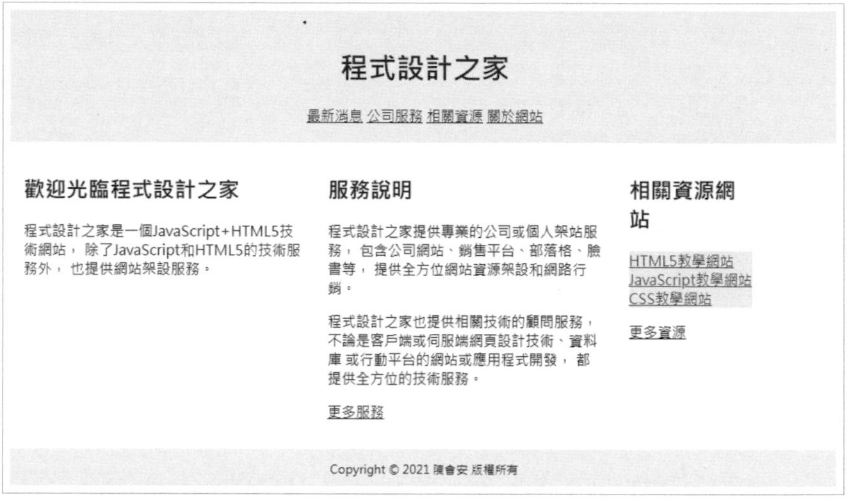

HTML5 版面配置的結構標籤

HTML5 提供多種版面配置的結構標籤，其簡單說明如下表：

標籤	說明
\<main>	建立網頁的主要內容區域，在每一頁網頁應該只能有一個\<main>標籤
\<article>	建立自我包含的完整內容成份，例如：部落格或 BBS 文章
\<aside>	建立非網頁主題，但相關的內容片段，只是有些離題
\<footer>	建立網頁或區段內容的註腳區塊
\<header>	建立網頁的標題區塊，可以包含説明、商標和巡覽

標籤	說明
<nav>	建立網頁的巡覽區塊，即連接其他網頁的超連結
<section>	建立一般用途的文件區段，例如：報紙的體育版、財經版等

因為上述 HTML5 結構標籤的爬取方式只有標籤名稱不同，和爬取<div>標籤並沒有什麼不同，筆者就不重複說明。

5-4 使用正規表達式清理擷取的資料

「正規表達式」（Regular Expression）是一個範本字串用來進行字串比對，以便從目標字串取出符合範本的資料。對於網路爬蟲來說，我們可以在 Text 類型的【Regex】欄位，使用正規表達式進行資料處理，只取出符合範本字串的資料。

5-4-1 認識正規表達式

正規表達式的直譯器或稱為引擎能夠將定義的正規表達式範本字串和目標字串進行比對，引擎傳回布林值，True 表示字串符合範本字串的定義的範本；False 表示不符合。

基本上，正規表達式的範本字串是使用英文字母、數字和一些特殊字元組成，最主要的是字元集和比對符號，如右：

上述範本字串的基本元素說明，如下：

- 字元集：定義字串中出現哪些字元。

- 比對符號：決定字元集需如何進行比對，通常是指字元集中字元出現的次數（0 次、1 次或多次）和出現的位置（從開頭比對或結尾進行比對）。

字元集

　　字元集是使用「\」開頭的預設字元集，或使用"["和"]"符號組合成一組字元集的範圍，每一個字元集代表比對字串中的字元需要符合的條件，其說明如下表：

字元集	說明
[abc]	包含英文字母 a、b 或 c
[abc{]	包含英文字母 a、b、c 或符號 {
[a-z]	任何英文的小寫字母
[A-Z]	任何英文的大寫字母
[0-9]	數字 0~9
[a-zA-Z]	任何大小寫的英文字母
[^abc]	除了 a、b 和 c 以外的任何字元，[^....]表示之外
\w	任何字元，包含英文字母、數字和底線，即[A-Za-z0-9_]
\W	任何不是\w 的字元，即[^A-Za-z0-9_]
\d	任何數字的字元，即[0-9]
\D	任何不是數字的字元，即[^0-9]
\s	空白字元，包含不會顯示的逸出字元，例如：\n 和\t 等，即[\t\r\n\f]
\S	不是空白字元的字元，即[^ \t\r\n\f]

　　在正規表達式的範本字串除了上表字元集外，還可以包含 Escape 逸出字串代表的特殊字元，如下表：

Escape 逸出字串	說明
\n	新行符號
\r	Carriage Return 的 Enter 鍵
\t	Tab 鍵
\.、\?、\/、\\、\[、\]、\{、\}、\(、\)、\+、*、|	在範本字串代表.、?、/、\、[、]、{、}、(、)、+、*和|特殊功能的字元

Escape 逸出字串	說明
\xHex	十六進位的 ASCII 碼
\xOct	八進位的 ASCII 碼

在正規表達式的範本字串不只可以擁有字元集和 Escape 逸出字串，還可以是自行使用序列字元組成的子範本字串，或使用「(」「)」括號來括起，如下：

```
"a(bc)*"
"(b | ef)gh"
"[0-9]+"
```

上述 a、gh、(bc)括起的是子字串，在之的「*」、「+」和中間的「|」字元是比對符號。

比對符號

正規表達式的比對符號定義範本字串在比較時的比對方式，可以定義正規表達式範本字串中字元出現的位置和次數。常用比對符號的說明，如下表：

比對符號	說明
^	比對字串的開始，即從第 1 個字元開始比對
$	比對字串的結束，即字串最後需符合範本字串
.	代表任何一個字元
|	或，可以是前後 2 個字元的任一個
?	0 或 1 次
*	0 或很多次
+	1 或很多次
{n}	出現 n 次
{n,m}	出現 n 到 m 次

比對符號	說明
{n,}	至少出現 n 次
[...]	符合方括號中的任一個字元
[^...]	符合不在方括號中的任一個字元

正規運算式範本字串的範例

一些正規表達式範本字串的範例，如下表：

範本字串	說明
^The	字串需要是 The 字串開頭，例如：These
book$	字串需要是 book 字串結尾，例如：a book
note	字串中擁有 note 子字串
a?bc	擁有 0 或 1 個 a，之後是 bc，例如：abc、bc 字串
a*bc	擁有 0 到多個 a，例如：bc、abc、aabc、aaabc 字串
a(bc)*	在 a 之後有 0 到多個 bc 字串，例如：abc、abcbc、abcbcbc 字串
(a | b)*c	擁有 0 到多個 a 或 b，之後是 c，例如：bc、abc、aabc、aaabc 字串
a+bc	擁有 1 到多個 a，之後是 bc，例如：abc、aabc、aaabc 字串等
ab{3}c	擁有 3 個 b，例如：abbbc 字串，不可以是 abbc 或 abc
ab{2,}c	至少擁有 2 個 b，例如：aabbc、abbbc、abbbbc 等字串
ab{1,3}c	擁有 1 到 3 個 b，例如：abc、abbc 和 abbbc 字串
[a-zA-Z]{1,}	至少 1 個英文字元的字串
[0-9]{1,}、[\d]{1,}	至少 1 個數字字元的字串

使用 ChatGPT 寫出正規表達式的範本字串

我們可以詢問 ChatGPT 幫助我們寫出正規表達式的範本字串，例如：電子郵件地址，詳細的問題描述（ch5-4-1_gpt.txt），如下：

> 你是正規表達式專家，請寫出符合下列所有 Email 郵件地址範例的範本字串？
>
> joe@gmail.com
> tom@yahoo.com

上述 ChatGPT 寫出的是簡單的 Email 範本字串。如果已經有現成的範本字串，但不知道是比對什麼字串，也可以詢問 ChatGPT 寫出一些符合範本的字串，詳細的問題描述（ch5-4-1a_gpt.txt），如下：

> 你是正規表達式專家，請依據下列範本字串寫出 5 個符合範本的字串？
>
> ([\w.-]+)@([A-Za-z0-9_.-]+)

 當前的正規表達式模式是([\w.-]+)@([A-Za-z0-9_.-]+)，它用於匹配電子郵件地址。

根據這個模式，我們可以產生一些符合範本的字串。以下是五個符合範本的字串示例：

1. john.doe@example.com
2. jane_smith123@example.com
3. first.last@example.co.uk
4. test-user@example123.net
5. sample.email@example-domain.com

5-4-2　處理擷取的日期資料

在學校圖書銷售目錄網頁是電腦圖書清單，其網址：

```
http://fchart.is-best.net/books/index.php
```

學校圖書銷售目錄(共有16本)

書號	書名	定價	折扣價	十本折扣價	出版日
D0001	Access 2013入門與實作	$450	優惠價：$405	$3,600	出版日期：2014-06-01
D0002	Access 2021入門與實作	$550	優惠價：$495	$4,400	出版日期：2020-06-01
P0001	資料結構 - 使用C語言	$520	優惠價：$468	$4,160	出版日期：2014-04-01
P0002	Java程式設計入門與實作	$550	優惠價：$495	$4,400	出版日期：2015-07-01

| 1 | 2 | 3 | 4 | 下一頁 |

當使用 Web Scraper 建立 books 網站地圖爬取上述 HTML 表格的圖書
資料，因為只有 Text 節點支援正規表達式，所以是用 Element 節點擷取
HTML 表格，然後使用【tbody > tr】父子選擇器取出所有資料的表格列（不
含標題列），相當於每一筆記錄，最後取出每一列的每一個儲存格，即欄
位，如下圖：

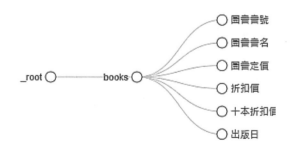

網站地圖 books.txt 的爬取結果可以看到取回的圖書資料，如下圖：

圖書書號	圖書書名	圖書定價	折扣價	十本折扣價	出版日
D0001	Access 2013入門與實作	$450	優惠價：$405	$3,600	出版日期：2014-06-01
D0002	Access 2021入門與實作	$550	優惠價：$495	$4,400	出版日期：2020-06-01
P0001	資料結構 - 使用C語言	$520	優惠價：$468	$4,160	出版日期：2014-04-01
P0002	Java程式設計入門與實作	$550	優惠價：$495	$4,400	出版日期：2015-07-01

上述圖書的【出版日】是連日期前的中文字串也一併擷取,如果只需日期字串,可以使用正規表達式來進行資料清理,只取出日期字串,如下圖:

上述範本字串和日期 2020-06-01 的比對過程,如下:

```
\d{4}   →  2020
-       →  -
\d{2}   →  06
-       →  -
\d{2}   →  01
```

▌**Memo** ⋯⋯⋯⋯⋯⋯⋯⋯⋯⋯⋯⋯⋯⋯⋯⋯⋯⋯⋯⋯⋯⋯⋯⋯⋯⋯⋯

請注意!目前版本的 Web Scraper 在正規表達式範本字串中,數字部分請使用【\d】,不要使用【[0-9]】,在【Regex】欄位輸入有【[0-9]】的正規表達式,就會顯示紅色的錯誤訊息文字。

現在,我們準備修改 books.txt 網站地圖成為 books_regex,在【出版日】欄位使用正規表達式的範本字串來取出日期資料,其步驟如下:

1 請匯入 books.txt 網站地圖成為 books_regex 後,切換至【_root/books】的 CSS 選擇器,按【出版日】哪一列的【Edit】鈕。

	ID	Selector	type	Multiple	Parent selectors	Actions			
☰	圖書書號	td:nth-of-type(1)	SelectorText	no	books	Element preview	Data preview	Edit	Delete
☰	圖書書名	td:nth-of-type(2)	SelectorText	no	books	Element preview	Data preview	Edit	Delete
☰	圖書定價	td:nth-of-type(3)	SelectorText	no	books	Element preview	Data preview	Edit	Delete
☰	折扣價	td:nth-of-type(4)	SelectorText	no	books	Element preview	Data preview	Edit	Delete
☰	十本折扣價	td:nth-of-type(5)	SelectorText	no	books	Element preview	Data preview	Edit	Delete
☰	出版日	td:nth-of-type(6)	SelectorText	no	books	Element preview	Data preview	Edit	Delete

_root / books   Data preview

2 在【Regex】欄位輸入正規表達式的範本字串【\d{4}-\d{2}-\d{2}】，
按【Save selector】鈕儲存選擇器。

Id	出版日
Type	Text ⌄
Selector	Select　Element preview　Data preview　td:nth-of-type(6)
	☐ Multiple
Regex	\d{4}-\d{2}-\d{2}
Parent Selectors	_root books

Save selector　Cancel

3 請重新執行 Web Scraper 網站地圖，可以看到擷取的資料只有日期資料。

圖書書號	圖書書名	圖書定價	折扣價	十本折扣價	出版日
D0001	Access 2013入門與實作	$450	優惠價：$405	$3,600	2014-06-01
D0002	Access 2021入門與實作	$550	優惠價：$495	$4,400	2020-06-01
P0001	資料結構 - 使用C語言	$520	優惠價：$468	$4,160	2014-04-01
P0002	Java程式設計入門與實作	$550	優惠價：$495	$4,400	2015-07-01

5-4-3　處理擷取的整數資料

如同日期資料，我們一樣可以使用正規表達式來處理整數資料，例如：第 5-4-2 節圖書資料的【折扣價】和【十本折扣價】欄位，價格是整數（含千位符號），例如：3,600、450、4,160 等，在之前也有多餘的文字內容。

同樣的，我們可以使用正規表達式將字串中的金額取出來，例如：金額【3,600】和【優惠價：$405】，如下圖：

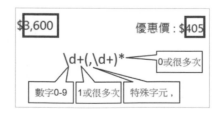

上述範本字串和金額 3,600 的比對過程，如下：

```
\d+     → 3
(,      → ,
\d+)*   → 999
```

範本字串和金額 405 的比對過程，如下：

```
\d+     → 405
(,      →
\d+)*   →
```

現在，我們準備修改 books_regex.txt 網站地圖成為 books_regex2，在【折扣價】欄位使用正規表達式的範本字串來取出整數金額，如下圖：

然後在【十本折扣價】欄位也使用正規表達式的範本字串來取出整數金額，如下圖：

請重新執行 Web Scraper 網站地圖，可以看到擷取的資料只有整數的數字資料，如下圖：

圖書書號	圖書書名	圖書定價	折扣價	十本折扣價	出版日
D0001	Access 2013入門與實作	$450	405	3,600	2014-06-01
D0002	Access 2021入門與實作	$550	495	4,400	2020-06-01
P0001	資料結構 - 使用C語言	$520	468	4,160	2014-04-01
P0002	Java程式設計入門與實作	$550	495	4,400	2015-07-01

5-4-4 處理擷取的浮點數資料

同理，我們可以使用正規表達式來處理浮點數資料，例如：使用 Web Scraper 官方測試網站的筆電商品資料，其網址：

```
https://www.webscraper.io/test-sites/e-commerce/static/computers/laptops?
page=1
```

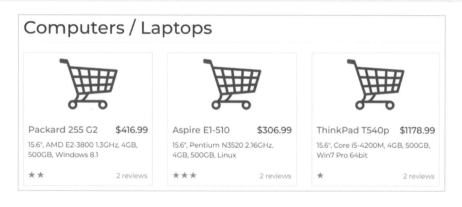

上述每一個方框是一項筆電商品，可以看到商品價格是浮點數值的金額，例如：416.99、306.99 等，而且前方有多餘的「$」符號。我們可以建立 e-commerce.txt 網站地圖來爬取上述頁面的商品資料（此部分的建立步驟和第 6-2 節相同），可以取回筆記型電腦資料中第 1 頁的 6 筆資料，如右圖：

商品名稱	商品價格	評論數
Packard 255 G2	$416.99	2 reviews
Aspire E1-510	$306.99	2 reviews
ThinkPad T540p	$1178.99	2 reviews
ProBook	$739.99	8 reviews
ThinkPad X240	$1311.99	12 reviews
Aspire E1-572G	$581.99	2 reviews

上述【商品價格】欄位是一個包含浮點數金額的字串，reviews 評論欄位包含整數字串，同樣的，我們可以使用正規表達式將字串中的浮點數金額和整數的評論數都取出來，如下圖：

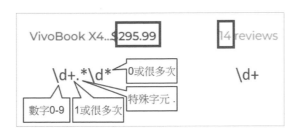

上述範本字串和 295.99 金額的比對過程，如下：

```
\d+     →  295
.*      →  .
\d*     →  99
```

範本字串和 14 評論數的比對過程，如下：

```
\d+     →  14
```

現在，我們準備修改 e-commerce.txt 網站地圖，在【商品價格】和【評論數】欄位使用正規表達式的範本字串來取出浮點數金額和整數的評論數，其步驟如下：

1 請匯入 e-commerce.txt 網站地圖更名成 e-commerce_regex 後，切換至【_root/商品項目】的 CSS 選擇器，按【商品價格】哪一列的【Edit】鈕。

	ID	Selector	type	Multiple	Parent selectors	Actions			
≡	商品名稱	a	SelectorText	no	商品項目	Element preview	Data preview	Edit	Delete
≡	商品價格	h4.pull-right	SelectorText	no	商品項目	Element preview	Data preview	Edit	Delete
≡	評論數	p.pull-right	SelectorText	no	商品項目	Element preview	Data preview	Edit	Delete

_root / 商品項目　　Data preview

2 在【Regex】欄位輸入正規表達式的範本字串【\d+.*\d*】,按【Save selector】鈕儲存選擇器。

3 按【評論數】哪一列的【Edit】鈕,在【Regex】欄位輸入正規表達式的範本字串【\d+】,按【Save selector】鈕儲存選擇器。

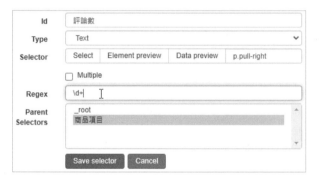

4 請重新執行 Web Scraper 網站地圖,可以看到擷取的資料只有浮點數和整數的數字資料,如下圖:

商品名稱	商品價格	評論數
Packard 255 G2	416.99	2
Aspire E1-510	306.99	2
ThinkPad T540p	1178.99	2
ProBook	739.99	8
ThinkPad X240	1311.99	12
Aspire E1-572G	581.99	2

CHAPTER 6

爬取階層選單和
上 / 下頁巡覽的網站

6-1 認識網站巡覽

網站巡覽（Site Navigation）的目的是建立網站瀏覽介面，以便使用者能夠快速在網站中找到所需的網頁。常用介面有超連結、階層選單、上/下頁或頁碼分頁等。

一般來說，當使用者進入網站後，對於豐富的網站內容一定會產生一個問題，我現在到底在哪裡？網站巡覽就是在建立網站的邏輯結構，如同一張網站地圖，可以指引使用者目前在哪裡？和如何到達特定網頁？通常是使用樹狀結構來定義網站巡覽結構，如下圖：

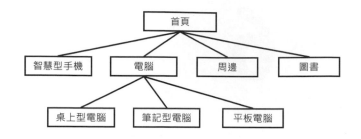

上述樹狀結構是購物網站的巡覽結構，在首頁下將商品分成：智慧型手機、電腦、周邊和圖書等產品線，在各產品線下進一步以種類來區分。例如：電腦再分為桌上型、筆記型和平板電腦三種，每一種分類的產品項目如果超過一頁，就使用分頁方式來進行巡覽。

階層選單的巡覽結構

網站結構通常都是一種樹狀的階層結構，階層選單巡覽是最常見的巡覽方式，如下：

- 清單與詳細巡覽：使用超連結建立的巡覽結構，在第 4-3 和第 4-4 節的網路爬蟲範例是標準的清單與詳細巡覽，網路商店的商品是清單，點選清單項目的商品，可以顯示商品的詳細資訊。

- 階層選單巡覽：在樹狀結構網站巡覽的第一層是大分類，然後一層一層進入下一層的小分類，最後才是目標頁面。

分頁的巡覽結構

當清單的項目太多，或分類的產品項目超過一個頁面時，網頁可以建立分頁巡覽結構，讓使用者切換分頁來顯示更多項目或產品，如下：

- 上/下頁巡覽：在網頁上方或下方提供上一頁和下一頁按鈕或超連接來切換至上一個或下一個頁面。

- 頁碼分頁巡覽：在網頁上方或下方提供分頁的頁碼鈕或超連接，按下頁碼，即可切換至指定分頁的頁面。

- 同時支援上/下頁和頁碼分頁巡覽：目前大部分網站的分頁巡覽都會同時提供上/下頁和頁碼分頁的巡覽。

Web Scraper.io 官方的測試網站

在 Web Scraper 官方網站提供上述網站巡覽的測試網站，其網址：

```
https://www.webscraper.io/test-sites
```

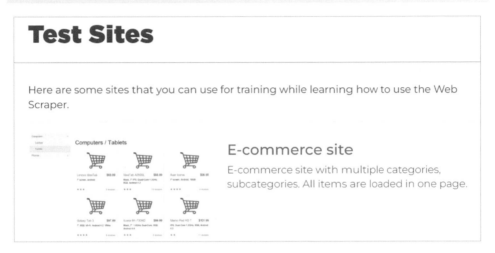

上述網頁提供多個電子商務的模擬網站，可以讓使用者使用階層選單、分頁巡覽、AJAX 分頁、更多按鈕和捲動頁面方式來進行網站巡覽，在本章和下一章的 Web Scraper 爬取範例就會使用官方的測試網站，用來說明如何爬取各種不同網站巡覽的分頁資料。

6-2 爬取階層選單巡覽的網站

我們準備使用 Web Scraper 爬取官方階層選單的測試網站，此網站是電子商務測試網站，擁有一個分類主選單，在選擇選單項目後，可以顯示該分類的商品項目（並沒有使用分頁來顯示）。

步驟一：實際瀏覽網頁內容

Web Scraper 的 e-commerce 測試網站是一個模擬的電子商務網站，其網址：

```
https://www.webscraper.io/test-sites/e-commerce/allinone
```

上述網頁的左方是一個主選單，在主選單有 2 層選單，點選項目，可以顯示下一層選單，再點選分類項目，可以在右方顯示該分類的商品項目清單，每一個方框是一項商品。

請開啟開發人員工具，點選上方標籤列最前方的箭頭鈕後，移動游標至選單，可以看到是<ul>清單標籤，如下圖：

```
▼<div class="sidebar-nav navbar-collapse">
    ::before
  ▼<ul class="nav" id="side-menu"> == $0
      ::before
    ▶<li> ⋯ </li>
    ▶<li> ⋯ </li>
    ▶<li class="active"> ⋯ </li>
      ::after
  </ul>
    ::after
  </div>
</div>
```

上述每一個選項的<li>標籤是一個<a>超連結標籤和下一層選單的<ul>標籤，首先是第一層選單，如下：

```
<ul class="nav" id="side-menu">
  <li>
    <a href="">Home</a>
  </li>
  <li>
    <a href="" class="category-link">Phones</a>
    <ul>…</ul>
  </li>
  <li class="active">
    <a href="" class="category-link">Computers</a>
    <ul>…</ul>
  </li>
</ul>
```

上述每一個<a>標籤下方是另一個<ul>清單標籤，這是第二層選單，如下：

```
<ul class="nav nav-second-level collapse in">
  <li>
    <a href="" class="subcategory-link "> Tablets </a>
  </li>
  <li>
    <a href="" class="subcategory-link active"> Laptops </a>
  </li>
</ul>
```

上述第二層選單的<li>標籤下也是<a>標籤。在網站地圖需要使用 2 層 Link 類型選擇器來巡覽至各分類的商品清單頁面後，使用 Element 類型選擇每一項商品，然後使用 Text 類型擷取商品資料。

步驟二：在 Web Scraper 新增網站地圖專案

在確認目標資料的 HTML 元素後，我們就可以將目前瀏覽器的 URL 網址作為起始網址來建立網站地圖，如下圖：

上述欄位內容的輸入資料，如下：

- Sitemap name：e-commerce_menu。

- Start URL 1：https://www.webscraper.io/test-sites/e-commerce/allinone。

步驟三：建立網站爬取的 CSS 選擇器地圖

在成功建立網站地圖專案後，就可以新增 CSS 選擇器，我們需要新增二層 Link 類型選擇器和一層 Element 類型，再加上 Text 類型一層，共有四層選擇器的網站地圖，其步驟如下：

1 請在瀏覽器進入【Start URL 1】欄的網頁，請先在上方瀏覽器展開第一層選單的【Computers】選項。

2 在【_root】根路徑按【Add new Selector】鈕，新增選單第一層選項的 CSS 選擇器節點，在【Id】欄輸入名稱【主選單】，【Type】欄選【Link】後，勾選【Multiple】多筆記錄，按【Select】鈕。

3 在網頁移動游標，點選主選單 2 個項目的 <a> 標籤（如有更多項目，需要一併選取），按【Done selecting】鈕完成選擇，可以在下方欄位填入 CSS 選擇器，按【Save selector】鈕儲存。

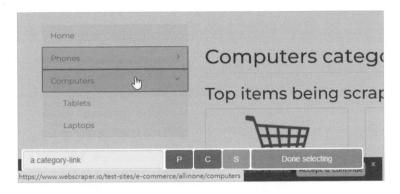

4 可以在【_root】根節點下新增名為【主選單】的選擇器節點，type 是
【SelectorLink】，Multiple 是 yes 多筆，請點選【主選單】切換至下一
層路徑【_root/主選單】。

5 在【_root/主選單】路徑按【Add new selector】鈕，新增選單第二層選
項的 CSS 選擇器節點，在【Id】欄輸入名稱【次選單】，【Type】欄選
【Link】，勾選【Multiple】，請確認上方已經展開第一層選單的
【Computers】選項後，按【Select】鈕。

6 選擇第二層選單的 2 個項目，即<a>標籤（如有更多項目，需要一併
選取），按【Done selecting】鈕完成選擇，再按【Save selector】鈕
儲存。

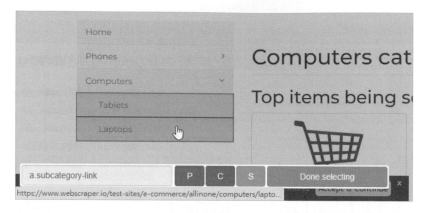

7 可以在【_root/主選單】下看到新增的選擇器節點，請點選【次選單】切換至【_root/主選單/次選單】路徑。

8 請在上方點選「Computer/Laptops」選項，切換顯示此分類下的商品清單。

9 按【Add new Selector】鈕新增選擇商品項目的 CSS 選擇器，在【Id】欄輸入名稱【商品項目】，【Type】欄選【Element】，然後勾選【Multiple】多筆記錄，按【Select】鈕。

10　請移動滑鼠游標，先選第 1 個方框，再選同一列右邊的第 2 個方框，就可以選取所有商品方框。

11　按【Done selecting】鈕完成選擇，可以在下方欄位填入 CSS 選擇器，按【Element preview】和【Data preview】鈕，可以預覽選擇的 HTML 元素和擷取資料，再按【Save selector】鈕。

12　可以在【_root/主選單/次選單】路徑下新增名為【商品項目】的選擇器節點，type 是【SelectorElement】，Multiple 是 yes 多筆，請點選【商品項目】選擇器。

13 可以看到上方路徑切換至【_root/主選單/次選單/商品項目】，我們準備
新增擷取每一筆記錄欄位的選擇器，按【Add new selector】鈕，在【Id】
欄輸入名稱【商品名稱】，【Type】欄選【Text】，請按【Select】鈕，
選取超連結的商品名稱，按【Done selecting】鈕完成選擇，再按【Save
selector】鈕儲存。

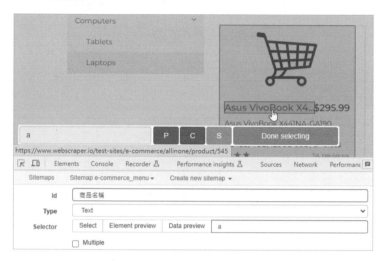

14 再按【Add new selector】鈕，在【Id】欄輸入名稱【商品價格】，【Type】
欄選【Text】，按【Select】鈕選取價格，按【Done selecting】鈕完成
選擇，再按【Save selector】鈕儲存。

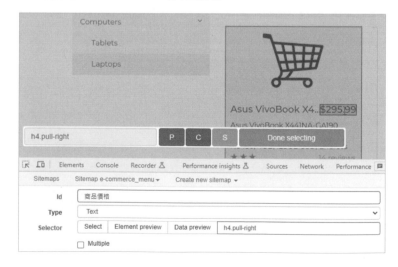

15 再按【Add new selector】鈕，在【Id】欄輸入名稱【評價數】，【Type】欄選【Text】，請按【Select】鈕選取評價數，按【Done selecting】鈕完成選擇，再按【Save selector】鈕儲存。

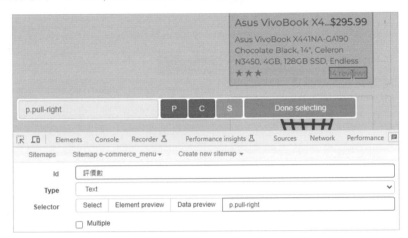

16 可以在【_root/主選單/次選單/商品項目】下看到新增的選擇器節點。

17 請執行「Sitemap e-commerce_menu＞Selector graph」命令，展開網站地圖的節點樹。

步驟四：執行 Web Scraper 網站地圖爬取資料

　　現在，我們已經建立好擷取資料的 Web Scraper 網站地圖，然後就執行 Web Scraper 網站地圖來爬取資料，其步驟如下：

1　請執行「Sitemap e-commerce_menu＞Scrape」命令執行網路爬蟲，在輸入送出 HTTP 請求的間隔時間，和載入網頁的延遲時間後，按【Start scraping】鈕開始爬取資料。

2　等到爬完後，請按【refresh】鈕重新載入資料，可以看到擷取的表格資料。

主選單	主選單-href	次選單	次選單-href	商品名稱	商品價格	評價數
Computers	https://www.webscraper.io/test-sites/e-commerce/allinone/computers	Laptops	https://www.webscraper.io/test-sites/e-commerce/allinone/computers/laptops	Asus VivoBook X4...	$295.99	14 reviews
Computers	https://www.webscraper.io/test-sites/e-commerce/allinone/computers	Laptops	https://www.webscraper.io/test-sites/e-commerce/allinone/computers/laptops	Prestigio SmartB...	$299.00	8 reviews
Computers	https://www.webscraper.io/test-sites/e-commerce/allinone/computers	Laptops	https://www.webscraper.io/test-sites/e-commerce/allinone/computers/laptops	Prestigio SmartB...	$299.00	12 reviews
Computers	https://www.webscraper.io/test-sites/e-commerce/allinone/computers	Laptops	https://www.webscraper.io/test-sites/e-commerce/allinone/computers/laptops	Aspire E1-510	$306.99	2 reviews
Computers	https://www.webscraper.io/test-sites/e-commerce/allinone/computers	Laptops	https://www.webscraper.io/test-sites/e-commerce/allinone/computers/laptops	Lenovo V110-15IA...	$321.94	5 reviews

步驟五：匯出爬取資料成為 Excel 檔案

　　在成功爬取出所需資料後，Web Scraper 支援匯出成 Excel 檔案的功能，其步驟如下：

1　請執行「Sitemap e-commerce_menu＞Export data」命令匯出爬取資料成為 Excel 檔案。

2　在匯出後，按【.XLSX】鈕下載 Excel 檔案，預設檔名是網路地圖名稱 "e-commerce_menu.xlsx"。

6-3 ｜ 爬取上/下頁巡覽的網站

在第 5-4-2 節的學校圖書銷售目錄網站是電腦圖書清單，這是上一頁和下一頁按鈕的分頁表格資料。

步驟一：實際瀏覽網頁內容

學校圖書銷售目錄是 HTML 表格的電腦圖書清單，其 URL 網址如下：

```
http://fchart.is-best.net/books/index.php
```

上述 HTML 表格是圖書資料，在左下方有按鈕，可以切換上一頁和下一頁的圖書資料。請開啟開發人員工具，點選上方標籤列最前方的箭頭鈕後，移動游標至【下一頁】鈕，可以看到是<a>標籤，如下圖：

上述 href 屬性值是下一頁 URL 網址的 PHP 程式，在網址最後的參數 2 就是第 2 頁；3 是第 3 頁，以此類推。因為【下一頁】鈕是<a>超連結，可以使用 Link 類型選擇器來切換至下一頁網頁。

步驟二：在 Web Scraper 新增網站地圖專案

因為在第 5-4-2 節已經有名為 books 的網站地圖，請匯入 books.txt 網站地圖且更名成 books2 網站地圖，如下圖：

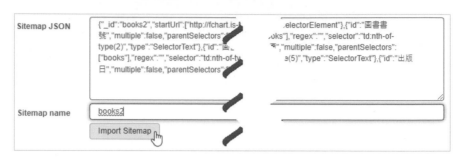

步驟三：建立網站爬取的 CSS 選擇器地圖

在匯入網站地圖後，因為已經有擷取 HTML 表格的 Element 類型節點，我們需要新增切換下一頁的 Link 類型節點，其步驟如下：

1　請在瀏覽器進入【Start URL 1】欄的網頁，因為要在此網頁選取擷取資料的 HTML 元素，然後執行「Sitemap books2＞Selectors」命令顯示【_root】節點下的 CSS 選擇器清單，按【Add new Selector】鈕新增選擇器。

2　在【Id】欄輸入名稱【下一頁】，【Type】欄選【Link】類型，因為每一頁都有下一頁鈕，請勾選【Multiple】後，按【Select】鈕。

3 在網頁移動游標，點選【下一頁】鈕的<a>標籤，CSS 選擇器是【a.next】，按【Done selecting】鈕完成選擇。

4 在【Parent Selectors】欄，先按住 Ctrl 鍵，加選自己【下一頁】選擇器，可以看到有 2 個父節點【_root】和【下一頁】，按【Save selector】鈕儲存。

　　上述【Parent Selectors】欄之所以需要選自己【下一頁】節點也是父節點，因為在每一頁網頁都有【下一頁】鈕（即程式語言的遞迴觀念），當使用下一頁鈕的【下一頁】節點切換至下一頁網頁時，其前一頁的父節點就是【下一頁】節點自己，如此 Web Scraper 才能持續使用【下一頁】節點切換至下一頁，直到沒有下一頁為止。

5 可以在【_root】根節點下新增名為【下一頁】的選擇器節點，type 是 SelectorLink，Multiple 是 yes 多筆，在 Parent selectors 欄位有 2 個父節點。

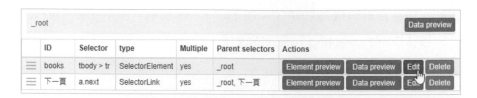

6　上述 Element 節點是爬取圖書資料的 HTML 表格，我們需要修改此節點的父節點，再加上【下一頁】節點，請按此列的【Edit】鈕來編輯節點，先按住 Ctrl 鍵，加選【下一頁】選擇器的父節點後，可以看到有 2 個父節點【_root】和【下一頁】，按【Save selector】鈕儲存。

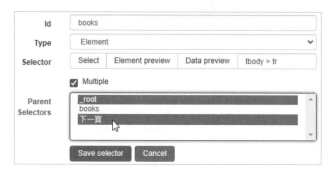

7　請執行「Sitemap books2＞Selector graph」命令，展開網站地圖的節點樹。

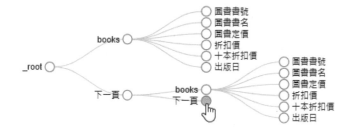

　　在上述圖形點選【下一頁】節點，可以展開下一層，看到另一個下一頁和 Element 節點的分頁，看出來了嗎！因為每一頁分頁都有 Element 節點的 HTML 表格和下一頁按鈕，所有每點選一次【下一頁】節點，就可以展開相同的下一頁分頁。

步驟四：執行 Web Scraper 網站地圖爬取資料

現在，我們已經建立好擷取資料的 Web Scraper 網站地圖，然後就執行 Web Scraper 網站地圖來爬取資料，其步驟如下：

1 請執行「Sitemap books2＞Scrape」命令執行網路爬蟲，在輸入送出 HTTP 請求的間隔時間，和載入網頁的延遲時間，按【Start scraping】鈕開始爬取資料。

2 等到爬完後，請按【refresh】鈕重新載入資料，可以看到擷取的表格資料。

圖書書號	圖書書名	圖書定價	折扣價	十本折扣價	出版日
D0001	Access 2013入門與實作	$450	優惠價：$405	$3,600	出版日期：2014-06-01
D0002	Access 2021入門與實作	$550	優惠價：$495	$4,400	出版日期：2020-06-01
P0001	資料結構 - 使用C語言	$520	優惠價：$468	$4,160	出版日期：2014-04-01
P0002	Java程式設計入門與實作	$550	優惠價：$495	$4,400	出版日期：2015-07-01
P0003	Scratch+fChart程式邏輯訓練	$350	優惠價：$315	$2,800	出版日期：2015-04-01
P0004	C程式設計入門與實作	$450	優惠價：$405	$3,600	出版日期：2018-05-01
P0005	C#程式設計入門與實作	$650	優惠價：$585	$5,200	出版日期：2021-10-01
P0006	Python程式設計入門	$500	優惠價：$450	$4,000	出版日期：2021-01-01
P0007	MicroPython IoT程式設計入門	$550	優惠價：$495	$4,400	出版日期：2022-12-01
P0008	Excel VBA程式設計入門	$350	優惠價：$315	$2,800	出版日期：2022-06-01
P0009	Python X ChatGPT程式設計入門	$550	優惠價：$495	$4,400	出版日期：2023-05-01
P0010	Excel VBA X ChatGPT網路爬蟲與資料分析	$560	優惠價：$504	$4,480	出版日期：2023-07-01

步驟五：匯出爬取資料成為 Excel 檔案

在成功爬取出所需資料後，Web Scraper 支援匯出成 Excel 檔案的功能，其步驟如下：

1 請執行「Sitemap books2＞Export data」命令匯出爬取資料成為 Excel 檔案。

2 在匯出後，按【.XLSX】鈕下載 Excel 檔案，預設檔名是網路地圖名稱 "books2.xlsx"。

6-4 ｜ 起始 URL 網址的範圍參數

Web Scraper 網站地圖除了可以新增多個起始 URL 網址外，我們還可以在起始網址加上範圍參數來爬取網站的多頁網頁。

6-4-1 認識起始 URL 網址的範圍參數

一般來說，網站的分頁巡覽很多都是使用 URL 參數來指定顯示哪一頁分頁，在 Web Scraper 啟起 URL 網址可以使用「[]」方框指定參數範圍，直接使用範圍參數來爬取網站的分頁資料。

使用 URL 網址的範圍參數

URL 網址的範圍參數是在 URL 參數加上「[]」方框的參數範圍，例如：在 URL 網址擁有 URL 參數

```
http://fchart.is-best/books.php?pageId=2
http://example.com/page/1
```

上述第 1 個 URL 網址是 PHP 伺服端網頁技術，參數 pageId 是頁碼，第 2 個是 MVC 架構的 Web 網站，最後的數字 1 是頁碼的路由參數。如果網站分成 3 頁，我們可以使用方框來指定參數範圍，如下：

```
http://fchart.is-best/books.php?pageId=[1-3]
http://example.com/page/[1-3]
```

上述 URL 參數值的方框中指定 1-3 的範圍，即從 1、2 到 3，在展開範圍參數後，就是網站地圖的 3 個起始 URL 網址，如下：

```
http://fchart.is-best/books.php?pageId=1
http://fchart.is-best/books.php?pageId=2
http://fchart.is-best/books.php?pageId=3
```

和

```
http://example.com/page/1
http://example.com/page/2
http://example.com/page/3
```

在範圍參數的範圍值前填入 0

如果 URL 參數是固定位數的整數，例如：2 個位數，即從 01~10，我們可以在方框的範圍值前填入 0 來指定固定位數，如下：

```
http://example.com/page/[01-10]
```

上述參數值依序是從 01、02、03…09 和 10，展開如下的 URL 起始網址：

```
http://example.com/page/01
http://example.com/page/02
http://example.com/page/03
http://example.com/page/04
http://example.com/page/05
http://example.com/page/06
http://example.com/page/07
http://example.com/page/08
http://example.com/page/09
http://example.com/page/10
```

範圍參數的增量值

URL 起始網址的範圍參數是使用預設 1 來增加參數值，如果增量值不是 1，請使用「:」符號指定增量值，例如：增量 10，如下：

```
http://example.com/page/[0-100:10]
```

上述參數範圍從 0~100，在「:」前是範圍；之後是間隔 10，展開如下的 URL 起始網址：

```
http://example.com/page/0
http://example.com/page/10
http://example.com/page/20
http://example.com/page/30
http://example.com/page/40
http://example.com/page/50
http://example.com/page/60
```

```
http://example.com/page/70
http://example.com/page/80
http://example.com/page/90
http://example.com/page/100
```

6-4-2　在起始 URL 網址使用範圍參數

當多個起始 URL 網址十分相似，只有部分不同而且是一個數字範圍時，我們一樣可以在起始 URL 網址使用範圍參數。

使用範圍參數爬取學校圖書銷售目錄

在第 6-3 節學校圖書銷售目錄的 HTML 表格共有 4 頁分頁，其網址如下：

```
http://fchart.is-best.net/books/index.php?Pages=1
http://fchart.is-best.net/books/index.php?Pages=2
http://fchart.is-best.net/books/index.php?Pages=3
http://fchart.is-best.net/books/index.php?Pages=4
```

上述 Pages 參數值就是分頁表格的頁碼 1~4，我們可以在起始 URL 網址使用範圍參數，如下：

```
http://fchart.is-best.net/books/index.php?Pages=[1-4]
```

現在，我們準備使用 Web Scraper 爬取學校圖書銷售目錄的圖書分頁資料，使用的是起始 URL 網址的範圍參數，其建立步驟如下：

1　請執行「Create new sitemap>Import Sitemap」命令匯入 books.txt 網站地圖成為 books3，在【Sitemap name】欄輸入【books3】，按【Import Sitemap】鈕匯入網站地圖。

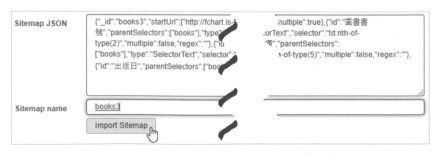

2 請執行「Sitemap books3>Edit metadata」命令，重新編輯起始 URL 網址，在【Start URL 1】欄輸入如下網址：

```
http://fchart.is-best.net/books/index.php?Pages=[1-4]
```

3 按【Save Sitemap】儲存網站地圖，然後執行「Sitemap books3>Scrape」命令執行網路爬蟲，在輸入送出 HTTP 請求的間隔時間，和載入網頁的延遲時間，按【Start scraping】鈕開始爬取資料。

4 等到爬完後，請按【refresh】鈕重新載入資料，可以看到擷取的表格資料。

圖書書號	圖書書名	圖書定價	折扣價	十本折扣價	出版日
W0001	PHP與MySQL入門與實作	$550	優惠價：$495	$4,400	出版日期：2014-09-01
W0002	jQuery Mobile與Bootstrap網頁設計	$500	優惠價：$450	$4,000	出版日期：2015-10-01
W0003	HTML, JavaScript, jQuery網頁設計	$520	優惠價：$468	$4,160	出版日期：2017-10-20
W0004	HTML與CSS網頁設計	$500	優惠價：$450	$4,000	出版日期：2018-09-01
P0007	MicroPython IoT程式設計入門	$550	優惠價：$495	$4,400	出版日期：2022-12-01
P0008	Excel VBA程式設計入門	$350	優惠價：$315	$2,800	出版日期：2022-06-01
P0009	Python X ChatGPT程式設計入門	$550	優惠價：$495	$4,400	出版日期：2023-05-01
P0010	Excel VBA X ChatGPT網路爬蟲與資料分析	$560	優惠價：$504	$4,480	出版日期：2023-07-01
P0003	Scratch+fChart程式邏輯訓練	$350	優惠價：$315	$2,800	出版日期：2015-04-01
P0004	C程式設計入門與實作	$450	優惠價：$405	$3,600	出版日期：2018-05-01
P0005	C#程式設計入門與實作	$650	優惠價：$585	$5,200	出版日期：2021-10-01
P0006	Python程式設計入門	$500	優惠價：$450	$4,000	出版日期：2021-01-01
D0001	Access 2013入門與實作	$450	優惠價：$405	$3,600	出版日期：2014-06-01
D0002	Access 2021入門與實作	$550	優惠價：$495	$4,400	出版日期：2020-06-01

　　上述爬取 HTML 表格的圖書資料和第 6-3 節完全相同，只有順序是倒過來從第 4 分頁依序擷取至第 1 分頁，所以看到的是第 4 分頁的圖書資料，而且，因為 Web Scraper 並沒有使用【下一頁】按鈕切換至下一頁分頁，所以沒有之後【下一頁】和【下一頁-href】的 2 個欄位。

5 請執行「Sitemap books3>Export data」命令匯出爬取資料成為 Excel 檔案。

6 在匯出後，按【.XLSX】鈕下載 Excel 檔案，預設檔名是網路地圖名稱 "books3.xlsx"。

使用範圍參數爬取官方測試網站的筆電商品資料

在第 5-4-4 節 Web Scraper 官方測試網站的筆電商品資料共有 20 頁分頁，其網址：

```
https://www.webscraper.io/test-sites/e-commerce/static/computers/laptops?
page=1
https://www.webscraper.io/test-sites/e-commerce/static/computers/laptops?
page=2
…
https://www.webscraper.io/test-sites/e-commerce/static/computers/laptops?
page=20
```

上述 page 參數值就是分頁的頁碼 1~20，我們可以在起始 URL 網址使用範圍參數，如下：

```
https://www.webscraper.io/test-sites/e-commerce/static/computers/laptops?
page=[1-20]
```

現在，我們準備使用 Web Scraper 爬取官方測試網站的筆電商品分頁資料，使用的是起始 URL 網址的範圍參數，其建立步驟如下：

1 請 執 行「 Create new sitemap>Import Sitemap 」 命 令 匯 入 e-commerce.txt 網站地圖成為 e-commerce2，在【Sitemap name】欄輸入【e-commerce2】，按【Import Sitemap】鈕匯入網站地圖。

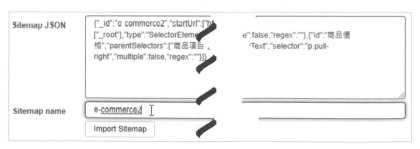

2 請執行「Sitemap e-commerce2＞Edit metadata」命令，重新編輯起始 URL 網址，在【Start URL 1】欄輸入下列網址：

```
https://www.webscraper.io/test-sites/e-commerce/static/computers/l
aptops?page=[1-20]
```

3 按【 Save Sitemap 】儲 存 網 站 地 圖 ，然 後 執 行「 Sitemap e-commerce2＞Scrape」命令執行網路爬蟲，在輸入送出 HTTP 請求的間隔時間，和載入網頁的延遲時間，按【Start scraping】鈕開始爬取資料。

4 等到爬完後，請按【refresh】鈕重新載入資料，可以看到擷取的表格資料，共 20 頁有 117 筆資料（在第 5-4-4 節只擷取第 1 頁的 6 筆資料）。

商品名稱	商品價格	評論數
Toshiba Portege...	$1366.32	11 reviews
Asus ASUSPRO B94...	$1381.13	4 reviews
Asus ROG Strix G...	$1399.00	10 reviews
Dell Latitude 55...	$1337.28	6 reviews
Dell Latitude 54...	$1338.37	11 reviews
Dell Latitude 55...	$1341.22	3 reviews
Apple MacBook Ai...	$1347.78	11 reviews
Lenovo ThinkPad...	$1349.23	5 reviews
Lenovo ThinkPad...	$1362.24	12 reviews
Hewlett Packard...	$1273.11	8 reviews
Toshiba Portege...	$1294.74	6 reviews
MSI GL62VR 7RFX	$1299.00	1 reviews
Dell Latitude 54...	$1310.39	8 reviews
Hewlett Packard...	$1326.83	2 reviews
Apple MacBook Pr...	$1333.00	0 reviews
Asus VivoBook Pr...	$1235.49	10 reviews

5 請執行「Sitemap e-commerce2＞Export data」命令匯出爬取資料成為 Excel 檔案。

6 在匯出後，按【.XLSX】鈕下載 Excel 檔案，預設檔名是網路地圖名稱 "e-commerce2.xlsx"。

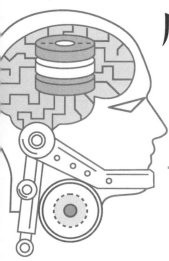

CHAPTER **7**

爬取頁碼、更多按鈕和捲動頁面巡覽的網站

7-1 認識 Web Scraper 的分頁處理

Web Scraper 的分頁處理主要是在處理擁有 href 屬性值的 `<a>` 超連結標籤（Link 類型），能夠處理大部分情況的網站分頁巡覽，依據操作介面分成數種，如下所示：

使用 URL 網址參數的分頁

當使用瀏覽器分頁瀏覽網頁時，如果在上方 URL 網址可以找到分頁的 URL 參數，如下所示：

```
http://fchart.is-best.net/books/index.php?Pages=1
https://www.webscraper.io/test-sites/e-commerce/static/computers/laptops?page=1
```

上述 Pages 和 page 是分頁參數；位在路由最後的也是分頁參數，我們可以使用第 6-4 節的起始 URL 網址範圍參數來處理分頁。

上/下頁按鈕的分頁

如果 Web 網站的分頁只有上一頁/下一頁鈕來切換分頁，請參閱第 6-3 節的說明和範例來處理上/下頁分頁巡覽的網站，如下圖：

數字分頁按鈕的分頁

如果 Web 網站的分頁只有頁碼，沒有上一頁/下一頁鈕，請參閱第 7-2 節的說明和範例來處理頁碼分頁巡覽的網站，如下圖：

同時提供上/下頁和數字分頁按鈕

大部分 Web 網站的分頁操作會同時提供上/下頁和數字分頁按鈕，Web Scraper 選擇器工具選擇分頁按鈕時有不同的處理方式，如下：

- 第一種情況：在選取分頁按鈕時，可以選到全部頁碼鈕（包含目前頁碼的分頁鈕），但不包含上/下頁鈕，這種情況請參閱第 6-3 節的上/下頁來處理此情況的分頁，如下圖：

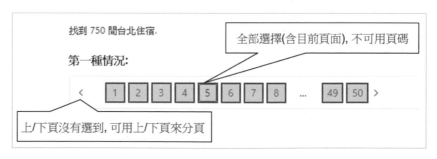

- 第二種情況：在選取分頁按鈕時，可以選到全部頁碼鈕，包含上/下頁鈕，但不包含目前的分頁按鈕，請參閱第 7-2 節的頁碼分頁來處理此情況的分頁，如下圖：

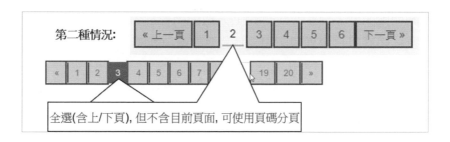

7-2 爬取頁碼分頁巡覽的網站

我們準備使用 Web Scraper 爬取頁碼分頁巡覽的官方測試網站，Web Scraper 電子商務測試網站都擁有分類的主選單，在選擇項目後，可以顯示該分類的商品項目，當分類的商品很多時，就使用分頁來顯示商品項目。

步驟一：實際瀏覽網頁內容

E-commerce site with pagination links 測試網站是一個模擬的電子商務網站，在【Laptops】分類的商品項目最後是分頁的頁碼鈕（也提供上/下頁鈕），其網址：

```
https://www.webscraper.io/test-sites/e-commerce/static/computers/laptops
```

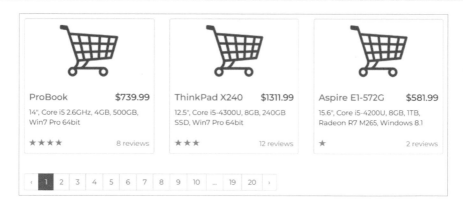

請開啟開發人員工具，點選上方標籤列最前方的箭頭鈕，然後移動游標至分頁的頁碼鈕，可以看到是<ul>清單標籤，如下圖：

```
▼<nav>
  ▼<ul class="pagination"> == $0
    ▶<li class="disabled" aria-disabled="true" aria-label="« Previous">⋯</li>
    ▶<li class="active" aria-current="page">⋯</li>
    ▶<li>⋯</li>
    ▶<li>⋯</li>
    ▶<li>⋯</li>
```

上述每一個頁碼是一個<li>標籤，目前頁面的<li>標籤有 class 屬性值 active，其子標籤是<span>標籤，內容是 1，即第 1 頁（目前頁面），其他頁面的<a>超連結標籤，如下：

```
<ul class="pagination">
    <li class="disabled"><span>«</span></li>
    <li class="active"><span>1</span></li>
    <li><a href="http://.../laptops?page=2">2</a></li>
    <li><a href="http://.../laptops?page=3">3</a></li>
    ...
    <li><a href="http://.../laptops?page=8">8</a></li>
    <li class="disabled"><span>...</span></li>
    <li><a href="http://.../laptops?page=19">19</a></li>
    <li><a href="http://.../laptops?page=20">20</a></li>
    <li><a href="http://.../laptops?page=2" rel="next">»</a>
    </li>
</ul>
```

上述每一個<a>標籤就是頁碼分頁按鈕，因為是<a>標籤，可以使用 Link 類型選擇器來巡覽分頁，然後在各分頁使用 Element 類型選擇每一項商品，Text 類型擷取商品資料。

步驟二：在 Web Scraper 新增網站地圖專案

在確認目標資料的 HTML 元素後，我們可以使用目前瀏覽器的 URL 網址來建立網站地圖，如下圖：

上述欄位內容的輸入資料，如下：

- Sitemap name：e-commerce_pages。

- Start URL 1：https://www.webscraper.io/test-sites/e-commerce/static/
  computers/laptops。

步驟三：建立網站爬取的 CSS 選擇器地圖

在成功建立網站地圖專案後，即可新增 CSS 選擇器，我們需要新增 Link
類型來處理分頁，和 Element 類型來取得商品資料，其步驟如下：

1 請在瀏覽器進入【Start URL 1】欄的網頁，因為我們要在此網頁選取擷
取資料的 HTML 元素。

2 目前位在【_root】節點，按【Add new Selector】鈕新增分頁碼的 CSS
選擇器節點，在【Id】欄輸入名稱【切換分頁】，【Type】欄選【Link】
後，勾選【Multiple】多筆記錄，按【Select】鈕。

3 在網頁移動游標，點選下方分頁的<a>標籤，首先是分頁 2，再選分頁
3，可以看到已經選取所有分頁的按鈕後，按【Done selecting】鈕。

4 可以在下方欄位填入 CSS 選擇器，在【Parent Selectors】欄，先按住 Ctrl 鍵，加選自己【切換分頁】選擇器，可以看到 2 個父節點【_root】和【切換分頁】後，按【Save selector】鈕儲存。

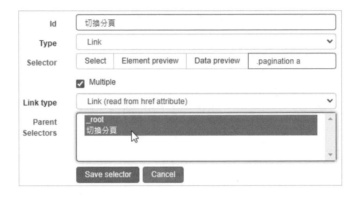

如同第 6-3 節的上/下頁巡覽上述【Parent Selectors】欄之所以需選自己【切換分頁】也是父節點，因為在每一個分頁也都有分頁的超連結，如此 Web Scraper 才能持續使用【切換分頁】節點切換至下一分頁，直到沒有分頁為止。

5 可以在【_root】根節點下新增名為【切換分頁】的選擇器節點，type 是 SelectorLink，Multiple 是 yes 多筆，Parent selectors 有 2 個。

6 按【Add new Selector】鈕新增選擇商品項目的 CSS 選擇器，在【Id】欄輸入名稱【商品項目】，【Type】欄選【Element】，然後勾選【Multiple】多筆記錄，按【Select】鈕。

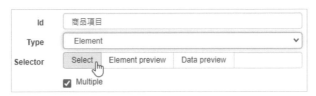

7 請移動游標，先選第 1 個方框，再選同一列右邊的第 2 個方框，可以選擇所有商品方框，按【Done selecting】鈕。

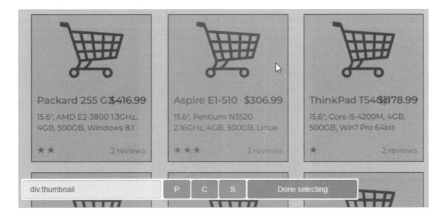

8 可以在下方欄位填入 CSS 選擇器，在【Parent Selectors】欄，先按住 Ctrl 鍵，加選【切換分頁】父選擇器，可以看到 2 個父節點【_root】和【切換分頁】後，按【Save selector】鈕儲存。

9 在【_root】新增名為【商品項目】的選擇器節點，type 是 SelectorElement，
Multiple 是 yes 多筆，Parent selectors 有 2 個，請點選【商品項目】切
換至【_root/商品項目】。

	ID	Selector	type	Multiple	Parent selectors
☰	切換分頁	.pagination a	SelectorLink	yes	_root, 切換分頁
☰	商品項目	div.thumbnail	SelectorElement	yes	_root, 切換分頁

10 在【_root/商品項目】按【Add new selector】鈕新增欄位的選擇器。請
在【Id】欄輸入名稱【商品名稱】，【Type】欄選【Text】，按【Select】
鈕選取商品名稱，按【Done selecting】鈕，再按【Save selector】鈕儲
存。

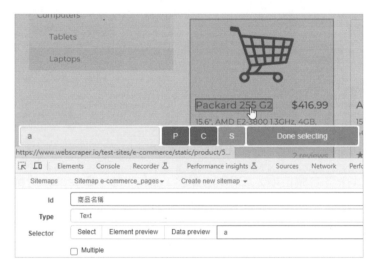

11 再按【Add new selector】鈕，在【Id】欄輸入名稱【商品價格】，【Type】
欄選擇【Text】，按【Select】鈕選取價格，按【Done selecting】鈕，
再按【Save selector】鈕儲存。

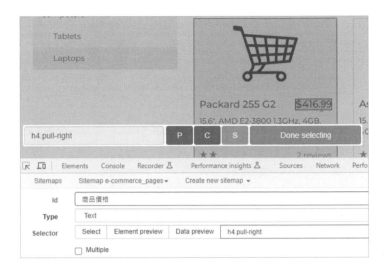

12 再按【Add new selector】鈕，在【Id】欄輸入名稱【評價數】，【Type】
欄選擇【Text】，按【Select】鈕選取評價數，按【Done selecting】鈕，
再按【Save selector】鈕儲存。

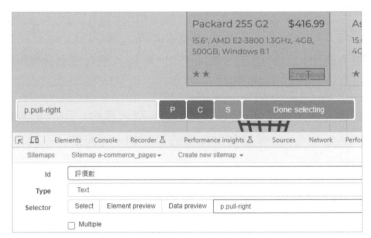

13 可以在【_root/商品項目】下看到新增的 3 個選擇器節點。

	ID	Selector	type	Multiple	Parent selectors
☰	商品名稱	a	SelectorText	no	商品項目
☰	商品價格	h4.pull-right	SelectorText	no	商品項目
☰	評價數	p.pull-right	SelectorText	no	商品項目

14 請執行「Sitemap e-commerce_pages＞Selector graph」命令，展開網站地圖的節點樹。

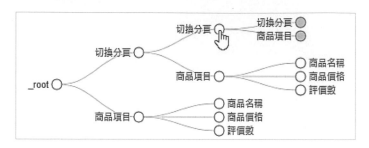

在上述圖形點選【切換分頁】節點，可以展開下一層的下一分頁，看到另一個分頁的【商品項目】（Element 類型）和【切換分頁】。

步驟四：執行 Web Scraper 網站地圖爬取資料

現在，我們已經建立好擷取資料的 Web Scraper 網站地圖，然後就執行 Web Scraper 網站地圖來爬取資料，其步驟如下：

1 請執行「Sitemap e-commerce_pages＞Scrape」命令執行網路爬蟲，在輸入送出 HTTP 請求的間隔時間，和載入網頁的延遲時間後，按【Start scraping】鈕開始爬取資料。

2 等到爬完後，請按【refresh】鈕重新載入資料，可以看到擷取的表格資料，Web Scraper 是從最後 1 頁分頁開始，反過來一一爬取每一頁分頁，直到第 1 頁為止。

步驟五：匯出爬取資料成為 Excel 檔案

在成功爬取出所需資料後，Web Scraper 支援匯出成 Excel 檔案的功能，其步驟如下：

1 請執行「Sitemap e-commerce_pages＞Export data」命令匯出爬取資料成為 Excel 檔案。

2 在匯出後，按【.XLSX】鈕下載 Excel 檔案，預設檔名是網路地圖名稱 "e-commerce_pages.xlsx"。

7-3 爬取 AJAX 分頁巡覽的網站

當頁碼分頁按鈕不是<a>標籤（或<a>標籤沒有 href 屬性值）時，這些按鈕是使用 AJAX 技術來取得下一頁資料，屬於 AJAX 頁碼分頁的巡覽網站。

7-3-1 認識 AJAX 分頁按鈕

AJAX 是 Asynchronous JavaScript And XML 的縮寫，即非同步 JavaScript 和 XML 技術，可以只更新部分內容來顯示網頁內容，而不用重新載入整頁網頁。在了解 AJAX 頁碼分頁按鈕前，我們需要先了解瀏覽器是如何送出 HTTP 請求。

從瀏覽器送出的 HTTP 請求

當使用瀏覽器巡覽指定 URL 網址的 HTML 網頁時，從瀏覽器送出的 HTTP 請求分成很多種，如下：

- 在瀏覽器輸入 URL 網址送出 HTTP 請求：當在欄位輸入 URL 網址送出請求，這是瀏覽器送出的第 1 個 HTTP 請求，如下圖：

- 瀏覽器依據 HTML 標籤來送出 HTTP 請求：瀏覽器在剖析 HTML 標籤產生內容時，如果有<link>標籤的外部 CSS 樣式檔、<script>標籤的 JavaScript 程式碼檔或<img>標籤的圖檔時，瀏覽器都會一一送出 HTTP 請求來取得這些資源檔案，如下：

```
<link rel="stylesheet" type="text/css" href="my_theme.css">
<script src="my_scripts.js"></script>
<img src="my_img.png" alt="My Image" height="42" width="42">
```

- 使用者點選超連結送出 HTTP 請求（<a>標籤）：當使用者點選超連結，或按鈕外觀的<a>超連結標籤，瀏覽器都會依據<a>標籤的 href 屬性值的 URL 網址來送出 HTTP 請求，也就是從一頁網頁巡覽至下一頁網頁，因為是新的 URL 網址，所以會更新整頁的網頁內容。

- 使用者按下按鈕送出 HTTP 請求（AJAX 技術）：當使用者按下分頁按鈕後，就執行 JavaScript 程式碼送出 HTTP 請求，可以取得下一頁網頁內容的資源來更新分頁資料，而且只會更新部分的網頁內容。

Web Scraper 處理分頁按鈕的選擇器類型

　　基本上，在 HTML 網頁切換分頁可能是<a>標籤，也可能是其他 HTML 標籤配合 AJAX 來進行分頁切換，所以 Web Scraper 處理分頁按鈕的選擇器類型，如下：

- <a>標籤的分頁按鈕：當<a>標籤有 href 屬性值，在 Web Scraper 是使用 Link 類型選擇器來處理分頁，詳見第 7-2 節的範例。

- <button>標籤的分頁按鈕：對於不是<a>標籤的 HTML 標籤（常用的是<button>按鈕標籤，或<a>標籤沒有 href 屬性值），就是使用 AJAX 切換分頁，Web Scraper 是使用 Element click 類型的選擇器。

　　現在的問題是當看到頁碼分頁按鈕時，如何知道是<a>標籤有 href 屬性值、<a>標籤沒有 href 屬性值或其他 HTML 標籤，首先我們來看一下第 7-2 節的頁碼分頁按鈕，請在頁碼按鈕上，開啟【右】鍵快顯功能表，如下圖：

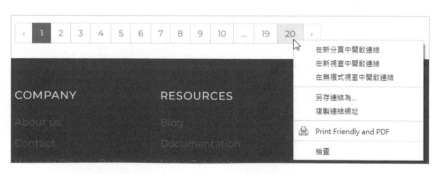

如果看到【在新分頁中開啟連結】、【在新視窗中開啟連結】和【在無痕式視窗中開啟連結】三個命令，就表示這是按鈕外觀的<a>標籤，擁有 href 屬性值。

然後，我們看一下第 7-3-2 節測試網站的頁碼分頁按鈕，在上述頁碼按鈕上，開啟【右】鍵快顯功能表，如下圖：

上述功能表沒有這三個命令，因為這不是<a>標籤或是沒有 href 屬性值的<a>標籤，這是 AJAX 頁碼分頁按鈕。

7-3-2　爬取 AJAX 分頁巡覽的網站

我們準備使用 Web Scraper 爬取 AJAX 頁碼分頁巡覽的官方測試網站，為了簡化網站地圖，只爬取筆記型電腦分類（Laptops）的商品資料。

步驟一：實際瀏覽網頁內容

E-commerce site with AJAX pagination links 測試網站是一個模擬的電子商務網站，筆記型電腦分類的 URL 網址：

```
https://www.webscraper.io/test-sites/e-commerce/ajax/computers/laptops
```

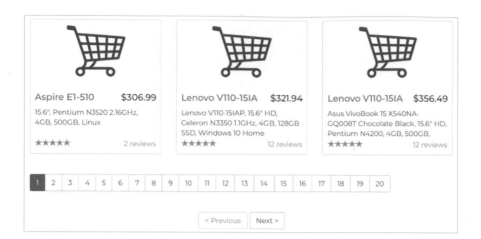

上述網頁的下方是和第 7-2 節相似的頁碼分頁按鈕（在下方是上/下頁鈕）。請開啟開發人員工具，點選上方標籤列最前方箭頭鈕後，移動游標至分頁的頁碼鈕，可以看到是<div>標籤，如下：

```
<div class="btn-group pagination">
   <button type="button" class="btn …"
               data-id="1">1</button>
   <button type="button" class="btn …" data-id="2">2</button>
   <button type="button" class="btn …" data-id="3">3</button>
   ...
   <button type="button" class="btn …" data-id="19">19</button>
   <button type="button" class="btn …" data-id="20">20</button>
</div>
```

上述每一個頁碼是一個<button>標籤，並不是超連結<a>標籤，上/下頁鈕也是<div>標籤，如下：

```
<div class="pager">
  <button type="button" class="…" disabled="">&lt; Previous</button>
  <button type="button" class="…">Next &gt;</button>
</div>
```

因為是 AJAX 分頁巡覽，我們是使用 Element click 類型選擇器來處理分頁巡覽，然後在各分頁使用 Element 類型（請注意！Element click 本身就包含 Element）選擇每一項商品，Text 類型擷取商品資料。

步驟二：在 Web Scraper 新增網站地圖專案

在確認目標資料的 HTML 元素後，我們可以使用目前瀏覽器的 URL 網址來建立網站地圖，如下圖：

上述欄位內容的輸入資料，如下：

- Sitemap name：e-commerce_ajax。

- Start URL 1：https://www.webscraper.io/test-sites/e-commerce/ajax/computers/laptops。

步驟三：建立網站爬取的 CSS 選擇器地圖

在成功建立網站地圖專案後，即可新增 CSS 選擇器，我們需要新增 Element click 類型來處理 AJAX 頁碼分頁，和取得商品資料，其步驟如下：

1 請在瀏覽器進入【Start URL 1】欄的網頁，因為我們要在此網頁選取擷取資料的 HTML 元素。

2 目前位在【_root】節點，按【Add new Selector】鈕新增切換分頁的 CSS 選擇器節點，在【Id】欄輸入名稱【項目點選】，【Type】欄選【Element click】後，勾選【Multiple】多筆記錄，按【Selector】欄後的【Select】鈕。

3　因為 Element click 也是 Element 類型，請移動游標，先選第 1 個方框，再選同一列右邊的第 2 個方框，可以選擇所有商品方框，按【Done selecting】鈕完成選擇。

4　可以在下方欄位填入 CSS 選擇器。在【Click selector】欄按【Select】鈕是選擇 AJAX 分頁按鈕的 CSS 選擇器，請選下方【Next>】分頁鈕，按【Done selecting】鈕完成選擇。

5 可以在下方欄位填入 CSS 選擇器。在【Click type】欄可以選擇點選 1 次或多次，因為有多分頁請選【Click more】點選多次（Click one 是只點選 1 次），【Click element uniqueness】欄位選擇如何判斷按鈕已經點選過，Unique Text 是使用唯一名稱來判斷。

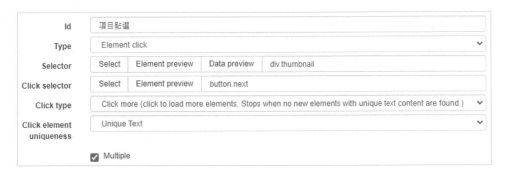

6 在下方【Delay】欄位指定延遲時間，這是等待 AJAX 請求回應的時間，建議至少【2000】毫秒（即 2 秒），【Discard initial elements】欄位決定是否丟棄第 1 次點選按鈕前就存在的元素，Never discard 是永不丟棄，按【Save selector】鈕儲存。

7 在【_root】新增名為【項目點選】的選擇器節點，type 是 SelectorElementClick，Multiple 是 yes 多筆，請點選【項目點選】選擇器節點。

8　可以看到上方路徑切換至【_root/項目點選】，我們準備新增擷取每一筆
記錄欄位的選擇器，請按【Add new selector】鈕。

9　在【Id】欄輸入名稱【商品名稱】，【Type】欄選【Text】，按【Select】
鈕選取商品名稱，按【Done selecting】鈕完成選擇，再按【Save selector】
鈕儲存。

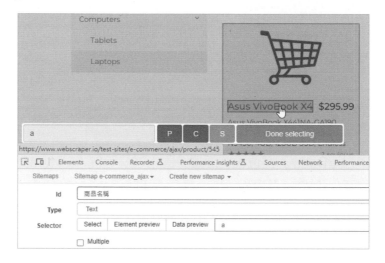

10　再按【Add new selector】鈕，在【Id】欄輸入名稱【商品價格】，【Type】
欄選【Text】，按【Select】鈕選取價格，按【Done selecting】鈕完成
選擇，再按【Save selector】鈕儲存。

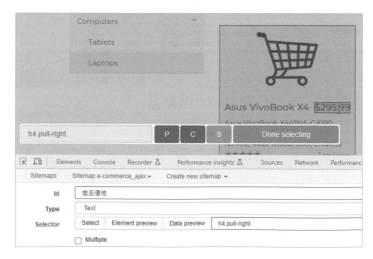

11 再按【Add new selector】鈕，在【Id】欄輸入名稱【評價數】，【Type】
欄選【Text】，按【Select】鈕選取評價數，按【Done selecting】鈕完
成選擇，再按【Save selector】鈕儲存。

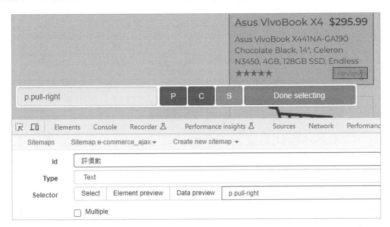

12 可以在【_root/項目點選】下看到新增的 3 個選擇器節點。

	ID	Selector	type	Multiple	Parent selectors
≡	商品名稱	a	SelectorText	no	項目點選
≡	商品價格	h4.pull-right	SelectorText	no	項目點選
≡	評價數	p.pull-right	SelectorText	no	項目點選

_root / 項目點選

13 請執行「Sitemap e-commerce_ajax＞Selector graph」命令，展開網站
地圖的節點樹。

步驟四：執行 Web Scraper 網站地圖爬取資料

現在，我們已經建立好擷取資料的 Web Scraper 網站地圖，然後就執行 Web Scraper 網站地圖來爬取資料，其步驟如下：

1 請執行「Sitemap e-commerce_ajax＞Scrape」命令執行網路爬蟲，在輸入送出 HTTP 請求的間隔時間，和載入網頁的延遲時間後，按【Start scraping】鈕開始爬取資料。

2 等到爬完後，請按【refresh】鈕重新載入資料，可以看到擷取的表格資料，Web Scraper 是從第 1 頁分頁開始，依序爬取到最後 1 頁為止。

步驟五：匯出爬取資料成為 Excel 檔案

在成功爬取出所需資料後，Web Scraper 支援匯出成 Excel 檔案的功能，其步驟如下：

1 請執行「Sitemap e-commerce_ajax＞Export data」命令匯出爬取資料成為 Excel 檔案。

2 在匯出後，按【.XLSX】鈕下載 Excel 檔案，預設檔名是網路地圖名稱 "e-commerce_ajax.xlsx"。

7-4　爬取更多按鈕巡覽的網站

目前 Web 網站的巡覽除了分頁按鈕外，還有一種是在頁面最後提供【更多按鈕】，每按一次【更多按鈕】，就會顯示更多的商品資料。

我們準備使用 Web Scraper 爬取更多按鈕巡覽的官方測試網站，為了簡化網站地圖，只爬取筆記型電腦分類（Laptops）的商品資料。

步驟一：實際瀏覽網頁內容

E-commerce site with "Load more" buttons 測試網站是一個模擬的電子商務網站，筆記型電腦分類的 URL 網址，如下：

```
https://www.webscraper.io/test-sites/e-commerce/more/computers/laptops
```

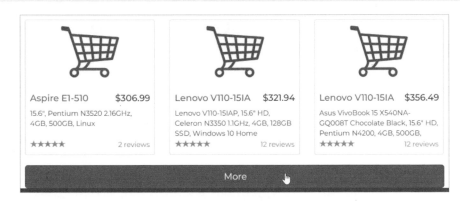

上述網頁的下方不是頁碼分頁按鈕，只有一個載入更多的【More】按鈕，每按一次按鈕，就會顯示更多的商品項目。

請開啟開發人員工具，點選上方標籤列最前方箭頭鈕後，移動游標至【More】鈕，可以看到這是一個<a>超連結標籤，如下：

```
<a class="btn btn-primary btn-lg btn-block …">More</a>
```

上述更多按鈕雖然是<a>標籤，因為沒有 href 屬性值，這個<a>標籤並不是真的超連結，而是和 7-3-2 節相同的 AJAX 按鈕，所以在【右】鍵的快顯功能表看不到開啟連結的命令，如下圖：

因為是按下按鈕後，才送出 HTTP 請求取得更多的商品資料，一樣是使用 Element click 類型選擇器來處理更多按鈕巡覽，然後在各分頁使用 Element 類型選擇每一項商品，Text 類型擷取商品資料。

步驟二：在 Web Scraper 新增網站地圖專案

在確認目標資料的 HTML 元素後，我們可以使用目前瀏覽器的 URL 網址來建立網站地圖，如下圖：

上述欄位內容的輸入資料，如下：

- Sitemap name：e-commerce_more。

- Start URL 1：https://www.webscraper.io/test-sites/e-commerce/more/computers/laptops。

步驟三：建立網站爬取的 CSS 選擇器地圖

在成功建立網站地圖專案後，接著新增 CSS 選擇器，我們需要新增 Element click 類型處理更多按鈕，和取得商品資料，其步驟如下：

1　請在瀏覽器進入【Start URL 1】欄的網頁，因為我們要在此網頁選取擷取資料的 HTML 元素。

2　目前位在【_root】節點，按【Add new Selector】鈕新增更多按鈕的 CSS 選擇器節點。在【Id】欄輸入名稱【更多項目】，【Type】欄選【Element click】後，勾選【Multiple】多筆記錄，按【Selector】欄後的【Select】鈕。

3 首先是 Element 部分，請移動游標，先選第 1 個方框，再選同一列右邊的第 2 個方框，可以選擇所有商品方框，按【Done selecting】鈕完成選擇。

4 可以在下方欄位填入 CSS 選擇器。在【Click selector】欄按【Select】鈕選擇 AJAX 按鈕的 CSS 選擇器，請移動游標點選下方【More】按鈕，按【Done selecting】鈕完成選擇。

5 可以在下方欄位填入 CSS 選擇器。在【Click type】欄選擇點選 1 次或多次，請選【Click more】點選多次，【Click element uniqueness】欄位選擇如何判斷按鈕已經點選過，Unique Text 是唯一的按鈕名稱（即判斷按鈕名稱不同）。

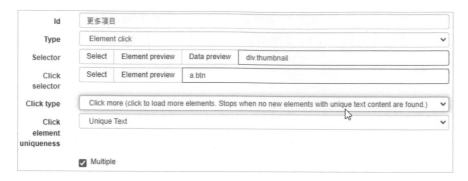

6 在下方【Delay】欄位輸入延遲時間，因為需要等待 AJAX 請求的回應，建議至少輸入【2000】毫秒（即 2 秒），【Discard initial elements】欄位決定是否丟棄第 1 次點選按鈕前就存在的元素，Never discard 是永不丟棄，按【Save selector】鈕儲存。

7 在【_root】新增名為【更多項目】的選擇器節點，type 是 SelectorElementClick，Multiple 是 yes 多筆，請點選【更多項目】選擇器節點。

8 可以看到上方路徑切換至【_root/更多項目】，我們準備新增擷取每一筆記錄欄位的選擇器。

9 請重複按三次【Add new selector】鈕來依序新增商品名稱、商品價格和評價數，因為和第 7-3-2 節相同，筆者就不重複說明，最後在【_root/更多項目】下可以看到新增的 3 個選擇器節點。

_root / 更多項目				
ID	Selector	type	Multiple	Parent selectors
☰ 商品名稱	a	SelectorText	no	更多項目
☰ 商品價格	h4.pull-right	SelectorText	no	更多項目
☰ 評價數	p.pull-right	SelectorText	no	更多項目

10 請執行「Sitemap e-commerce_more>Selector graph」命令，展開網站地圖的節點樹。

步驟四：執行 Web Scraper 網站地圖爬取資料

現在，我們已經建立好擷取資料的 Web Scraper 網站地圖，然後就執行 Web Scraper 網站地圖來爬取資料，其步驟如下：

1 請執行「Sitemap e-commerce_more>Scrape」命令執行網路爬蟲，在輸入送出 HTTP 請求的間隔時間，和載入網頁的延遲時間後，按【Start scraping】鈕開始爬取資料，可以看到自動按下【More】按鈕來顯示更多的商品項目。

2 等到爬完後，請按【refresh】鈕重新載入資料，可以看到擷取的表格資料。

步驟五：匯出爬取資料成為 Excel 檔案

在成功爬取出所需資料後，Web Scraper 支援匯出成 Excel 檔案的功能，其步驟如下：

1 請執行「Sitemap e-commerce_more>Export data」命令匯出爬取資料成為 Excel 檔案。

2 在匯出後，按【.XLSX】鈕下載 Excel 檔案，預設檔名是網路地圖名稱 "e-commerce_more.xlsx"。

7-5　爬取捲動頁面巡覽的網站

除了更多按鈕的網站巡覽外，還有一種顯示更多資料的巡覽方式是捲動視窗，當瀏覽器顯示第 1 頁的商品項目後，只需捲動視窗，就會顯示更多的商品項目。

步驟一：實際瀏覽網頁內容

筆者已經在 GitHub 建立了一頁使用 JavaScript 技術的無限捲動的測試網頁，其網址：

```
https://fchart.github.io/test/infinitescroll.html
```

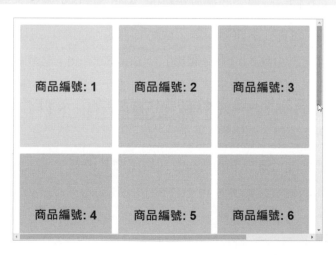

當捲動視窗向下時，可以看到自動載入更多的搜尋結果，這就是捲動頁面巡覽。請開啟開發人員工具，點選上方標籤列最前方的箭頭鈕，然後移動游標至第 1 項目，可以看到是<div>標籤，如下圖：

```
▼<div id="card-container"> flex
  ▶<div class="card" style="background-color: rgb(182, 251, 217);"> ⋯ </div> flex  == $0
  ▶<div class="card" style="background-color: rgb(182, 220, 251);"> ⋯ </div> flex
  ▶<div class="card" style="background-color: rgb(182, 204, 251);"> ⋯ </div> flex
  ▶<div class="card" style="background-color: rgb(251, 182, 200);"> ⋯ </div> flex
  ▶<div class="card" style="background-color: rgb(251, 182, 227);"> ⋯ </div> flex
  ▶<div class="card" style="background-color: rgb(221, 182, 251);"> ⋯ </div> flex
  ▶<div class="card" style="background-color: rgb(251, 212, 182);"> ⋯ </div> flex
  ▶<div class="card" style="background-color: rgb(232, 251, 182);"> ⋯ </div> flex
  ▶<div class="card" style="background-color: rgb(192, 251, 182);"> ⋯ </div> flex
</div>
```

上述每一個<div>標籤是一筆記錄，我們需要使用 Element 類型來爬取，因為是捲動頁面巡覽，所以使用 Element scroll down 類型選擇器來處理。

步驟二：在 Web Scraper 新增網站地圖專案

在確認目標資料的 HTML 元素後，我們可以使用目前瀏覽器的 URL 網址來建立網站地圖，如下圖：

上述欄位內容的輸入資料，如下：

- Sitemap name：infinite_scroll。

- Start URL 1：https://fchart.github.io/test/infinitescroll.html。

步驟三：建立網站爬取的 CSS 選擇器地圖

在成功建立網站地圖專案後，接著新增 CSS 選擇器，我們需要新增 Element scroll down 類型來取得商品編號和處理捲動頁面巡覽，其步驟如下：

1 請在瀏覽器進入【Start URL 1】欄的網頁，因為我們要在此網頁選取擷取資料的 HTML 元素。

2 目前位在【_root】節點,按【Add new Selector】鈕新增捲動頁面巡覽的 CSS 選擇器節點,在【Id】欄輸入名稱【捲動項目】,【Type】欄選【Element scroll down】後,勾選【Multiple】多筆記錄,按【Select】鈕。

3 因為 Element scroll down 也是 Element 類型,請移動游標,先選第 1 個項目,再選第 2 個項目,如果沒有選到所有項目,請再選第 3 個項目,直到選取全部的項目,按【Done selecting】鈕完成選擇。

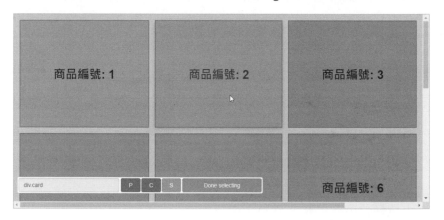

4 可以在下方欄位填入 CSS 選擇器,在【Element limit】欄是最大爬取的項目數上限,【Delay】欄位是延遲時間,因為需要等待請求的回應,請至少輸入【2000】毫秒,按【Save selector】鈕儲存。

5 在【_root】新增名為【捲動項目】的選擇器節點，type 是 SelectorElementScroll，Multiple 是 yes 多筆，請點選【捲動項目】選擇器節點。

	ID	Selector	type	Multiple	Parent selectors
☰	捲動項目	div.card	SelectorElementScroll	yes	_root

6 可以看到上方路徑切換至【_root/捲動項目】，請按【Add new selector】鈕新增擷取每一筆記錄欄位的選擇器。

7 在【Id】欄輸入名稱【商品編號】，【Type】欄選【Text】，按【Select】鈕選取商品編號，按【Done selecting】鈕完成選擇，再按【Save selector】鈕儲存。

8 可以在【_root/捲動項目】下看到新增的選擇器節點。

	ID	Selector	type	Multiple	Parent selectors
☰	商品編號	h4	SelectorText	no	捲動項目

_root / 捲動項目

9 請執行「Sitemap infinite_scroll＞Selector graph」命令，展開網站地圖的節點樹。

_root ◯──────捲動項目 ◯──────◯ 商品編號

步驟四：執行 Web Scraper 網站地圖爬取資料

現在，我們已經建立好擷取資料的 Web Scraper 網站地圖，然後就執行 Web Scraper 網站地圖來爬取資料，其步驟如下：

1 請執行「Sitemap infinite_scroll＞Scrape」命令執行網路爬蟲，在輸入送出 HTTP 請求的間隔時間，和載入網頁的延遲時間後，按【Start scraping】鈕開始爬取資料，可以看到自動向下捲動網頁來載入更多的搜尋結果。

2 等到爬完後，請按【refresh】鈕重新載入資料，可以看到擷取的表格資料。

步驟五：匯出爬取資料成為 Excel 檔案

在成功爬取出所需資料後，Web Scraper 支援匯出成 Excel 檔案的功能，其步驟如下：

1 請執行「Sitemap infinite_scroll＞Export data」命令匯出爬取資料成為 Excel 檔案。

2 在匯出後，按【.XLSX】鈕下載 Excel 檔案，預設檔名是網路地圖名稱"infinite_scroll.xlsx"。

CHAPTER 8

Web Scraper 網路爬蟲
實戰：新聞、BBS 貼文、
商務與金融數據

8-1　網路爬蟲實戰：Yahoo!電影與 NBA 球員資料

在這一節我們準備使用 Web Scraper 爬取 Yahoo!電影上映中的影片清單，和 ESPN Insider 網站的 NBA 球員資料。

8-1-1　爬取 Yahoo!電影上映中的影片清單

在第 2-5 節匯入的 yahoo_movies.txt 網站地圖是爬取 Yahoo!電影本週新片清單，因為新片可能只有 1 頁，沒有更多分頁，所以，本節改爬取 Yahoo! 電影上映中的影片清單，網站地圖並沒有差異，僅網址不同。

Yahoo!奇摩電影上映中的影片清單是目前戲院正在上映中的電影資料，其網址：

```
https://movies.yahoo.com.tw/movie_intheaters.html
```

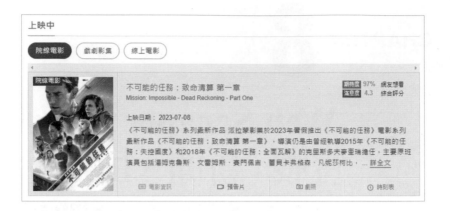

上述網頁的劇照圖片是<img>圖片標籤，電影名稱是<a>超連結標籤，整個方框是<li>清單項目標籤，換句話說，每一頁的 10 部電影就是 10 個<li>標籤的記錄。網站地圖：movie_intheaters.txt，如下圖：

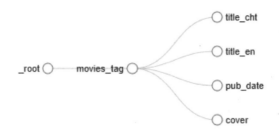

上述_root 根節點下是 movies_tag 節點的 Element 類型，即每一部電影的記錄，如下圖：

_root					
	ID	Selector	type	Multiple	Parent selectors
☰	movies_tag	.release_list li	SelectorElement	yes	_root

點選 movies_tag 節點，即可在下一層使用 Image 類型取出每一部電影的劇照圖片、片名（Text 類型）、上映日期（Text 類型）等影片資料，如下圖：

	ID	Selector	type	Multiple	Parent selectors
≡	title_cht	.release_movie_name > a	SelectorText	no	movies_tag
≡	title_en	.en a	SelectorText	no	movies_tag
≡	pub_date	div.release_movie_time	SelectorText	no	movies_tag
≡	cover	img	SelectorElementAttribute	no	movies_tag

_root / movies_tag

請注意！影片圖片是<img>標籤，應該用 Image 類型來擷取，不過，Yahoo! 電影的<img>劇照圖片多了 data-src 屬性，如下：

```
<img class="lazy-load"
data-src="https://movies.yahoo.com.tw/i/r/w420/production/movies/June2023
/vnrt7JRbZ4oQ329rUAc4-500x714.jpg" alt=""
src="https://movies.yahoo.com.tw/i/r/w420/production/movies/June2023/vnrt
7JRbZ4oQ329rUAc4-500x714.jpg">
```

上述 src 和 data-src 屬性值大部分都相同，這就是圖片的 URL 網址，經過筆者測試多部影片，部分影片的 src 屬性值並不正確，劇照圖片需擷取 data-src 屬性值，而不是 src 屬性值。

在 Web Scraper 可以使用【Element attribute】類型來擷取標籤的指定屬性值，在【Selector】欄位仍然是【img】的<img>標籤，【Attribute name】欄位輸入擷取此標籤的哪一個屬性值，以此例是【data-src】，如下圖：

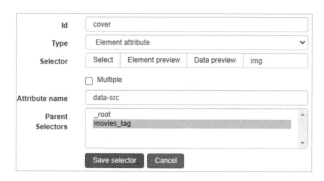

因為不是使用 Image 類型，Element attribute 類型爬取結果的表格資料是 cover 欄位，而不是 cover-src 欄位，如下圖：

title_cht	title_en	pub_date	cover
不可能的任務：致命清算 第一章	Mission: Impossible - Dead Reckoning - Part One	上映日期：2023-07-08	https://movies.yahoo.com.tw/i/r/w420/production/movies/June2023/vnrt7JRbZ4oQ329rUAc4-500x714.jpg
SEE HEAR LOVE 看不見聽不見也愛你	See Hear Love	上映日期：2023-07-07	https://movies.yahoo.com.tw/i/r/w420/production/movies/May2023/iwgrJrfQGoS0EMtrCLkA-1080x1543.jpg
怪物	Monster	上映日期：2023-07-07	https://movies.yahoo.com.tw/i/r/w420/production/movies/July2023/Quw883RZ0gx3CA4yvtDd-1024x1463.jpg
百合的雨聲	When The Rain Falls	上映日期：2023-07-07	https://movies.yahoo.com.tw/i/r/w420/production/movies/June2023/862CwZeMpBA77y4v6r6k-1080x1542.jpg
暗湧情事	Passion	上映日期：2023-07-07	https://movies.yahoo.com.tw/i/r/w420/production/movies/June2023/3RJiFOGGV1rcKgxLSnlI-1080x1543.jpg

8-1-2 爬取 Yahoo!電影上映中影片的詳細資訊

在第 8-1-1 節爬取的上映中影片清單只有中/英文片名、劇照圖片和上映日期，請進入 Yahoo!電影上映中影片清單的網頁，如下圖：

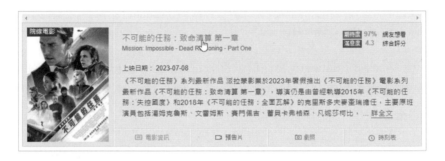

請點選中文或英文片名，可以瀏覽影片的詳細資料，如下圖：

上述頁面提供發行公司、導演和 IMDb 分數等更多資訊。在這一節我們準備修改第 8-1-1 節的 movie_intheaters 網站地圖成為 movie_intheaters2，其步驟如下：

1 請開啟【 movie_intheaters 】網站地圖，執行「Sitemap movie_intheaters＞Export Sitemap」命令，在全選後，執行【右】鍵快顯功能表的【複製】命令，複製網站地圖字串。

2 然後執行「Create new sitemap＞Import Sitemap」命令，在【Sitemap JSON】欄位的方框貼上複製內容，【Sitemap name】欄改為【 movie_intheaters2 】，按【 Import Sitemap 】鈕匯入成網站地圖 movie_intheaters2。

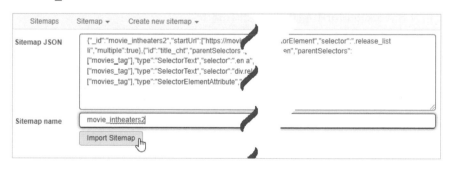

在網站地圖：movie_intheaters2.txt 新增 Link 類型節點，可以瀏覽至第三層的 CSS 選擇器來擷取影片的詳細資訊，如下圖：

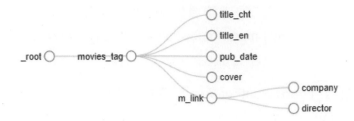

上述 m_link 是 Link 類型節點巡覽至下一層後，新增擷取發行公司和導演的影片資料。請執行「Sitemap yahoo_movies2>Selectors」命令顯示【_root】的選擇器清單後，點選【movies_tag】，如下圖：

在切換至下一層【_root/movies_tag】選擇器清單後，按【Add new selector】鈕新增選擇器，在【Id】欄輸入名稱【m_link】，【Type】欄選【Link】，按【Select】鈕在網頁選取片名的超連結後，按【Done selecting】鈕完成選擇，再按【Save selector】鈕儲存，如下圖：

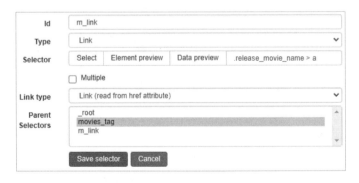

在【_root/movies_tag】下可以看到新增的 m_link 選擇器節點，如下圖：

_root / movies_tag

	ID	Selector	type	Multiple	Parent selectors
☰	title_cht	.release_movie_name > a	SelectorText	no	movies_tag
☰	title_en	.en a	SelectorText	no	movies_tag
☰	pub_date	div.release_movie_time	SelectorText	no	movies_tag
☰	cover	img	SelectorElementAttribute	no	movies_tag
☰	m_link	.release_movie_name > a	SelectorLink	no	movies_tag

　　然後點選【m_link】來新增擷取影片的 company 公司和 director 導演資料，可以在【_root/movies_tag/m_link】下看到新增的 2 個選擇器節點，如下圖：

_root / movies_tag / m_link

	ID	Selector	type	Multiple	Parent selectors
☰	company	.movie_intro_info_r span:nth-of-type(3)	SelectorText	no	m_link
☰	director	span.movie_intro_list:nth-of-type(5)	SelectorText	no	m_link

8-1-3　爬取 ESPN Insider 網站的 NBA 球員資料

　　我們準備使用 Web Scraper 爬取 ESPN Insider 網站的 NBA 球員資料，這是上一頁和下一頁按鈕的分頁表格資料。ESPN Insider 網站是使用 HTML 表格顯示 NBA 球員資料，2022~2023 年球員資料的網址如下：

```
http://insider.espn.com/nba/hollinger/statistics/_/year/2023
```

RK	PLAYER	GP	MPG	TS%	AST	TO	USG	ORR	DRR	REBR	PER	VA	EWA
	Jarrett Allen, CLE	68	32.6	.670	12.2	10.0	0.0	0.0	0.0	0.0	20.09	314.3	10.5
42	Robert Williams III, BOS	35	23.5	.742	18.4	12.5	0.0	0.0	0.0	0.0	20.00	115.6	3.9
43	Mark Williams, CHA	43	19.3	.659	5.1	11.4	0.0	0.0	0.0	0.0	19.98	115.9	3.9
44	Bradley Beal, WSH	50	33.5	.593	19.4	10.4	0.0	0.0	0.0	0.0	19.95	0.0	0.0
45	Daniel Gafford, WSH	78	20.6	.739	13.0	13.2	0.0	0.0	0.0	0.0	19.92	218.3	7.3
46	Alperen Sengun, HOU	75	28.9	.599	20.6	13.7	0.0	0.0	0.0	0.0	19.87	300.4	10.0
47	Thomas Bryant, LAL/DEN	59	18.3	.682	6.3	7.7	0.0	9.0	0.0	17.1	19.85	149.3	5.0
48	Mason Plumlee, CHA/LAC	79	26.0	.689	24.9	11.9	0.0	12.0	0.0	18.5	19.78	281.4	9.4
49	Paul George, LAC	56	34.6	.588	18.0	11.0	0.0	0.0	0.0	0.0	19.75	0.0	0.0
50	Aaron Gordon, DEN	68	30.2	.617	16.9	8.2	0.0	0.0	0.0	0.0	19.67	0.0	0.0

367 Results　　　　　　　　　　　　　　　　　　　　　　　　◁ 1 of 8 ▷

　　上述 HTML 表格是 NBA 球員資料，在右下方有 2 個按鈕，可以切換上一頁和下一頁的 NBA 球員資料。下一頁按鈕是一個內含<div>標籤的<a>標籤，其 href 屬性值就是下一頁的 URL 網址，如下：

```
<a rel="nofollow"
href="//insider.espn.com/nba/hollinger/statistics/_/page/2"
style="padding:0">
  <div class="jcarousel-next"></div>
</a>
```

　　上述 URL 網址最後的參數 2 是第 2 頁；3 就是第 3 頁，以此類推。因為下一頁鈕是<a>超連結，我們可以使用 Link 類型的選擇器。網站地圖：espn_insider.txt，如下圖：

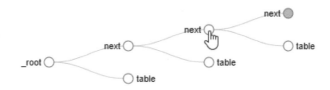

　　在上述圖形點選 next 節點，可以展開下一層，看到另一個下一頁和分頁的 HTML 表格，看出來了嗎！因為每一頁分頁都有 HTML 表格和下一頁按鈕，每點選一次 next 節點，可以展開相同的下一頁分頁。

　　我們需要新增 Link 類型 next 來處理下一頁鈕，因為 Web Scraper 內建選擇器在選取時，選不到<a>標籤，所以需要借用 Text 類型來找出 CSS 選擇器，其步驟如下：

1　請在【_root】節點下按【Add new Selector】鈕新增選擇器節點，在【Id】欄輸入名稱【next】，【Type】欄本來應該使用【Link】類型，因為選不到<a>標籤，所以改選【Text】類型，按【Select】鈕。

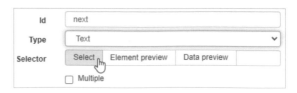

2 在網頁移動游標，點選下一頁按鈕的<a>標籤，可以選到<div>標籤，CSS 選擇器是【div.jcarousel-next】。

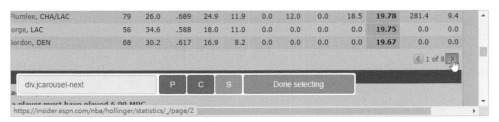

3 按工具列的【P】鈕取得父標籤<a>的 CSS 選擇器【.controls a】（按【C】鈕可以取得子標籤的選擇器），按【Done selecting】鈕完成選擇。

4 然後將【Type】欄改成【Link】類型，因為每一頁都有下一頁鈕，請勾選【Multiple】，然後在【Parent Selectors】欄，先按住 Ctrl 鍵，加選自己【next】選擇器，可以看到有 2 個父節點_root 和 next，按【Save selector】鈕儲存。

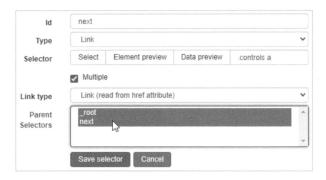

　　然後新增 Table 類型的 HTML 表格來擷取球員資料，因為此表格的標題列有二列，內建 CSS 選擇器預設選到的是第一列，請按【Header row selector】列的【Select】鈕自行重選標題列，如下圖：

　　同理，因為資料列是從第 3 列開始，請按【Data rows selector】列的【Select】鈕自行重選資料列，因為資料列有多列，請勾選【Multiple】。然後捲動至下方的【Table columns】欄位，勾選需要爬取的表格欄位，和更改擷取的欄位名稱（Result key），如果不足 3 個字，請在最後補上數字 1，如下圖：

　　最後先按住 Ctrl 鍵，加選【next】選擇器的父節點，可以看到有 2 個父節點_root 和 next，按【Save selector】鈕儲存，如下圖：

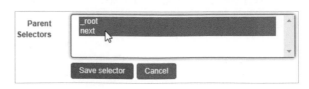

8-2 網路爬蟲實戰：商業新聞和 BBS 貼文

在這一節我們準備使用 Web Scraper 爬取 MoneyDJ 新聞總表的商業新聞，和批踢踢 PTT BBS 貼文。

8-2-1 爬取 MoneyDJ 新聞總表的商業新聞

我們準備使用 Web Scraper 爬取 MoneyDJ 新聞總表的新聞清單，雖然此總表是 HTML 表格，但是因為要進一步瀏覽新聞內容來取得時間和人氣（清單和詳細頁面），所以不是用 Table 類型，而是 Element 類型。

MoneyDJ 新聞總表提供即時的商業新聞，其網址：

```
https://www.moneydj.com/funddj/ya/YP051000.djhtm
```

請開啟開發人員工具，點選上方標籤列最前方的箭頭鈕，然後移動游標至表格第一列的第 1 個儲存格，可以看到<td>儲存格標籤，這是表格。請注意！因為 HTML 網頁擁有太多層<div>父標籤，移動游標並不容易選到最上層的<table>標籤。

　　然後，請移動游標至表格第一列的第 2 個儲存格，可以看到是超連結<a>標籤，如下圖：

　　點選<a>超連結標籤，可以瀏覽新聞的詳細內容，這是清單和詳細的網頁巡覽結構，日期時間和人氣都是<div>標籤，如下圖：

（此處為網頁截圖，顯示新聞標題「台幣勁揚1.93角、創逾三周收盤新高」，日期2023-07-14 17:11，人氣(85)，字級設定：小中大特，記者陳怡潔 報導）

美國通膨降溫，激勵國際股市大漲，今(14)日台灣股匯市再度同步勁揚，匯市見熱錢流入，帶動台幣兌美元放量強升，終場升值1.93角，以30.893元作收，衝破31元大關、並創下逾三周收盤新高；台幣本周升幅達到1.39%。

美國消費者物價指數(CPI)、生產者物價指數(PPI)兩項最新數據，接續證實美國通膨壓力正在逐漸緩解，帶動美股連二日大漲；今日亞洲股匯市也同步走強，美元指數續創近15個月新低，亞洲貨幣兌美元全面走升。

　　對於 Element 類型來說，<table>表格的每一列<tr>標籤就是一筆記錄（不含標題列），我們首先需要爬取這些<tr>標籤的記錄，然後取得每一筆記錄的新聞標題（Link 類型）和新聞分類（Text 類型）的欄位，即可使用 Link 類型的超連結巡覽至詳細頁面，再取得新聞日期（Text 類型）和新聞人氣（Text 類型）。網站地圖：moneydj_news.txt，如下圖：

問題是如果使用 Element 類型，Web Scraper 的選擇器工具並無法選取每一列的<tr>標籤，請活用第 8-1-3 節的技巧，我們準備先用 Table 類型來選 HTML 表格，然後自行輸入子孫選擇器來選取表格下一層的所有<tr>子孫表格列，其步驟如下：

1 請在【_root】節點下按【Add new Selector】鈕新增選擇器節點，在【Id】欄輸入名稱【新聞清單】，【Type】欄本來該用【Element】類型，因為選不到<tr>表格列標籤，所以改選【Table】類型，按【Select】鈕。

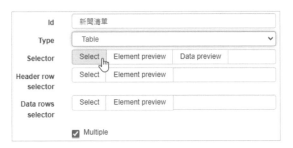

2 在網頁移動游標，可以選到<table>標籤的 HTML 表格，CSS 選擇器是【table.t01】，按【Done selecting】鈕完成選擇。

3 然後將【Type】欄改成【Element】類型，在【Selector】欄輸入子孫選擇器（在中間空一格後，加上 tr），如下：

```
table.t01 tr
```

4 按【Save selector】鈕儲存選擇器節點，就完成 Element 類型選擇器的建立。

_root				
ID	Selector	type	Multiple	Parent selectors
☰ 新聞清單	table.t01 tr	SelectorElement	yes	_root

請點選【新聞清單】選擇器節點，即可新增擷取每一筆記錄欄位的選擇器，即第 2 欄的新聞標題和第 4 欄的新聞分類，可以看到上方路徑是【_root/新聞清單】，如下圖：

_root / 新聞清單				
ID	Selector	type	Multiple	Parent selectors
☰ 新聞標題	td:nth-of-type(2) a	SelectorLink	no	新聞清單
☰ 新聞分類	td:nth-of-type(4) a	SelectorText	no	新聞清單

然後點選【新聞標題】選擇器節點，因為是 Link 類型，可以切換至詳細頁面來擷取更多新聞資訊，即新聞日期和新聞人氣，可以看到上方路徑是【_root/新聞清單/新聞標題】，如下圖：

_root / 新聞清單 / 新聞標題				
ID	Selector	type	Multiple	Parent selectors
☰ 新聞日期	.FBandGPLUS2 > div:nth-of-type(1)	SelectorText	no	新聞標題
☰ 新聞人氣	div.ViewCnt	SelectorText	no	新聞標題

8-2-2 爬取批踢踢 PTT BBS 貼文

批踢踢 PTT BBS 是國內著名的 BBS 討論空間，部分討論版有網站內容分級規定，在進入前會詢問是否年滿 18 歲，例如：PTT BBS 的 Gossiping 版：

```
https://www.ptt.cc/bbs/Gossiping/index.html
```

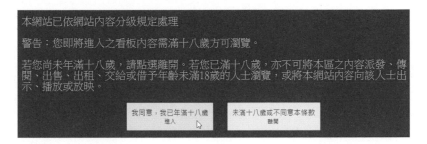

在上述圖例按【我同意，我已年滿十八歲 進入】鈕才能進入網頁，PTT BBS 是使用 Cookie 儲存是否年滿十八歲。Web Scraper 只需先瀏覽一次（儲存好 Cookie），就可以爬取 PTT BBS 的 Gossiping 版，如下圖：

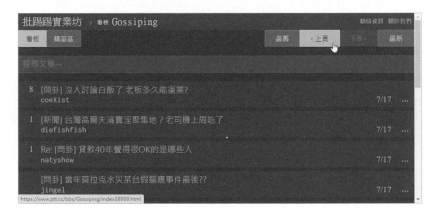

上述 Gossiping 版的分頁 BBS 貼文是【<上頁】鈕，如同下一頁鈕的分頁巡覽，一樣是使用下一頁鈕方式來爬取 BBS 的分頁貼文資料。網站地圖：ptt_gossiping.txt，如下圖：

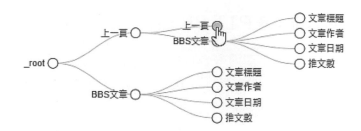

上述【BBS 文章】節點是 Element 類型的貼文記錄，【上一頁】節點是 Link 類型的上一頁，其父節點都有 2 個【_root, 上一頁】。在 Element 類型的記錄欄位有文章標題、作者、日期和推文數，這些都是 Text 節點。

請注意！因為文章可能沒有推文數，我們可以按【<上頁】鈕找到有推文數的文章後，再使用 Web Scraper 找出定位推文數的 CSS 選擇器。

▌Memo

PTT 的 BBS 分頁貼文的【<上頁】鈕是一個<a>超連結，在爬取過程中，點選【refresh】，可以馬上看到目前已經擷取到的表格資料，如下圖：

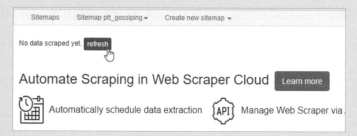

因為 PTT 的 BBS 文章太多，如果覺得資料已經足夠，可以自行關閉 Web Scraper 開啟的網頁巡覽視窗來手動中斷資料爬取，此方法並不適用 AJAX 分頁、更多按鈕和捲動頁面。

PTT BBS 貼文的 Web Scraper 網站地圖說明，如下表：

網站地圖	說明
ptt_beauty.txt	爬取 PTT Beauty 版的 BBS 貼文，除了清單項目外，還會進入貼文擷取貼文的圖片超連結
ptt_gossiping.txt	爬取 PTT Gossiping 版的 BBS 貼文

8-3 網路爬蟲實戰：商務與金融數據

在這一節我們準備使用 Web Scraper 爬取 Momo 購物網站的商品資訊，和各種類型的金融數據。

8-3-1 爬取 Momo 購物網站的商品資訊

Momo 購物網站可以輸入關鍵字來搜尋商品資訊，例如：在 Momo 購物網站搜尋【NIKE 運動背包】關鍵字的商品資料，其網址：

```
https://www.momoshop.com.tw/search/searchShop.jsp?keyword=NIKE 運動背包
```

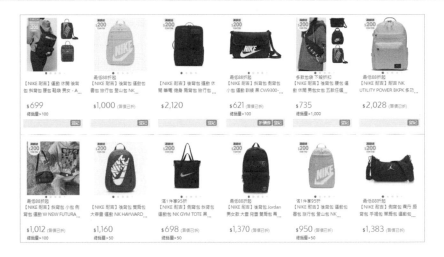

上述每一個方框是一項商品，在右上角有切換分頁的【下一頁】鈕，當切換至第 2 分頁，就會有【上一頁】和【下一頁】鈕，這 2 個按鈕都是 AJAX 分頁按鈕，因為 CSS 選擇器無法分辨【上一頁】和【下一頁】鈕，Web Scraper 無法使用 Element click 類型來爬取商品資料。

不過沒有關係，因為 Momo 購物網站搜尋結果的左下角還有使用頁碼切換分頁的分頁按鈕，如圖：

　　上述頁碼按鈕也是 AJAX 分頁按鈕，因為網路爬蟲的分頁處理是爬取多頁面資料時最難處理的部分，本書第 6~7 章已經說明過各種不同網站巡覽結構的多頁面資料擷取方法。

　　目前版本的 Web Scraper 已經整合各種分頁處理，新增 Pagination 類型的選擇器節點來處理分頁切換，能夠自動判斷分頁方式來處理超連結、JavaScript 按鈕、屬性按鈕、AJAX 更多按鈕和上/下頁按鈕等不同的分頁處理。

　　網站地圖 momshop.txt 是使用 Pagination 類型的節點來處理分頁切換：

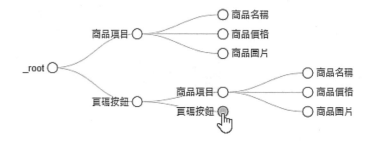

　　上述【商品項目】節點是 Element 類型，【頁碼按鈕】節點是 Pagination 類型。在【_root】路徑是這 2 個節點，其父節點有 2 個【_root, 頁碼按鈕】，如下圖：

_root					
	ID	Selector	type	Multiple	Parent selectors
☰	商品項目	a.goodsUrl	SelectorElement	yes	_root, 頁碼按鈕
☰	頁碼按鈕	div.pageArea:nth-of-type(6) li:nth-of-type(n+2) a	SelectorPagination	yes	_root, 頁碼按鈕

　　在【_root/商品項目】路徑是擷取商品名稱、價格和圖片資料，如下圖：

_root / 商品項目					
	ID	Selector	type	Multiple	Parent selectors
☰	商品名稱	h3	SelectorText	no	商品項目
☰	商品價格	p.money	SelectorText	no	商品項目
☰	商品圖片	.swiper-slide-active img	SelectorImage	no	商品項目

　　【頁碼按鈕】節點是 Pagination 類型，在【Selector】欄選取所有頁碼，【Pagination Type】欄可以選擇分頁類型，【auto】是自動判斷（如果知道分頁方式，也可自行選擇指定方式），如下圖：

8-3-2　爬取金融數據的表格資料

　　在書附範例的「Ch08\stock」目錄提供多種類型的網站地圖，可以讓 Web Scraper 爬取股市、期貨、匯率和虛擬貨幣等各種金融數據。

　　一般來說，金融數據多半是 HTML 表格資料（而且沒有分頁），Web Scraper 擴充功能可以使用 Table 或 Element 類型來爬取表格形式的金融數據。

使用 Table 類型爬取的金融數據

　　當金融數據表格是標準 HTML 表格時，Web Scraper 可以使用 Table 類型來爬取表格資料。網站地圖：global_indices.txt 是爬取 Money Control 網站的全球股票指數，如下：

```
https://www.moneycontrol.com/markets/global-indices/
```

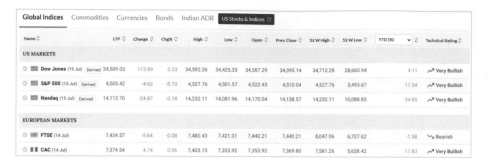

上述網頁是 HTML 表格，標題列沒有問題，但是資料列有些列是全球股市的 US MARKETS、EUROPEN MARKETS、ASIAN MARKETS 地區的股市分類，所以，我們需要自行輸入群組選擇器的 CSS 選擇器字串來選取所需的資料列，如下圖：

上述【Data rows selector】欄位是使用 CSS 群組選擇器「,」逗號，只選擇股票指數資訊的哪些資料列，如下：

```
tr:nth-of-type(2), tr:nth-of-type(3), tr:nth-of-type(4), tr:nth-of-type(7),
tr:nth-of-type(8), tr:nth-of-type(9), tr:nth-of-type(n+12)
```

上述 CSS 選擇器可以選擇第 2~4 列、第 7~9 列和第 12 列之後的表格資料列。

網站地圖：broker_buy_trading.txt 是富邦證券的券商分點買超明細查詢，這是 HTML 表格，因為是巢狀<table>標籤，Web Scraper 選擇器工具選不到內層的 HTML 表格，我們可以改用 Chrome 開發人員工具來取得定位 HTML 表格的 CSS 選擇器。

首先，請開啟開發人員工具，點選上方標籤列最前方的箭頭鈕後，移動游標至表格的左上角，可以看到是<table>標籤，如下圖：

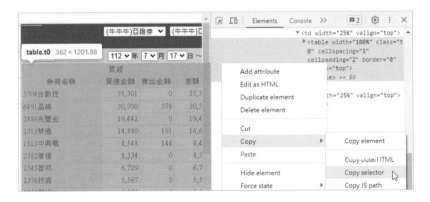

在點選後，可以在【Elements】標籤看到此<table>標籤，請在標籤上，執行【右】鍵快顯功能表的「Copy>Copy selector」命令，即可複製定位此標籤的 CSS 選擇器字串至剪貼簿，如下圖：

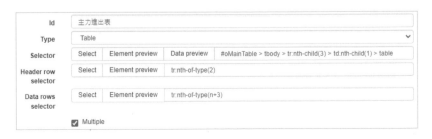

我們可以取得定位 HTML 表格的 CSS 選擇器字串，如下：

```
#oMainTable > tbody > tr:nth-child(3) > td:nth-child(1) > table
```

請直接將上述 CSS 選擇器字串貼至【Selector】欄位，即可自行選取之下的標題列和資料列的選擇器，如下圖：

Id	主力進出表			
Type	Table			
Selector	Select	Element preview	Data preview	#oMainTable > tbody > tr:nth-child(3) > td:nth-child(1) > table
Header row selector	Select	Element preview	tr:nth-of-type(2)	
Data rows selector	Select	Element preview	tr:nth-of-type(n+3)	
	☑ Multiple			

請記得貼上 CSS 選擇器字串後，按前方的【Element preview】鈕檢視是否成功選取所需的 HTML 元素。更多使用 Table 類型節點爬取金融數據的 Web Scraper 網站地圖說明，如下表：

網站地圖	說明
us_exchange_rate.txt	中央銀行新臺幣/美元銀行間收盤匯率，屬於下一頁鈕的分頁資料
global_indices.txt	Money Control 網站的全球股票指數
yahoo_world_indices.txt	Yahoo Finance 網站的全球股票指數
broker_company_list.txt	台灣證券交易所的證券商資訊
broker_buy_trading.txt	富邦證券的券商分點買超明細查詢
broker_sell_trading.txt	富邦證券的券商分點賣超明細查詢
taifex_top10.txt	台灣期貨交易所股票期貨成交量前 10 大統計資料

使用 Element 類型爬取的金融數據

當金融數據是巢狀<div>標籤組成的表格形式，或因為 HTML 表格並非標準表格，Web Scraper 可以改用 Element 類型來爬取表格資料。網站地圖：tw_bank_exchange_rate.txt 是爬取台灣銀行的牌告匯率，如下：

```
https://rate.bot.com.tw/xrt?Lang=zh-TW
```

幣別	現金匯率		即期匯率		遠期匯率	歷史匯率
	本行買入	本行賣出	本行買入	本行賣出		
美金 (USD)	30.585	31.255	30.935	31.035	查詢	查詢
港幣 (HKD)	3.811	4.015	3.937	3.997	查詢	查詢
英鎊 (GBP)	39.37	41.49	40.38	40.78	查詢	查詢
澳幣 (AUD)	20.73	21.51	21.02	21.22	查詢	查詢
加拿大幣 (CAD)	22.93	23.84	23.33	23.53	查詢	查詢
新加坡幣 (SGD)	22.87	23.78	23.36	23.54	查詢	查詢
瑞士法郎 (CHF)	35.17	36.37	35.85	36.1	查詢	查詢
日圓 (JPY)	0.2144	0.2272	0.2217	0.2257	查詢	查詢
南非幣 (ZAR)	-	-	1.671	1.751	查詢	查詢
瑞典幣 (SEK)	2.64	3.16	2.98	3.08	查詢	查詢

上述網頁是 HTML 表格，因為標題列有 2 列，Table 類型只能抓到【現金匯率】和【即期匯率】欄位，並無法抓到之下的【本行買入】和【本行賣出】欄位，所以改用 Element 類型來爬取 HTML 表格，其網站地圖如下圖：

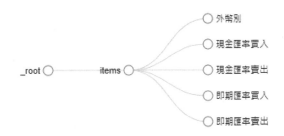

上述 items 節點是 HTML 表格每一列的記錄，記錄的欄位就是儲存格。更多使用 Element 類型節點爬取金融數據的 Web Scraper 網站地圖說明，如下表：

網站地圖	說明
tw_bank_exchange_rate.txt	台灣銀行的牌告匯率
public_bank_over_bought.txt	HiStock 嗨投資理財社的八大官股銀行合計買超排名
public_bank_over_sold.txt	HiStock 嗨投資理財社的八大官股銀行合計賣超排名

8-4 網路爬蟲實戰：使用範圍參數爬取分頁資料

在實務上，關於多頁面的資料爬取，最簡單方式是找出 URL 網址的分頁參數，如果網址有分頁參數，我們可以直接在起始 URL 網址指定範圍參數來爬取多分頁的資料。

Yahoo!電影上映中的影片清單

在第 8-1-1 節的 Yahoo!電影上映中的影片清單，如果上映影片超過 10 片，就會在影片清單最後提供上/下頁和分頁超連結，如下：

```
https://movies.yahoo.com.tw/movie_intheaters.html
```

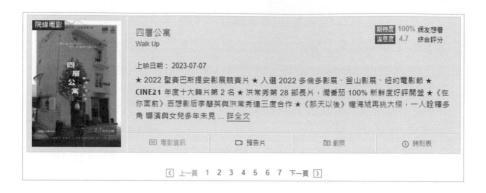

在上述網頁點選數字頁碼,或上一頁;下一頁超連結可以切換至下一頁分頁的影片清單,當切換分頁時,可以發現 URL 參數 page 值就是頁碼,如下:

```
https://movies.yahoo.com.tw/movie_intheaters.html?page=1
https://movies.yahoo.com.tw/movie_intheaters.html?page=2
```

上述 page 參數值 1 是第 1 頁;2 是第 2 頁。首先請匯入 movie_intheaters.txt 網站地圖成為 movie_intheaters3,然後修改起始 URL 網址加上範圍參數,如下圖:

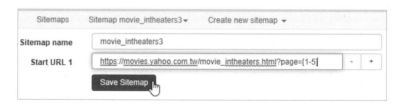

在上述【Star URL 1】欄位值輸入的 URL 網址擁有參數範圍,如下:

```
https://movies.yahoo.com.tw/movie_intheaters.html?page=[1-5]
```

上述 page 參數值是範圍參數 1-5,即爬取前 5 頁分頁電影資料,在輸入後,請按【Save Sitemap】鈕儲存網站地圖,即可爬取 Yahoo! 電影共 5 頁的上映中影片清單。

Momo 購物網站搜尋 NIKE 運動背包的商品資料

在第 8-3-1 節是在 Momo 購物網站搜尋 NIKE 運動背包的商品資料，並且使用頁碼分頁鈕來爬取多分頁資料。事實上，在切換分頁後，可以發現 URL 參數 curPage 值就是頁碼，如下：

```
https://www.momoshop.com.tw/search/searchShop.jsp?keyword=NIKE 運動背包
&searchType=1&curPage=1&_isFuzzy=0&showType=chessboardType&serviceCode=MT
01
https://www.momoshop.com.tw/search/searchShop.jsp?keyword=NIKE 運動背包
&searchType=1&curPage=2&_isFuzzy=0&showType=chessboardType&serviceCode=MT
01
...
```

上述 curPage 參數值 1 是第 1 頁；2 是第 2 頁，以此類推。首先請匯入 momoshop.txt 網站地圖成為 momoshop2 後，修改起始 URL 網址來加上範圍參數，如下圖：

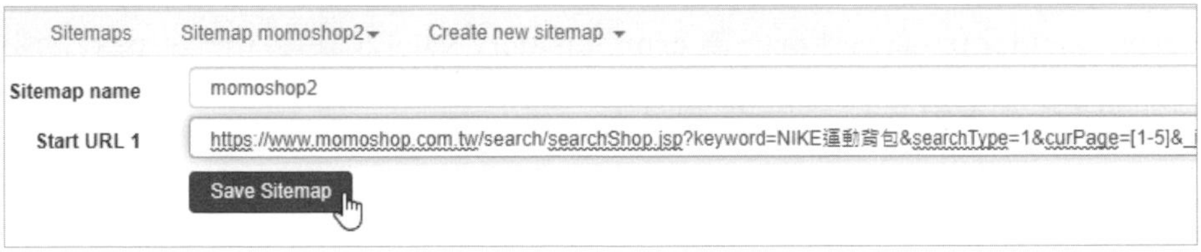

在上述【Star URL 1】欄位值輸入的 URL 網址擁有參數範圍，如下：

```
https://www.momoshop.com.tw/search/searchShop.jsp?keyword=NIKE 運動背包
&searchType=1&curPage=[1-5]&_isFuzzy=0&showType=chessboardType&serviceCod
e=MT01
```

上述 curPage 參數值是範圍參數 1-5，在輸入後，請按【Save Sitemap】鈕儲存網站地圖和刪除【頁碼按鈕】節點，如下圖：

如此就可以使用參數來爬取 Momo 購物網站共 5 頁的商品清單。請比較分頁和頁碼參數的資料爬取，可以發現頁碼爬取到正確的 121 項商品，在第 8-3-1 節的分頁因為是用遞迴方式來擷取資料，雖然不會漏掉資料，但有可能重複擷取相同資料，所以爬取到的商品有 151 項商品。

ESPN Insider 網站的 NBA 球員資料

在第 8-1-3 節是爬取 ESPN Insider 網站的 NBA 球員資料，這是有上一頁/下一頁的分頁表格，當我們按下了下一頁鈕，可以發現在路由參數就有頁碼，如下：

```
http://insider.espn.com/nba/hollinger/statistics/_/page/1/year/2023
http://insider.espn.com/nba/hollinger/statistics/_/page/2/year/2023
...
http://insider.espn.com/nba/hollinger/statistics/_/page/8/year/2023
```

上述路由參數值 1 是第 1 頁；2 是第 2 頁，以此類推。首先請匯入 espn_insider.txt 網站地圖成為 espn_insider2 網站地圖後，刪除 next 節點，然後修改起始 URL 網址加上範圍參數，如下圖：

在上述【Star URL 1】欄位值輸入的 URL 網址擁有參數範圍，如下：

```
http://insider.espn.com/nba/hollinger/statistics/_/page/[1-8]/year/2023
```

上述路由參數值是範圍參數 1-8，在輸入後，請按【Save Sitemap】鈕儲存網站地圖，即可爬取共 8 頁的 NBA 球員資料。

CHAPTER 9

認識大數據分析 – 資料視覺化

9-1 大數據的基礎

大數據（Big Data）也稱為海量資料或巨量資料，也就是非常龐大的資料，我們需要將這些巨量資料轉換成結構化資料後，才能進行視覺化分析，而這就是大數據分析。

9-1-1 認識大數據

「大數據」（Big Data）是指傳統資料處理軟體不足以處理的龐大或複雜資料集的術語，其來源是大量非結構化或結構化資料。目前大型網路公司，例如：Google、Facebook、Twitter、Amazon 和 LinkedIn 等時時刻刻都會儲存和處理非常大量的資料，這就是大數據（Big Data）。

巨量使用者產生了巨量資料

就在不久之前，行動裝置的應用程式 App 能夠每天處理 1000 位使用者已經算是很多了；超過 10000 位已經算是例外情況。現在，因為 Internet 網際網路的聯網裝置快速增加，智慧型手機和平板電腦的推波助瀾，隨便一個 App，每天就可能有超過百萬位使用者，而且每天都在持續的快速增加。

大量使用者伴隨著產生大量的資料，這就是大數據（Big Data）的資料來源，除了大量使用者產生的資料，再加上「物聯網」（Internet of Thing，IoT）、「智慧家庭」（Smart Home Devices）和智慧製造的興起，各種機器的感測器所產生的資料也快速的大量增加，再加上全球各類行動裝置和電腦都已經連上 Internet，讓大量資料的取得更加容易。

巨量資料就是大數據

從太陽昇起的一天開始，手機鬧鐘響起叫你起床，順手查看 LINE 或在 Facebook 按讚，上課前交作業寄送電子郵件、打一篇文章，或休閒時玩玩遊戲，想想看，你有哪一天沒有做這些事。

電子資料隨著全球網際網路（Internet）的興起，資料的取得已經非常的容易，例如：Facebook 臉書無時無刻不在取得使用者資料、手機定位資料、使用者產生的資料（留言、按讚和上傳圖片等）、社交網路資料（加入朋友）、感器接收資料和電腦系統自動產生的記錄資料等，如下：

- https://www.statista.com/statistics/871513/worldwide-data-created/

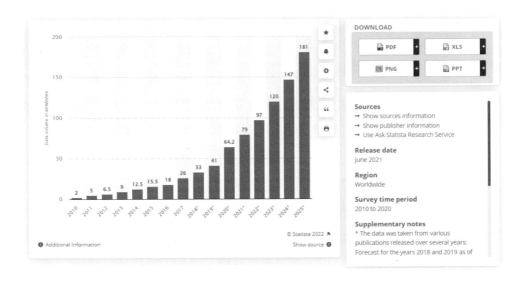

上述統計資料是全世界儲存的數位資料，以 Zettabytes（ZB）為單位，1ZB = 1000 Exabytes（EB）；1 EB 等於 1 百萬 GB（Gigabytes），從 2010 年預估至 2025 年，可以看到數位資料快速增加的成長趨勢，而且，絕大部分新產生的資料都是非結構化資料（Unstructured Data），或半結構化資料（Semistructure Data），而不是結構化資料（Structure Data），詳細說明請參閱第 9-1-2 節。

請注意！大數據分析所需的資料是和關聯式資料庫 SQL Server、Oracle 或 MySQL 相同的結構化資料，並不是非結構化資料，我們取得的非結構化資料需要轉換成結構化資料後，才能進一步進行資料分析。

大數據的用途

大數據是從各方面（包含商業資料）收集到的巨量資料，單純的資料並沒有用，我們需要進行大數據分析，才能從大量資料中找到資料的模式，並且創造出資料的價值。

不要懷疑，大數據早已經深入了你我的世界，並且幫助我們改變現今世界的行為模式，如下：

- 改進商業行為：大數據可以幫助公司建立更有效率的商業運作，例如：透過大量客戶購買行為的資料分析，公司已經能夠準確預測哪一類客戶會在何時何地購買特定的商品。

- 增進健康照顧：運用大數據分析大量病歷和 X 光照片後，可以找出模式（Patterns）來幫助醫生儘早診斷出特定疾病，和開發出新藥。

- 預測和回應天災與人禍：運用感測器的大數據，可以預測哪些地方會有地震，大量人類的行為模式可以提供線索，幫助公益組織救助倖存者，或監控和保護難民，遠離戰爭區域。

- 犯罪預防：大數據分析可以幫助警方更有效率的配置警力來預防犯罪，透過大量監測影像的分析，更可預先發現可能的犯罪行為。

9-1-2　結構化、非結構化和半結構化資料

　　基本上，我們面對的資料依結構可以分為三種：結構化資料、非結構化資料和半結構化資料。

結構化資料（Structured Data）

　　結構化資料是一種有組織的資料，資料已經排列成列（Rows）和欄（Columns）的表格形式，每一列代表一個單一觀測結果（Observation）；每一個欄位代表觀測結果的單一特點（Characteristics），例如：關聯式資料庫或 Excel 試算表，如下圖：

編號	姓名	地址	電話	生日	電子郵件地址
1	陳會安	新北市五股成泰路一段1000號	02-11111111	1978/5/3	hueyan@ms2.hinet.net
2	江小魚	新北市中和景平路1000號	02-22222222	1978/2/2	jane@ms1.hinet.net
3	劉得華	桃園市三民路1000號	02-33333333	1982/3/3	lu@tpts2.seed.net.te
4	郭富成	台中市中港路三段500號	03-44444444	1981/4/4	ko@gcn.net.tw
5	離明	台南市中正路1000號	04-55555555	1978/5/5	light@ms11.hinet.net
6	張學有	高雄市四維路1000號	05-66666666	1979/6/6	geo@ms10.hinet.net
7	陳大安	台北市羅斯福路1000號	02-99999999	1979/9/9	an@gcn.net.tw

上述表格是通訊錄資料表，這是一種結構化資料，在表格的每一列是一筆觀測結果，我們已經在第 1 列定義每一個欄位的特點，欄位定義是預先定義的資料格式。

非結構化資料（Unstructured Data）

非結構化資料是沒有組織的自由格式資料，我們並無法直接使用這些資料，通常都需要進行資料轉換或清理後才能使用，例如：文字、網頁內容、原始訊號和音效等。

基本上，從 HTML 網頁內容取得的資料就是非結構化資料，我們需要轉換成結構化資料，例如：從 PTT 網頁取得非結構化資料後，整理轉換成表格資料，如下圖：

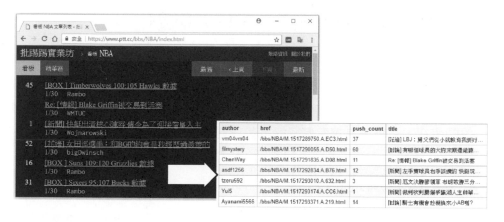

半結構化資料（Semistructured Data）

半結構化資料是介於結構化和非結構化資料之間的資料，這是一種結構沒有規則且快速變化的資料，簡單的說，半結構化資料雖然有欄位定義的結構，但是每一筆資料的欄位定義可能都不同，而且在不同時間點存取時，其結構也可能不一樣。

最常見的半結構化資料是 JSON 或 XML，例如：從 PTT 文章內容轉換成的 JSON 資料，如下圖：

```
[
    {
        "author": "vm04vm04",
        "href": "/bbs/NBA/M.1517289750.A.EC3.html",
        "push_count": 37,
        "title": "[花邊] LBJ：舅父們從小就教育我要好好存錢，不"
    },
    {
        "author": "filmystery",
        "href": "/bbs/NBA/M.1517290055.A.D50.html",
        "push_count": 60,
        "title": "[討論] 有哪個球員的大約末期還能讓球團感到超值"
    },
```

9-2 │ 與資料進行溝通 – 資料視覺化

「資料視覺化」（Data Visualization）是使用多種圖表來呈現資料，因為一張圖形勝過千言萬語，可以讓我們更有效率與其他人進行溝通（Communication），換句話說，資料視覺化可以讓複雜資料更容易呈現欲表達的資訊，也更容易讓我們了解這些資料代表的意義。

9-2-1　資料溝通的方式

資料溝通（Communicating Data）就是如何將你的分析結果傳達給你的聽眾或閱讀者了解，也就是如何有效率的簡報出你發現的事實，因為人類是一種視覺和聽覺的動物，所以傳達方式主要有兩種：口語傳達和視覺傳達。

口語傳達（Verbal Communication）

在文字尚未發明前或文字發明的初期，人類主要是使用口語進行溝通，聲音是人類本能的溝通媒介，但是，口語有空間和時間上的限制，人類的音量有限，傳不了多遠，口語只能在小空間作為溝通媒介，再加上，聲音有時間性，說過的話馬上就會消失，除非有錄音，不然，聽眾如果沒有聽清楚或理解，你就只能再說一次。

　　口語傳達（Verbal Communication）是使用聲音和語言來描述你的想法、需求和觀念，讓你使用口語方式傳達給你的聽眾，和讓他們理解，一般來說，我們不會單純使用口語描述，也會結合非口語形式來進行溝通，即商業或教學簡報，最常使用的是視覺化圖表，請注意！雖然視覺化圖表已經成為簡報時不可缺的重要元素，但是，口語傳達仍然是簡報時的主要工具之一，口條清楚仍然是簡報者不可缺乏的技能。

視覺傳達（Visual Communication）

　　視覺傳達（Visual Communication）是使用視覺方式呈現你的想法和分析結果，換句話說，視覺傳達除了靠眼睛來「看」（Look），還需要靠大腦來「理解」（Perception）。

　　視覺傳達是與人們溝通和分享資訊的一個重要管道，想想看！當到國外自助旅遊時，因為語言不通，有可能在城市中迷路而找不到回旅館的路，就算問路人因為聽不懂他們說什麼，所以幫助也不大。但是，只需手上有一張地圖，透過路標、路徑和熟悉符號，就可以幫助你找到回旅館的路，你會發現整個回旅館的找尋過程都是透過視覺傳達。

　　視覺傳達簡單的說是與圖形進行溝通，我們是使用符號和圖形化方式來傳遞資料、資訊和想法，視覺傳達相信是目前人們主要溝通的方式之一，包含符號、圖表、圖形、電影、版型設計定和無數範例都是視覺傳達。

9-2-2　認識資料視覺化

　　因為大部分人的閱讀習慣都是先看圖才看文字，使用視覺化方式呈現和解釋複雜數據的分析結果，絕對會比口語或單純文字內容的報告或簡報來的更有效果。

什麼是資料視覺化

資料視覺化（Data Visualization）是使用圖形化工具（例如：各式統計圖表等）運用視覺方式來呈現從大數據萃取出的有用資料，簡單的說，資料視覺化可以將複雜資料使用圖形抽象化成易於聽眾或閱讀者吸收的內容，讓我們透過圖形或圖表，更容易識別出資料中的模式（Patterns）、趨勢（Trends）和關聯性（Relationships）。

資料視覺化並不是一項新技術，早在西元前 27 世紀，蘇美人已經將城市、山脈和河川等原始資料繪製成地圖，幫助辨識方位，這就是資料視覺化，在 18 世紀出現了曲線圖、面積圖、長條圖和派圖等各種圖表，奠定現代統計圖表的基礎，從 1950 年代開始使用電腦運算能力處理複雜資料，並且幫助我們繪製圖形和圖表，逐漸讓資料視覺化深入日常生活中，現在，你無時無刻可以在雜誌報紙、新聞媒體、學術報告和公共交通指示等發現資料視覺化的圖形和圖表。

基本上，資料視覺化需要考量三個要點，如下：

- 資料的正確性：不能為了視覺化和視覺化，資料在使用圖形抽象化後，仍然需要保有資料的正確性。

- 閱讀者的閱讀動機：資料視覺化的目的是為了讓閱讀者快速了解和吸收，如何引起閱讀者的動機，讓閱讀者能夠突破心理障礙，理解不熟悉領域的資訊，這就是視覺化需要考量的重點。

- 傳遞有效率的資訊：資訊不只需要正確，還需要有效，資料視覺化可以讓閱讀者短時間理解圖表和留下印象，才是真正有效率的傳遞資訊。

> **▌ Memo**
>
> 資訊圖表（Infographic）是另一個常聽到的名詞，資訊圖表和資料視覺化的目的相同，都是使用圖形化方式來簡化複雜資訊。不過，兩者之間有些不一樣，資料視覺化是客觀的圖形化資料呈現，資訊圖表則是主觀呈現創作者的觀點、故事，並且使用更多圖形化方式來呈現，所以需要相當的繪圖技巧。

資料視覺化在作什麼

資料視覺化不是單純將資料繪成圖形或圖表，更不是隨意將資料繪製成圖形或圖表。基本上，資料視覺化是一種有目標的視覺化，我們的目標就是透過圖表和圖形來識別出資料中的模式（Patterns）、趨勢（Trends）和關聯性（Relationships），其核心作業分成下列幾種類型，如下：

● 從單一變數或多變數資料分析中，找出資料的模式和趨勢。

● 從二元或多變數資料分析中，找出資料之間的關聯性。

● 資料的排序或排名順序。

● 監測資料的變化，找出位在範圍之外或異常值的資料點。

請注意！上述變數並不是指程式語言的變數，而是指統計學的變數（Variables）或稱變量，一種可測量或計數的特性、數值或數量，也稱為資料項目，所以，變數值就是資料，例如：年齡和性別等資料。

9-2-3　為什麼需要資料視覺化

在了解資料視覺化後，你的心中一定浮現一個問題？為什麼我們需要資料視覺化？答案就是大數據，我們需要使用資料視覺化來快速吸收大數據，不只如此，透過資料視覺化我們還可以發現一些隱藏在資料背後的故事，這是一些單純分析文字資料所看不到的隱藏版故事。

視覺化可以幫助我們快速吸收資料

依據 IBM 公司的資料，每一天全球產生的資料量達 2.5 百萬的三次方（Quintillion）位元組，MIT 研究員的研究更指出：現在每一秒在 Internet 傳輸的資料量，相當於 20 年前儲存在整個 Internet 的總量。

隨著大量電子裝置連接上 Internet，全球產生的資料量是呈指數性的爆炸成長，IDC 預估在 2025 年將會成長到每天 163 Zettabytes（ZB），1ZB = 1000

Exabytes（EB）；1 EB 等於 1 百萬 GB（Gigabytes），163 Zettabytes 相當於是 163 兆 GB（Trillion GB）。

巨量資料的大數據早已經超過人類大腦可以理解的能力，我們需要進一步類比和抽象化這些資料，這就是資料視覺化。畢竟，如果無法理解和吸收這些資料，大數據並沒有任何用處，這也是為什麼從商業到科學和技術，甚至衛生和公共服務，資料視覺化都扮演十分重要的角色，因為資料視覺化可以將複雜資料轉換成容易了解的圖形或圖表。

視覺化可以找出資料背後隱藏的故事

安斯庫姆四重奏（Anscombe's Quartet）是統計學家弗朗西斯.安斯庫姆（Francis Anscombe）在 1973 年提出的四組統計特性相同的資料集，每一組資料集包括 11 個座標點(x, y)，這四組資料集繪出的散佈圖，如下圖：

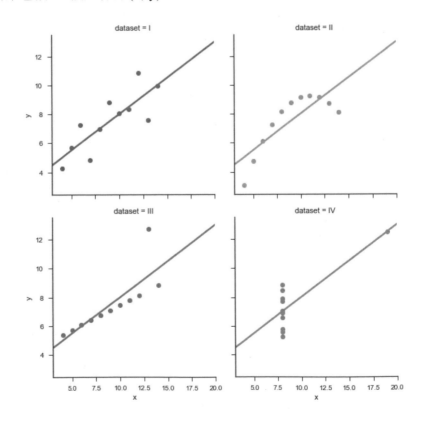

上述四組資料集雖然擁有相同統計特性的平均數、變異數、相關係數和線性迴歸，但是因為異常值（Outlier、偏差很大的數值）的影響，造成繪出的是四張截然不同的散佈圖，由此我們可知：

- 資料視覺化的重要性：如果沒有繪出圖表，我們根本不知道這四組根本是不同的資料集。

- 異常值對於統計數值的影響：繪製成圖表可以輕易找出資料集中的異常值，避免因為異常值而嚴重影響資料分析的正確度。

9-3 資料視覺化使用的圖表

在了解資料視覺化後，需要進一步了解如何選擇適當的圖表來呈現資料，首先我們需要了解如何閱讀視覺化圖表，和每一種圖表的特點，如此才能選出最佳的圖表來進行資料視覺化。

9-3-1 如何閱讀視覺化圖表

資料視覺化（Visualization）簡單的說是圖形化資料的一個過程，任何視覺化都需要滿足的最低需求，如下：

- 依據資料產生視覺化：視覺化的目的是與資料進行溝通，一般來說，我們是使用結構化資料，將資料從閱讀者無法一眼就看懂的資料，轉換成閱讀者可以快速吸收的圖形化資料。

- 產生圖表：資料視覺化的主要工作就是產生圖表，而且是用來與資料溝通的圖表，任何其他方式都只能提供輔助資訊，換句話說，如果整個過程只有很小部分是在產生圖表，這絕對不是視覺化。

- 其結果必須是可閱讀和可識別的：資料視覺化是有目標的，視覺化必需提供方式讓我們從資料中學到東西，因為是從資料轉換成圖形化資訊的圖表，我們可以從閱讀圖表了解某些相應的觀點，識別出資料中隱藏的故事。

以資料視覺化建立的圖表來說,最重要的一點就是產生的圖表是可閱讀和可識別的,基本上,我們有三種閱讀圖表的方式:形狀、點和異常值。

形狀視覺化(Shape Visualization)

形狀視覺化是從圖表識別出規律性的特殊形狀,即模式(Patterns),例如:美國道瓊工業指數的走勢圖(折線圖),如下圖:

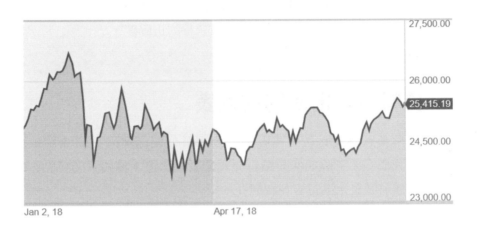

第一種形狀視覺化是從上述資料中看出有意義的規律性形狀(重複的模式),拉爾夫.艾略特(Ralph N.Elliott)觀察道瓊工業指數的趨勢,發現股價的走勢圖就像海浪一般,一波接著一波,有一定的規律,這就是波浪理論(Wave Theory),如下:

「不論趨勢大小,股價有五波上升;三波下降的規律」

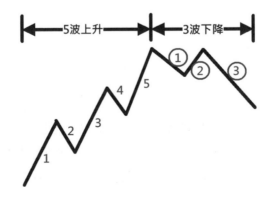

　　第二種形狀視覺化是兩個變數之間的線性關係，例如：飲料店每日氣溫和當日營業額（千元）的散佈圖，如下圖：

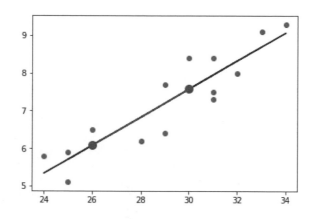

　　上述散佈圖可以看出兩個變數之間的線性關係，當日氣溫愈高；日營業額也愈高。散佈圖有時可能找不出明顯的線性關係，但是，可以明顯分類出多個不同群組，這是第三種形狀視覺化：分群，如下圖：

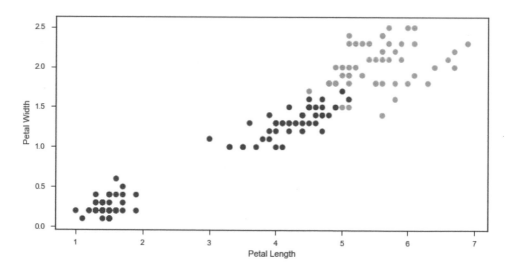

　　在上述散佈圖雖然我們找不出明顯的線性關係，但是，可以看出資料能夠分成幾個群組。

點視覺化（Point Visualization）

如果我們無法從圖表中的點找出形狀，但是，可以從各點的比較或排序得到所需的資訊，這就是點視覺化，例如：2017~2018 年薪最高的前 100 位 NBA 球員，在各位置球員數的長條圖，如下圖：

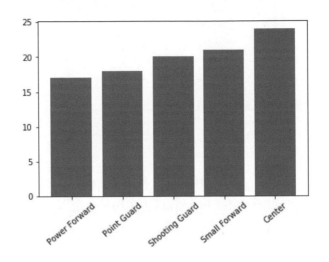

從上述長條圖可以看到年薪最高球員的位置最多是中鋒，最少是強力前鋒。另一種點視覺化常用的圖表是派圖，例如：2017~2018 金州勇士隊球員陣容中，各位置球員數的派圖，如下圖：

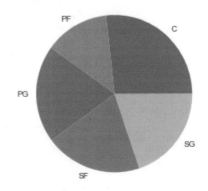

異常值視覺化（Outlier Visualization）

在安斯庫姆四重奏中的第三個資料集，可以看到位在直線上方有一個點和其他點差的很遠，這是異常值（Outlier），換個角度來說，我們使用資料視覺化來找出資料集中的這個異常值，如下圖：

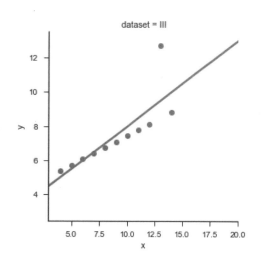

上述散佈圖可以明顯看到這個異常值，此值可能是資料收集時的錯誤資料，也可能真有此值，無論如何，異常值視覺化需要找出其產生的原因，和解釋為什麼會有此異常值。

在實務上，異常值視覺化可以幫助我們檢驗收集資料的品質，當然，這些異常值也有可能代表某些突發事件，進而影響收集的資料，例如：在收集股市資料時，網路泡沫、美國次貸危機和雷曼兄弟破產等造成股市大幅下跌，就有可能在收集的股市資料造成異常值。

9-3-2　資料視覺化的基本圖表

資料視覺化的主要目的是讓閱讀者能夠快速消化吸收資料，包含趨勢、異常值和關聯性等，因為閱讀者並不會花太多時間來消化吸收一張視覺化圖表，我們需要選擇最佳的圖表來建立最有效的資料視覺化。

請注意！英文圖表可以用 Plots 或 Charts，在本書為了統一說明都是使用 Plots。

散佈圖（Scatter Plots）

散佈圖（Scatter Plots）是二個變數分別為垂直 Y 軸和水平的 X 軸座標來繪出資料點，可以顯示一個變數受另一個變數的影響程度，也就是識別出兩個變數之間的關係，例如：使用房間數為 X 軸，房價為 Y 軸繪製的散佈圖，可以看出房間數與房價之間的關係，如下圖：

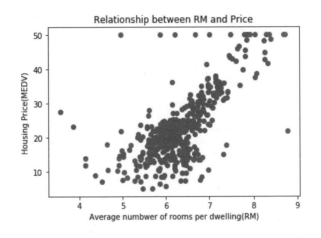

上述圖表可以看出房間數愈多（面積大），房價也愈高，不只如此，散佈圖還可以顯示資料的分佈，我們可以發現上方有很多異常點。

散佈圖另一個功能是顯示分群結果，例如：使用鳶尾花的花萼（Sepal）和花瓣（Petal）的長和寬為座標(x, y)的散佈圖，如下圖：

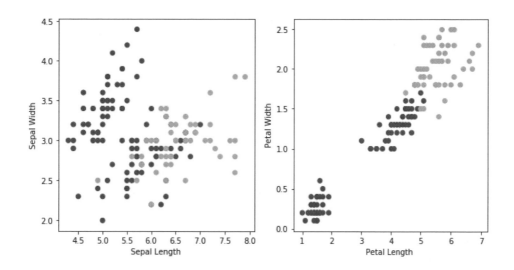

上述散佈圖已經顯示分類的線索，在右邊的圖可以看出紅色點的花瓣（Petal）比較小，綠色點是中等尺寸，最大的是黃色點，這就是三種鳶尾花的分類。

折線圖（Line Plots）

折線圖（Line Plots）是我們最常使用的圖表，這是使用一序列資料點的標記，使用直線連接各標記建立的圖表，如下圖：

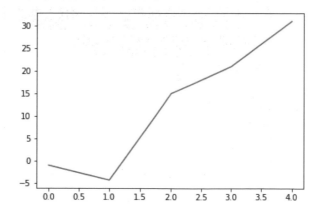

　　一般來說，折線圖可以顯示以時間為 X 軸的趨勢（Trends），例如：美國道瓊工業指數的走勢圖，如下圖：

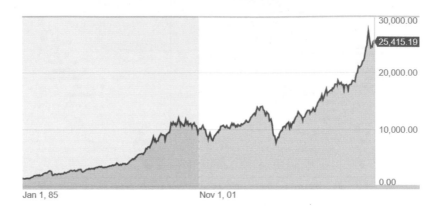

長條圖（Bar Plots）

　　長條圖（Bar Plots）是使用長條型色彩區塊的高和長度來顯示分類資料，我們可以顯示成水平或垂直方向的長條圖（水平方向也可稱為橫條圖）。基本上，長條圖是最適合用來比較或排序資料，例如：各種程式語言使用率的長條圖，如下圖：

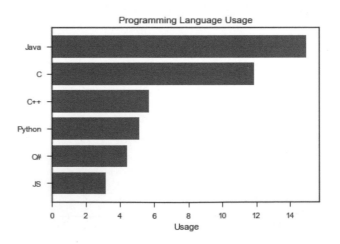

上述長條圖可以看出 Java 語言的使用率最高；JavaScript（JS）語言的使用率最低。再看一個例子，例如：2017~2018 金州勇士隊球員陣容，各位置球員數的長條圖，如下圖：

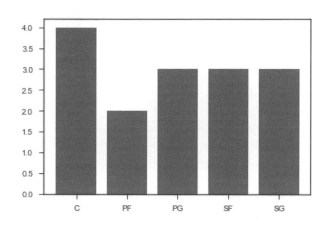

上述長條圖顯示中鋒（C）人數最多，強力前鋒（PF）人數最少。

直方圖（Histograms）

直方圖（Histograms）也是用來顯示資料分佈，屬於一種次數分配表，可以使用長方形面積來顯示變數出現的頻率，其寬度是分割區間。例如：統計學上常態分配（Normal Distribution）的直方圖，如下圖：

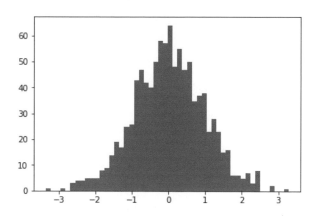

再看一個例子，例如：2017~2018 年薪前 100 位 NBA 球員的年薪分佈圖，可以看出年薪少於 1500 萬美金的最多；高於 3500 萬的最少，如下圖：

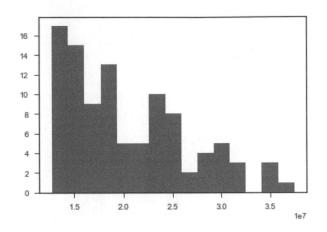

箱形圖（Box Plots）

箱形圖（Box Plots）是另一種顯示數值分佈的圖表，使用方形箱子清楚顯示各群組資料的最小值、前 25%、中間值、前 75% 和最大值，如下圖：

例如：鳶尾花資料集花萼（Sepal）長度的箱形圖，如右圖：

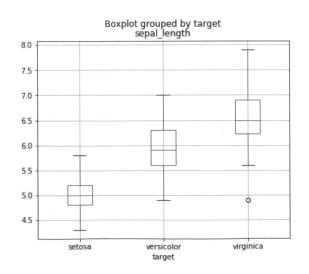

　　上述圖表箱形的中間是中間值，箱形上緣是 75%；下緣是 25%，最上方的橫線是最大值，最下方的橫線是最小值，透過箱形圖可以清楚顯示三種類別的花萼長度分佈。

派圖（Pie Plots）

　　派圖（Pie Plots）也稱為圓餅圖（Circle Plots），這是使用一個圓形來表示統計資料的圖表，如同在切一個圓形蛋糕，可以使用不同切片大小來標示資料比例，或成分。例如：各種程式語言使用率的派圖，如下圖：

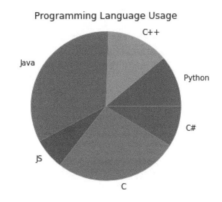

9-3-3　互動圖表與儀表板

　　除了資料視覺化的基本圖表外，隨著資訊科技的發展，我們不只可以繪製靜態圖表，更可以建立能與使用者互動的互動圖表，和將重要資訊全部整合成一頁的儀表板。

互動圖表（Interactive Charts）

　　互動圖表（Interactive Charts）是一個可以與使用者互動的圖表，我們不只可以使用滑鼠拖拉、縮放和更改軸等針對圖表的操作，更可以建立讓閱讀者探索圖表資料的使用介面，如下圖：

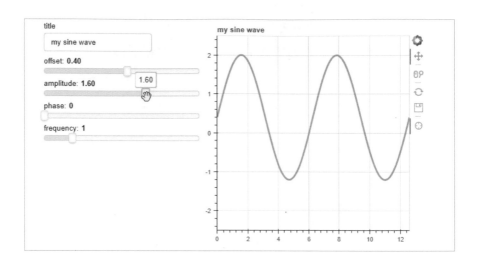

　　上述圖例是瀏覽器顯示的互動圖表，只需拖拉左方的滑桿，就可以調整右邊圖表顯示的波型。互動圖表可以提供比靜態圖表更多的資訊，讓閱讀者能夠更深入的了解資料。

儀表板（Dashboard）

　　儀表板（Dashboard）是將所有達成單一或多個目標所需的最重要資訊整合顯示在同一頁，可以讓我們快速存取重要資訊，讓這些重要資訊一覽無遺。例如：股市資訊儀表板在同一頁面連接多種圖表、統計摘要資訊和關聯性等重要資訊，如下圖：

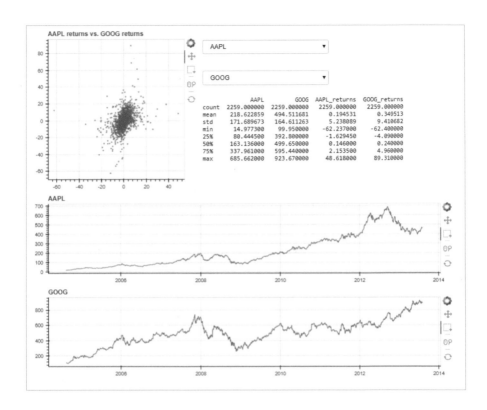

在右上方的下拉式選單選擇 2 檔股票後（AAPL 是蘋果 Apple 公司；GOOG 是 Google），即可在下方顯示統計摘要資訊和折線圖顯示的股價趨勢，在左上角的散佈圖顯示這 2 檔股票之間的關聯性。

9-4 資料視覺化的過程

資料視覺化（Data Visualization）是一個使用圖表和圖形等視覺化元素來顯示資料或資訊的過程，簡單的說，就是使用圖表來述說你從資料中找到的故事。

資料視覺化過程的基本步驟（源自 Jorge Camoes 著作："Data at Work: Best practices for creating effective charts and information graphics in Microsoft Excel"），如下圖：

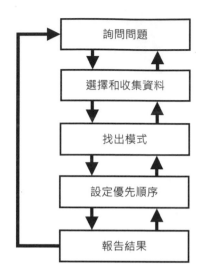

步驟一：詢問問題（Asking Questions）

　　資料視覺化的第一步是詢問問題，然後製作圖表來回答問題，但是，在製作回答問題的圖表前，我們需要先了解如何詢問問題？因為某些圖表特別適合用來回答某些特定的問題，所以，我們可以反過來從圖表適合回答哪些問題的種類來了解我們需要如何詢問問題，如下：

- 分佈問題：分佈問題是資料在座標軸範圍的分佈情況，我們可以使用直方圖或箱形圖來回答客戶年齡和收入的分佈。

- 趨勢問題：這是時間軸的比較問題，我們可以使用折線圖顯示公司業績是否有成長？

- 關聯性問題：關聯性問題是二個或多個變數之間的關係，我們可以使用散佈圖顯示周年慶行銷活動是否可以增加業績的成長。

- 排序問題：個別資料的順序和排序問題可以使用長條圖，我們可以使用長條圖顯示公司銷售最佳和最差的產品，與競爭對手比較，我們的主力產品賣的比較多；還是比較少？

- 成分問題：元件與成品的組成是成分問題，我們可以使用派圖顯示公司主力產品的市場佔有率。

步驟二：選擇和收集資料（Selecting and Collecting the Data）

在訂定好詢問的問題後，就可以開始取得和收集所有與問題相關的原始資料（Raw Data），資料來源可能是公開資料、內部資料或向外面購買的資料，我們可以使用網路爬蟲、Open Data 和查詢資料庫來取得這些資料。

等到收集好資料後，即可開始選擇和分類資料，將收集資料區分成回答問題所收集的主要資料，例如：針對產品和競爭對手比較問題收集的主要資料，和因為其他目的收集的次要資料，例如：使用收集到的官方人口資料來估計市場規模有多大。

步驟三：找出模式（Searching for Patterns）

接著我們可以開始探索資料來找出模式，也就是依據可能的線索繪製大量圖表，然後一一閱讀視覺化圖表來試著找出隱藏在資料之間的關係、樣式、趨勢或異常情況，也許有些模式很明顯，一眼就可以看出，但也有可能需要從這些模式再深入分析，以便找出更多的模式。

換句話說，在找出模式的步驟取決於探索資料的深度和廣度，我們需要從不同角度繪製大量與問題相關的圖表，和一些輔助圖表。

步驟四：設定優先順序（Setting Priorities）

在花時間探索資料後，相信對於問題已經有了進一步的了解和觀點，現在，我們可以依據觀點決定分析方向，同時設定取得資料和分析資料的優先順序，和資料的重要性。

因為每一張繪製的圖表就如同是你的一個想法，剛開始的想法可能有些雜亂無章，但等到分析到一定程度，某些想法會愈來愈明確，請專注於這些明確的想法，忘掉哪些干擾的旁技末節，也不要鑽牛角尖，並且試著將相關圖表串聯起來，讓我們從資料找出的故事愈來愈完整。

步驟五：報告結果（Reporting Results）

　　最後，我們需要從幾十張，甚至數百張圖表中，闡明關鍵點在哪裡？資料之間的關聯性是什麼？如何讓閱讀者理解這些資訊，然後我們需要重新整理圖表，設計出一致訊息、樣式和格式的圖表，最好是能夠吸引閱讀者興趣的圖表，以便傳達你的研究成果，讓你敘說的資料故事成為一個精彩的故事。

　　請注意！在眾多視覺化圖表中，有些圖表只適合使用在與閱讀者進行資訊的呈現或溝通，例如：派圖，有些圖表適合資料分析和資料探索，例如：散佈圖。

10

ChatGPT 建立 Excel 工作表與資料清理

10-1 | 使用 ChatGPT 建立 Excel 工作表

　　我們可以使用 ChatGPT 幫助我們整理表格資料來建立 Excel 工作表，或讓 ChatGPT 產生模擬表格資料來建立測試所需的 Excel 工作表。

10-1-1 將現有表格資料整理成 Excel 工作表

　　ChatGPT 可以幫助我們整理表格資料，例如：學員成績的 CSV 檔案，如下圖：

現在，我們可以使用 ChatGPT 將上述 CSV 資料整理成表格，然後建立成 Excel 工作表。ChatGPT 詳細的問題描述（ch10-1-1_gpt.txt），最後一行是指明輸出成 Markdown 表格，如下：

請將下列 CSV 資料整理成表格，如下所示：

姓名,生日,國文,英文
陳會安,5 月 5 日,89.1,76.5
江小魚,4 月 1 日,78.7,90.2

輸出格式：Markdown 表格

請看下方整理過的表格：

姓名	生日	國文	英文
陳會安	5月5日	89.1	76.5
江小魚	4月1日	78.7	90.2

上述 ChatGPT 的回答已經將 CSV 資料轉換成表格，請繼續交談過程，我們準備新增數學成績的資料。ChatGPT 詳細的問題描述（ch10-1-1a_gpt.txt），如下：

請在上述表格的最後新增一欄【數學】成績：80、76。

以下是新增數學成績的調整後表格：

姓名	生日	國文	英文	數學
陳會安	5月5日	89.1	76.5	80
江小魚	4月1日	78.7	90.2	76

請繼續交談過程，我們準備新增一位學員的生日和成績資料（使用空白字元分隔）。ChatGPT 詳細的問題描述（ch10-1-1b_gpt.txt），如下：

> **請在上述表格的最後新增一列新學員的成績資料，如下所示：**
>
> 王陽明 12 月 10 日 65 66 55

 以下是新增新學生成績資料後的調整後表格：

姓名	生日	國文	英文	數學
陳會安	5月5日	89.1	76.5	80
江小魚	4月1日	78.7	90.2	76
王陽明	12月10日	65	66	55

現在，我們準備請 ChatGPT 幫忙我們整理表格資料。請繼續交談過程，ChatGPT 詳細的問題描述（ch10-1-1c_gpt.txt），如下：

> **請將上述表格的【生日】的格式改為月/日，因為成績是整數沒有小數點，請將各科成績四捨五入。**
>
> 5 月 5 日改成 5/5

 以下是調整後的表格，將生日格式改為月/日並將各科成績進行四捨五入：

姓名	生日	國文	英文	數學
陳會安	5/5	89	77	80
江小魚	4/1	79	90	76
王陽明	12/10	65	66	55

請注意，成績進行四捨五入後，國文成績降至整數89、英文成績升至整數77，數學成績降至整數80。

接著，我們準備更改學員成績和計算總分。請繼續交談過程，ChatGPT 詳細的問題描述（ch10-1-1d_gpt.txt），如下：

> 請將上述表格中王陽明的國文成績改為 75，數學成績改為 66；陳會安的數學成績改為 82 後，在最後加入一欄總分欄位，可以計算各科成績的總分。

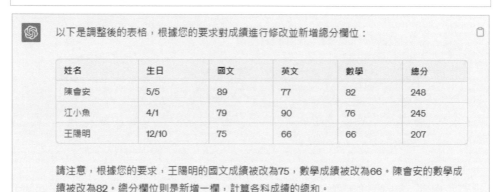

在完成表格資料的建立後，我們就可以將 ChatGPT 產生的表格資料複製貼上至 Excel 工作表，其步驟如下：

1 請使用滑鼠拖拉選取 ChatGPT 回答的表格資料後，按 `Ctrl` + `C` 鍵複製資料。

2 然後啟動 Excel 開啟空白活頁簿，選 "A1" 儲存格，按 `Ctrl` + `V` 鍵貼上資料，即可建立 Excel 工作表的資料。

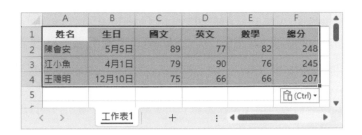

3 請儲存成 Excel 檔案"學員成績.xlsx"。

10-1-2 產生模擬表格資料來建立 Excel 工作表

ChatGPT 除了可以幫助我們整理現存的表格資料外，也可以直接描述資料內容，請 ChatGPT 產生模擬的表格資料後，建立 Excel 工作表。

小明公司的經銷商分為北、中和南三區，我們準備請 ChatGPT 替我們產生三區 1~12 月預估的整年業績資料。ChatGPT 詳細的問題描述（ch10-1-2_gpt.txt），如下：

請產生表格資料的業績資料，欄位是第一季~第四季，每一列是分區，分為北區、中區和南區三區。

業績資料範圍：3000~10000

輸出格式：Markdown 表格

以下是按照您要求生成的業績資料表格：

區域	第一季	第二季	第三季	第四季
北區	5000	7000	4000	8000
中區	6000	9000	5500	7000
南區	4500	8000	3000	9000

　　上述 ChatGPT 的回答就是隨機產生的模擬業績資料，請繼續交談過程，我們準備新增業績總和與平均的欄位。ChatGPT 詳細的問題描述（ch10-1-2a_gpt.txt），如下：

> 請在上述表格的最後新增【業績總和】和【業績平均】欄位，可以計算三區四季業績的總和與平均。

 以下是更新後的業績資料表格，新增了「業績總和」和「業績平均」欄位：

區域	第一季	第二季	第三季	第四季	業績總和	業績平均
北區	5000	7000	4000	8000	24000	6000
中區	6000	9000	5500	7000	27500	6875
南區	4500	8000	3000	9000	24500	6125

其中，「業績總和」欄位為每個區域四個季度業績的總和，而「業績平均」欄位則為每個區域四個季度業績的平均值。

　　我們可以複製上述表格資料後，貼上 Excel 儲存格來建立 Excel 檔案"公司業績.xlsx"。另一種方式，也可以直接請 ChatGPT 將表格資料轉換成 CSV 資料，請繼續交談過程，ChatGPT 詳細的問題描述（ch10-1-2b_gpt.txt），如下：

> 請將上述表格轉換輸出成 CSV 資料。

 以下是將上述表格轉換成CSV格式的資料：

```
                                                      📋 Copy code

區域,第一季,第二季,第三季,第四季,業績總和,業績平均
北區,5000,7000,4000,8000,24000,6000
中區,6000,9000,5500,7000,27500,6875
南區,4500,8000,3000,9000,24500,6125
```

您可以將上述資料複製並儲存為CSV檔案，或進一步使用CSV格式處理該資料。

上述程式框就是轉換產生的 CSV 資料，請點選右上方【Copy code】複製 CSV 資料後，就可以貼上【記事本】儲存成 CSV 檔案"公司業績.csv"，如下圖：

10-2　格式化 Excel 工作表的儲存格成為表格

基本上，結構化資料就是一種表格資料，Excel 提供格式化表格樣式的功能，在 Excel 工作表只需是擁有標題列和資料列的儲存格範圍，就可以格式化成表格，即套用表格樣式，其步驟如下：

1 請啟動 Excel 開啟第 10-1-2 節建立的"公司業績.xlsx"，因為複製的表格有格式，請先刪除格式後，才能套用表格樣式，在選取儲存格範圍後（包含標題列和資料列），在上方功能區的【常用】索引標籤，執行「編輯」群組的「清除>清除格式」命令來刪除格式。

2 然後在上方功能區的【常用】索引標籤，執行「樣式」群組的【格式化為表格】命令下第 2 列的第 3 個表格樣式。

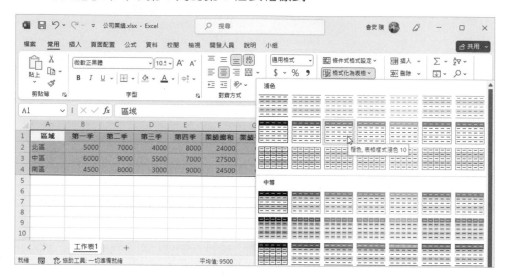

3 在「格式化為表格」對話方塊顯示表格資料來源的範圍，請確認有勾選【我的表格有標題】，按【確定】鈕格式化成表格。

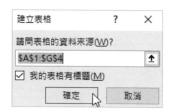

4 如果儲存格範圍的資料是外部資料範圍，就會顯示一個警告訊息說明轉換成表格會移除外部連線，請按【是】鈕確認移除。

5 在 Excel 工作表可以看到儲存格已經格式化成表格。

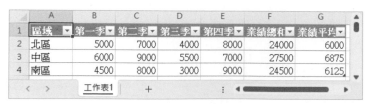

6 請另存成 Excel 檔案"公司業績_result.xlsx"。

10-3 認識 Excel 資料清理

「資料清理」（Clean the Data）的主要目的是將資料處理成可以進行資料視覺化的表格資料（即結構化的 Excel 工作表資料）。基本上，當取得資料有多餘字元、不一致格式和資料遺失等多種大大小小的問題時，在執行 Excel 資料視覺化前，就需要先執行 Excel 資料清理。

在實務上，我們可以使用 Excel 執行資料清理的常見工作，如下：

- 刪除多餘字元：將儲存格多餘不可列印和空白字元刪除掉。

- 資料剖析：將儲存格資料，使用分隔符號分割成多個欄位。

- 將文字資料欄位轉換成數值：當儲存格是千位數的金額資料，因為是文字，我們需要先轉換成數值欄位後，才能進行相關運算。

- 處理遺漏值：沒有資料的儲存格並無法執行運算，我們需要針對遺漏值來進行所需的處理。

- 刪除重複資料：對於表格的重複資料，我們可以刪除整列的重複記錄，或刪除重複欄位值。

10-4 Excel 資料清理－刪除多餘字元與型態轉換

最基本的 Excel 資料清理是在處理資料本身的資料格式，簡單的說，就是在整理儲存格的資料，例如：刪除多餘字元、抽出成欄位和轉換文字儲存格成為數值格式等操作。

10-4-1 刪除多餘字元

一般來說，如果是從 HTML 網頁擷取的資料，可能就會有多餘的不可列印和空白字元，Excel 可以使用相關字串函數來刪除這些不需要的字元，如下表所示：

函數	說明
CLEAN()	刪除參數字串中所有不可列印的字元
TRIM()	刪除參數字串前後的空白字元

在 Excel 儲存格刪除不需要字元的步驟，如下：

1　請使用 Excel 開啟"ch10-4-1.xlsx"檔案，在 Company 標題文字的"A"欄是公司名稱清單，可以看出有很多空白字元，和部分是不可列印字元，請選取"B2:B7"範圍的儲存格。

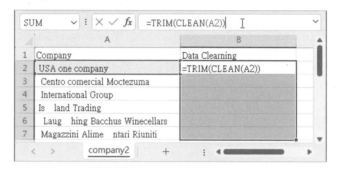

2　在上方欄位輸入公式【 =TRIM(CLEAN(A2)) 】，按 Ctrl ＋ Enter 鍵，就可以看到刪除不需要字元後的公司名稱清單。

3　請另存成 Excel 檔案"ch10-4-1_result.xlsx"。

10-4-2 使用資料剖析抽出欄位資料

如果現存資料的分隔符號並不是「,」逗號時，Excel 可以使用資料剖析精靈來抽出欄位資料，其步驟如下：

1 請使用 Excel 開啟"ch10-4-2.xlsx"檔案，在工作表的儲存格資料是使用「|」符號分隔的字串，請選取"A1:A7"範圍的儲存格。

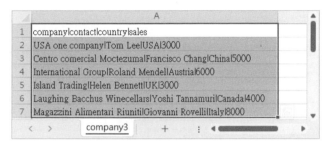

2 在上方【資料】索引標籤，執行「資料工具」群組的【資料剖析】命令，可以看到資料剖析精靈的步驟 3 之 1，選【分隔符號】，在下方顯示預覽資料，按【下一步】鈕。

3 在步驟 3 之 2 輸入使用的分隔符號，因為不是常用符號，請勾選【其他】後，在後方輸入【 | 】分隔符號的字元，按【下一步】鈕。

4 在步驟 3 之 3 是設定欄位的格式，在下方選取欄位，就可以在上方指定此欄位的格式，在完成設定後，請按【完成】鈕。

5 可以在 Excel 工作表看到剖析抽出的四個欄位資料。

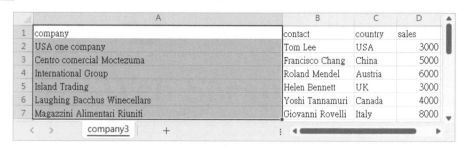

6 請另存成 Excel 檔案"ch10-4-2_result.xlsx"。

10-4-3 將文字資料欄位轉換成數值

基本上，從資料庫或檔案匯入 Excel 儲存格的資料大多是文字格式的資料，例如：擁有千位數的金額，因為文字資料並無法運算，在運算前，我們需要將文字資料欄位先轉換成數值，其步驟如下：

1 請啟動 Excel 開啟"ch10-4-3.xlsx"檔案，可以看到【sales】欄位是千位符號的營業額，在儲存格"D9"是 sales 欄的總和（＝SUM(D2:D7)），因為是文字資料並無法運算，所以是 0。

2　請在 Excel 儲存格，例如："B9"，輸入 1.0 後，按 `Ctrl` + `C` 鍵複製此儲存格的內容。

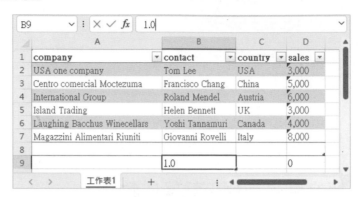

3　選取欲轉換成數值的儲存格範圍"D2:D7"，在上方【常用】索引標籤，執行「剪貼簿」群組的「貼上>選擇性貼上」命令。

4 在「選擇性貼上」對話方塊，選「運算」框的【乘】，按【確定】鈕，
將這些儲存格都乘以 1 來轉換成數值。

5 在 Excel 工作表的儲存格已經改為數值，同時在下方顯示此欄位的總和。

6 請另存成 Excel 檔案"ch10-4-3_result.xlsx"。

10-5 | Excel 資料清理 – 處理遺漏值和刪除重複
資料

　　Excel 資料清理的另一項重要工作是處理 Excel 的空白或重複資料的儲存
格，也就是處理遺漏值和刪除重複資料。

10-5-1 處理遺漏值

遺漏值是指欄位沒有資料，可能是空白，或是代表沒有值的特殊字串。基本上，我們有兩種方式來處理資料中的遺漏值，如下：

- 刪除遺漏值：如果資料量夠大，可以直接刪除遺漏值的資料列。

- 補值：將遺漏值填補成固定值、平均值、中位數和亂數值等。

在這一節我們準備使用鐵達尼號資料集（Titanic Dataset），這是 1912年 4 月 15 日在大西洋旅程中撞上冰山沈沒的一艘著名客輪，這次意外事件造成 2224 名乘客和船員中 1502 名死亡，資料集就是船上乘客的相關資料。

請啟動 Excel 匯入 CSV 檔案 titanic_test.csv 成為"ch10-5-1.xlsx"，這是只有前 100 筆記錄的精簡版資料集，如下圖：

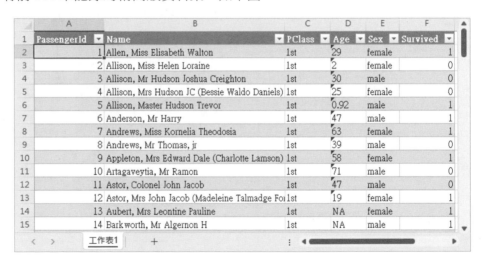

上述 Age 欄位有很多 NA 字串值的儲存格，這些值不是年齡，雖然並非空白字元，但一樣是資料中的遺漏值。

顯示資料中的遺漏值：ch10-5-1.xlsx

在處理遺漏值前，我們需要先找出欄位共有多少個遺漏值，其步驟如下：

1 請啟動 Excel 開啟"ch10-5-1.xlsx"，在上方功能區選【常用】索引標籤，執行「編輯」群組的「尋找與選取>尋找」命令。

2 在「尋找及取代」對話方塊的【尋找目標】欄位，輸入【NA】，第 1 個【搜尋】欄的搜尋方式是【循欄】，勾選【大小寫須相符】，按【全部尋找】鈕尋找 NA 字串。

3 在下方可以看到共找到 24 個儲存格有 NA 字串的遺漏值。

4 為了方便處理，我們準備將 NA 字串取代成空字串，請選上方的【取代】標籤，在【取代成】欄位輸入空字串（即沒有輸入），按【全部取代】鈕將 NA 取代成空字串。

5 可以看到已經完成 24 項取代作業，按【確定】鈕。

6 在 Excel 工作表可以看到 NA 儲存格已經成為空字串。

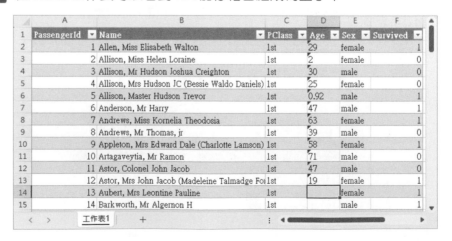

7　請另存成 Excel 檔案"ch10-5-1_result.xlsx"。

相同方式，我們可以將資料中的遺漏值取代成其他的固定值。

刪除空白儲存格的記錄：ch10-5-1a.xlsx

因為遺漏值並不能進行運算，如果資料量足夠，最簡單方式就是刪除掉這些遺漏值的記錄，其步驟如下：

1　請啟動 Excel 開啟"ch10-5-1a.xlsx"，選取【Age】欄位後，在【常用】索引標籤，執行「編輯」群組的「尋找與選取 > 特殊目標」命令。

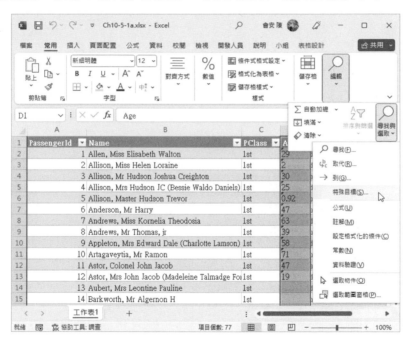

2 在「特殊目標」對話方塊選【空格】，
按【確定】鈕尋找空格的儲存格。

3 在 Excel 工作表可以看到已經選取欄位是空格的儲存格，請在儲存格上，
執行【右】鍵快顯功能表的「刪除>表格列」命令，即可刪除空白儲存
格的資料列。

4 請另存成 Excel 檔案"ch10-5-1a_result.xlsx"。

填補遺漏值：ch10-5-1b.xlsx

如果資料量不足，我們不能隨便刪除記錄，而是需要填補這些遺漏值，
在實務上，我們可以將遺漏值指定成固定值、平均值或中位數等。例如：將
空白儲存格都改成此欄位的平均值，其步驟如下：

1 請啟動 Excel 開啟"ch10-5-1b.xlsx"，選取【Age】欄位後，複製至【工作表 2】，在參考上一節刪除空白資料列（執行【刪除】命令，選【整列】）和第 10-4-3 節改成數值欄位值後，可以計算出平均值是 37.64368，有年齡的共有 76 筆，其公式如下：

```
=AVERAGE(A2:A77)
```

2 在複製平均值 37.64368 後，切換至【工作表 1】，選取【Age】欄位後，在【常用】索引標籤，執行「編輯」群組的「尋找與選取>特殊目標」命令，在「特殊目標」對話方塊選【空格】，按【確定】鈕。

3 可以選取此欄位的空白儲存格，在【常用】索引標籤下，執行「剪貼簿」群組的「貼上>貼上值>值」命令。

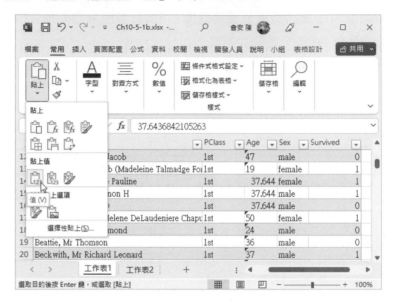

4 可以看到此欄位的空白儲存格都填入 37.644。

5 請另存成 Excel 檔案"ch10-5-1b_result.xlsx"。

10-5-2　刪除重複資料

Excel 除了處理遺漏值，還能幫助我們刪除重複欄位值或重複記錄，在作法上，我們可以在 Excel 工作表刪除單一欄位值重複的記錄，或刪除整筆欄位值都重複的記錄。

在這一節使用的範例是"sales.csv"，在 Excel 匯入資料建立"ch10-5-2.xlsx"後，可以看到記錄和欄位值有很多重複值，如下圖：

找出重複的欄位值：ch10-5-2.xlsx

刪除重複資料首先需要找出目標欄位的重複值，其步驟如下：

1 請啟動 Excel 開啟"ch10-5-2.xlsx"，選取 Country 欄位後，在【常用】索引標籤，執行「樣式」群組的「設定格式化的條件>醒目提示儲存格規則>重複的值」命令。

2 在「重複的值」對話方塊選擇重複值標示方式，預設是【淺紅色填滿與深紅色文字】，按【確定】鈕。

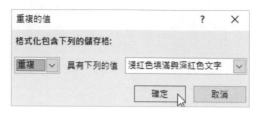

3 在 Excel 工 作 表 可 以 看 到 Country 欄位全部都是淺紅色填滿與深紅色文字，因為此欄位的儲存格都有重複值。

4 請重複步驟 1~3 標示 Amount 欄位的重複值。

5 請另存成 Excel 檔案"ch10-5-2_result.xlsx"。

找出重複的記錄：ch10-5-2a.xlsx

在 Excel 表格找出重複記錄比找出欄位重複值複雜一些，其步驟如下：

1 請啟動 Excel 開啟"ch10-5-2a.xlsx"，選"E2"儲存格後，在上方輸入公式【=A2&B2&C2&D2】後，按 Ctrl + C 鍵複製此儲存格，然後選取 "E3 :E13"儲存格，按 Ctrl + V 鍵貼上公式，即可看到欄位值是各欄位值連接在一起的單一字串。

2 選取"E"欄後，在【常用】索引標籤，執行「樣式」群組的「設定格式化的條件＞醒目提示儲存格規則＞重複的值」命令，在「重複的值」對話方塊選擇預設標示方式，按【確定】鈕。

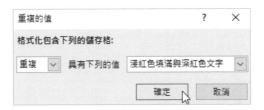

3 在 Excel 工作表可以看到"E"欄有 2 筆是重複值，也就是說這 2 筆是重複記錄。

4 請另存成 Excel 檔案"ch10-5-2a_result.xlsx"。

刪除重複記錄：ch10-5-2b.xlsx

在找出重複資料後，我們就可以刪除欄位值有重複的記錄，其步驟如下：

1 請啟動 Excel 開啟"ch10-5-2b.xlsx"，在【資料】索引標籤，執行「資料工具」群組的【移除重複值】命令。

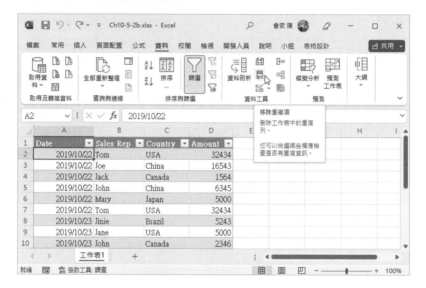

2 在「移除重複值」對話方塊，勾選重複值欄位，預設全選，我們只保留【Sales Rep】，並且勾選【我的資料有標題】，按【確定】鈕。

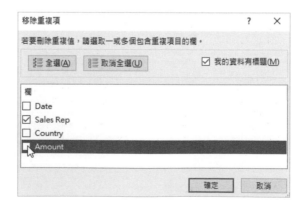

3 可以看到訊息視窗顯示找到並移除 5 個重複值，剩下 7 筆記錄，按【確定】鈕。

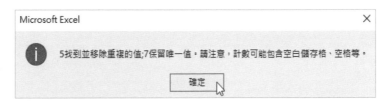

4 在 Excel 工作表可以看到表格的【Sales Rep】欄位已經沒有重複值。

5 請另存成 Excel 檔案"ch10-5-2b_result.xlsx"。

如果在「移除重複值」對話方塊是勾選全部欄位，這就是刪除重複記錄，如下圖：

CHAPTER 11

Excel 資料分析與樞紐分析表

11-1 | 在 Excel 儲存格套用整欄公式

Excel 檔案"全班成績管理.xlsx"是 A 班學員的成績資料，我們準備使用公式來統計學員成績的三科總分，其內容如下圖：

	A	B	C	D	E
1	姓名	國文	英文	數學	
2	陳會安	89	76	82	
3	江小魚	78	90	76	
4	王陽明	75	66	66	
5	張三	68		55	

A班 + ⋮

首先，我們準備詢問 ChatGPT 寫出所需的 Excel 公式（即 Excel 函數或函數的組合），其詳細的問題描述（ch11-1_gpt.txt），如下：

> 你是 Excel 專家，我們準備在"E2"欄儲存格計算"B2:D2"範圍儲存格的總和，請寫出使用的 Excel 公式可以套用在"E2"儲存格。

在Excel中計算範圍 B2:D2 的總和並將結果放在 E2 儲存格，可以使用 SUM 函數。以下是你可以在 E2 儲存格中使用的公式：

```scss
=SUM(B2:D2)
```

這個公式將會將 B2、C2 和 D2 這三個儲存格的數值相加，並在 E2 儲存格中顯示結果。要套用這個公式到 E 欄的每一個儲存格，只需將 E2 中的相對參照改為絕對參照，然後將公式往下複製到需要的儲存格即可。例如，將公式複製到 E3、E4、E5 等等。Excel會自動調整公式中的參照位置，以便計算每一列的範圍總和。

上述 ChatGPT 回答 Excel 計算總和套用的公式是 SUM()函數，如下：

```
=SUM(B2:D2)
```

上述函數定位儲存格是使用相對參照，在 ChatGPT 說明有提到，如果需要套用整個"E"欄的儲存格，只需要改為絕對參照，即可複製至其他儲存格。

請繼續上述交談過程，詢問 ChatGPT 什麼是相對和絕對參照，並且將上述公式的參數改為絕對參照欄；相對參照列，其詳細的問題描述（ch11-1a_gpt.txt），如下：

> 請問什麼是 Excel 儲存格的相對參照和絕對參照？然後將上述 SUM()函數改為絕對參照欄；相對參照列。

在Excel中，相對參照和絕對參照是用於在公式中引用儲存格的方式。

1. 相對參照：當你在一個公式中使用相對參照，儲存格的參照會根據公式的位置自動調整。例如，如果你在單元格"E2"中輸入公式"=B2+C2"，當你將該公式拖曳到下一列時（例如"E3"），公式中的參照也會自動調整為"=B3+C3"。

2. 絕對參照：當你在一個公式中使用絕對參照，儲存格的參照將保持不變，不會隨著公式的拖曳而變化。你可以使用美元符號（$）來指定絕對參照。例如，如果你在單元格"E2"中輸入公式"=B$2+C$2"，無論你將該公式拖曳到其他列或其他行，公式中的參照都不會變化，仍然是"=B$2+C$2"。

上述 ChatGPT 的回答先說明什麼是相對參照和絕對參照，其說明如下：

- 相對參照：這是預設方式，當複製儲存格時，儲存格的參照會自動依據相對位置來進行調整，例如："E2"儲存格的公式"=B2+C2"，複製至"E3"儲存格，公式也會自動調整成"=B3+C3"。

- 絕對參照：這是固定儲存格參照，當公式複製至其他儲存格時，絕對參照都不會改變，這是使用「$」符號來指定絕對參照。

　　然後修改 SUM()函數將欄改用絕對參照，以此例因為欄並不會變；列會改變，所以在欄是使用絕對參照，如下圖：

根據你的需求，將SUM函數改為絕對參照欄，相對參照列，你可以使用以下公式：

```bash
=SUM($B2:$D2)
```

在這個公式中，"$B2"表示參照的欄是絕對參照，而"2"表示參照的列是相對參照。當你將該公式拖曳到其他列時，欄的參照保持不變（仍然是範圍"B2:D2"），但列的參照會自動調整（例如，拖曳到"E3"時，參照變為範圍"B3:D3"）。

　　上述 ChatGPT 的回答是改寫後的 Excel 公式，即 SUM()函數，如下：

```
=SUM($B2:$D2)
```

　　然後繼續上述交談過程，詢問 ChatGPT 如何將上述公式套用在整個"E"欄的儲存格，其詳細的問題描述（ch11-1b_gpt.txt），如下：

請一步一步說明如何將上述 SUM()公式套用在整個"E"欄的儲存格。

要將上述的 SUM() 公式套用在整個 E 欄的儲存格，請按照以下步驟進行操作：

1. 在 E2 儲存格中，輸入以下公式：`=SUM($B2:$D2)`。這個公式將計算 B2:D2 的總和，並將結果顯示在 E2 儲存格中。
2. 選擇 E2 儲存格，將滑鼠游標移動到 E2 儲存格的右下角，直到它變為一個十字箭頭。
3. 按住滑鼠左鍵，拖動滑鼠游標向下，直到達到 E 欄的最後一個儲存格，即你想套用公式的最後一個儲存格。
4. 釋放滑鼠左鍵，這樣公式就會自動套用到整個 E 欄的儲存格。

Excel會自動調整公式中的參照位置，使每個儲存格的範圍參照都對應到相對的 B 到 D 範圍。例如，E3 的公式會計算 B3:D3 的總和，E4 的公式會計算 B4:D4 的總和，以此類推。

這樣，你就成功將 SUM() 公式套用在整個 E 欄的儲存格上，並且每一列都會計算相對的範圍總和。

現在，我們即可依據 ChatGPT 回答的步驟，將公式套用至整個"E"欄的儲存格，其步驟如下：

1 請在"E2"儲存格輸入上述 Excel 公式【=SUM($B2:$D2)】，可以看到計算出的成績總分。

2 選擇"E2"儲存格，將滑鼠游標移動到"E2"儲存格的右下角，當游標變成十字箭頭後，按住滑鼠【左】鍵，直接向下拖拉至"E"欄的最後一個儲存格。

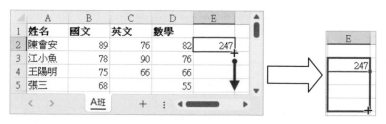

3 放開滑鼠【左】鍵，公式就會自動套用到整個"E"欄的儲存格。

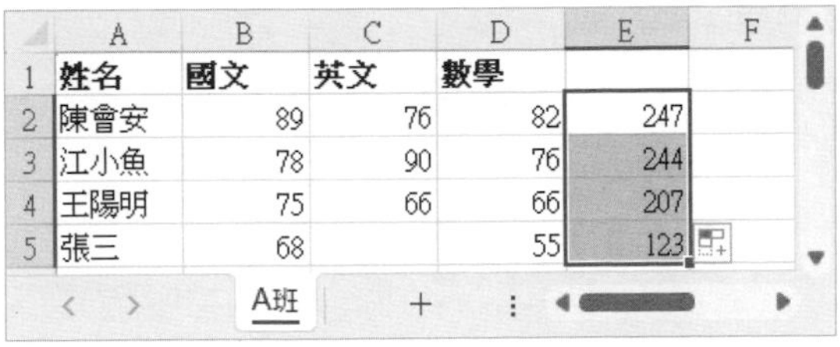

	A	B	C	D	E	F
1	姓名	國文	英文	數學		
2	陳會安	89	76	82	247	
3	江小魚	78	90	76	244	
4	王陽明	75	66	66	207	
5	張三	68		55	123	

A班　+

4 請另存成 Excel 檔案"全班成績管理_result.xlsx"。

11-2 ┃ 使用 ChatGPT 寫出和學習 Excel 函數

在實務上，因為 Excel 內建大量函數，除非是常用函數或你是一位 Excel 函數專家，當問題產生時，就可以馬上寫出解決問題的 Excel 函數，並不是一件容易的事，此時，我們可以詢問 ChatGPT，只需描述問題和功能的需求，就可以請 ChatGPT 幫助我們寫出資料整理和資料分析所需的 Excel 公式和函數。

11-2-1 轉換資料格式的 Excel 公式

Excel 可以使用 Excel 公式來轉換 Excel 儲存格的資料格式，例如：將中文的部門名稱改為英文代碼；將西元日期改為民國或反過來等。

將儲存格資料轉換成對應的代碼

在公司部門擁有英文代碼，Excel 檔案"文具商品採購清單.xlsx"中的【部門】是中文的部門名稱，如下圖：

　　為了統一 Excel 活頁簿的資料格式，我們準備請 ChatGPT 幫我們寫出一個 Excel 公式，可以將 Excel 檔案原來的部門名稱轉換成對應的英文代碼，其詳細的問題描述（ch11-2-1_gpt.txt），如下：

> 你是 Excel 專家，請寫一個 Excel 公式，可以將"A2:A53"範圍的公司部門名稱轉換成下列英文代碼後，填入"F2:F53"範圍的儲存格，如下所示：
>
> 人事部 HR
> 業務部 MKT
> 研發部 RD
> 製造部 MF

　　上述 ChatGPT 寫出的 Excel 公式是使用 VLOOKUP()函數建立一個對照表，然後透過此對照表進行資料查詢和轉換，其語法如下：

```
=VLOOKUP(欲查表的值, 對照表儲存格範圍, 返回對照表的欄號, FALSE)
```

上述 VLOOPUP()函數可以如同查閱字典般的找尋資料，這是以第 1 個參數的值，在第 2 個參數指定儲存格範圍的對照表來查表，然後返回對照表指定的欄位值。

ChatGPT 寫出的 VLOOKUP()函數是自行建立對照表，如下：

```
=VLOOKUP(A2, {"人事部","HR";"業務部","MKT";"研發部","RD";"製造部","MF"}, 2,
FALSE)
```

上述函數的第 1 個參數是部門名稱的儲存格，第 4 個參數是比對類型，一般都是 FALSE，第 2 個參數是名稱轉換的對照表，如下：

```
{"人事部","HR";
 "業務部","MKT";
 "研發部","RD";
 "製造部","MF"}
```

上述大括號括起的是 2 個欄位的表格，第 1 個欄位是中文名稱；第 2 個欄位是英文代碼，此函數就是將第 1 個參數的值在對照表中比對，找到中文名稱後，回傳第 2 個欄位的英文代碼（即第 3 個參數值 2）。

請開啟 Excel 檔案在"F2"儲存格複製公式，然後複製至整個"F"欄，即可轉換各部門的名稱成為代碼，如下圖：

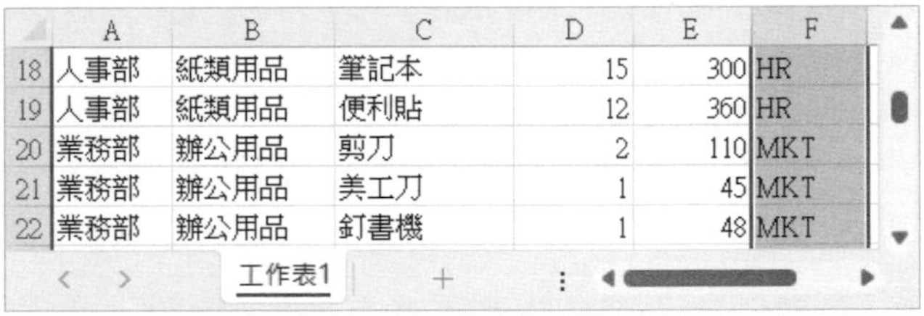

	A	B	C	D	E	F
18	人事部	紙類用品	筆記本	15	300	HR
19	人事部	紙類用品	便利貼	12	360	HR
20	業務部	辦公用品	剪刀	2	110	MKT
21	業務部	辦公用品	美工刀	1	45	MKT
22	業務部	辦公用品	釘書機	1	48	MKT

工作表1

因為 Excel 公式有多種寫法來達成相同的功能，請繼續交談過程，我們準備改用 IF() 函數來實作 Excel 公式，ChatGPT 詳細的問題描述（ch11-2-1a_gpt.txt），如下：

> 請改用 IF()函數來實作 Excel 公式。

 好的，以下是使用 IF 函數來實現的 Excel 公式，將其複製並貼上到 F2 儲存格中，然後向下拖曳填滿範圍 F2:F53：

```less
=IF(A2="人事部", "HR", IF(A2="業務部", "MKT", IF(A2="研發部", "RD", IF(A2="製造
```

這個公式使用了巢狀的 IF 函數，根據 A2 儲存格中的部門名稱進行匹配。如果 A2 的值是"人事部"，則返回 "HR"；如果是"業務部"，則返回 "MKT"；如果是"研發部"，則返回 "RD"；如果是"製造部"，則返回 "MF"；如果不是這些部門之一，則返回空字串。

請注意，這個公式假設範圍 A2:A53 中的部門名稱與英文代碼一一對應，且大小寫要完全匹配。如果沒有匹配到任何部門，該儲存格將顯示空字串。你可以根據需要進行修改和擴展這個公式。

上述 ChatGPT 寫出的 Excel 公式改用 IF()函數來建立名稱轉換，其語法如下：

```
=IF(條件, 條件成立的回傳值, 條件不成立的回傳值)
```

上述 IF()函數是以第 1 個參數的條件作為判斷依據，成立回傳第 2 個參數，不成立回傳第 3 個參數。ChatGPT 寫出的是巢狀 IF()函數來建立多條件比對，如下：

```
=IF(A2="人事部", "HR", IF(A2="業務部", "MKT", IF(A2="研發部", "RD", IF(A2="製
造部", "MF", "")))))
```

上述 IF()函數的第 1 個條件判斷是否是"人事部"，成立回傳"HR"，不成立是另一個 IF()函數判斷下一個"業務部"，如下：

```
IF(A2="業務部", "MKT", IF(A2="研發部", "RD", IF(A2="製造部", "MF", "")))
```

上述內層 IF()函數可以判斷另一個中文部門名稱，如此一個 IF()套著一個 IF()，如同是一組俄羅斯套娃，不成立，就打開一層套娃直到成立為止。此 Excel 公式的執行結果和之前 VLOOKUP()函數完全相同。

將西元年改為民國年

在台積電股價 Excel 檔案"2330TW.xlsx"的 Date 欄（"A"欄）是使用西元日期，我們準備詢問 ChatGPT 寫出一個 Excel 公式，可以將西元日期改成民國日期，其詳細的問題描述（ch11-2-1b_gpt.txt），如下：

> 你是 Excel 專家，請寫一個 Excel 公式，可以將"A2:A248"儲存格的西元年改成為民國年後，填入"H2:H248"範圍的儲存格，例如：
>
> 將「2021-10-19」改為「民國 110 年 10 月 19 日」。

> 若要將「A2:A248」範圍的西元年轉換為民國年後，填入「H2:H248」範圍的儲存格，可以使用以下的Excel公式：
>
> ```excel
> =IF(A2<>"", "民國" & (YEAR(A2)-1911) & "年" & TEXT(A2, "m月d日"), "")
> ```
>
> 將此公式複製到「H2:H248」的儲存格範圍內，即可將對應的西元年轉換為民國年並填入。請確保目標儲存格的格式設定為一般文字，以顯示完整的民國年轉換結果。
>
> 此公式使用了IF函數來檢查原始西元年儲存格是否為空，如果非空則進行轉換。轉換過程中，將西元年減去1911以得到對應的民國年，然後使用TEXT函數將日期格式化為「m月d日」的形式。

上述 ChatGPT 寫出的 Excel 公式是使用 IF()函數判斷儲存格內容是否是空的，如果不是，就將西元日期改為民國日期，如下：

```
=IF(A2<>"", "民國" & (YEAR(A2)-1911) & "年" & TEXT(A2, "m月d日"), "")
```

上述函數的第 1 個參數是條件，條件成立是回傳第 2 個參數；不成立回傳第 3 個參數，當儲存格不是空的時，就使用字串連接和日期函數來取出民國日期，YEAR()函數轉換成年份，即可將西元年減去 1911，然後使用 TEXT()函數格式化顯示月和日。

請開啟 Excel 檔案在"H2"儲存格複製公式，然後複製至整個"H"欄，即可將西元日期改成民國日期，如下圖：

	A	B	C	D	E	F	G	H
1	Date	Open	High	Low	Close	Adj Close	Volume	
2	2021-10-19	598	600	593	600	587.7092	17386359	民國110年10月19日
3	2021-10-20	603	604	597	598	585.7502	16372520	民國110年10月20日
4	2021-10-21	602	603	595	596	583.7911	16169014	民國110年10月21日
5	2021-10-22	600	602	594	600	587.7092	13995403	民國110年10月22日
6	2021-10-25	597	597	590	593	580.8526	16785568	民國110年10月25日
7	2021-10-26	595	600	593	599	586.7297	19998808	民國110年10月26日
8	2021-10-27	598	599	594	599	586.7297	14961858	民國110年10月27日

Sheet +

11-2-2 Excel 資料分析的相關函數

當使用 Excel 進行資料分析時，常常需要使用一些 Excel 函數，依據需求，更有可能使用到一些更高級的 Excel 函數。ChatGPT 可以幫助我們瞭解 Excel 函數的功能和用法，首先詢問 ChatGPT 資料分析必學的 10 個 Excel 函數，其詳細的問題描述（ch11-2-2_gpt.txt），如下：

你是 Excel 專家，請問 Excel 資料分析必學的 10 個函數？

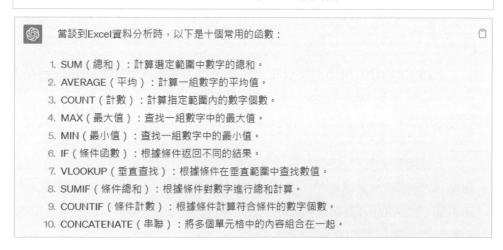

當談到Excel資料分析時，以下是十個常用的函數：

1. SUM（總和）：計算選定範圍中數字的總和。
2. AVERAGE（平均）：計算一組數字的平均值。
3. COUNT（計數）：計算指定範圍內的數字個數。
4. MAX（最大值）：查找一組數字中的最大值。
5. MIN（最小值）：查找一組數字中的最小值。
6. IF（條件函數）：根據條件返回不同的結果。
7. VLOOKUP（垂直查找）：根據條件在垂直範圍中查找數值。
8. SUMIF（條件總和）：根據條件對數字進行總和計算。
9. COUNTIF（條件計數）：根據條件計算符合條件的數字個數。
10. CONCATENATE（串聯）：將多個單元格中的內容組合在一起。

上述 ChatGPT 回答的是常用的 Excel 必學函數。針對指定函數，我們可以進一步詢問 ChatGPT 此函數的功能和用法，其詳細的問題描述（ch11-2-2a_gpt.txt），如下：

> 你是 Excel 專家，請問 Excel 函數 CONCATENATE 的使用方法？

ChatGPT 的回答會詳細說明此函數的功能和語法，並且還會舉出一些實用範例，如下圖：

計算儲存格範圍的平均

Excel 檔案"全班成績管理.xlsx"是 A 班學員的成績資料，在第 11-1 節已經計算過學員成績的三科總分，現在我們準備計算三科的平均分數。請詢問

ChatGPT 寫出一個 Excel 公式來計算平均，其詳細的問題描述（ch11-2-2b_gpt.txt），如下：

> 你是 Excel 專家，我們準備在"E2"欄儲存格計算"B2:D2"範圍儲存格的平均，請寫出 Excel 公式可以套用整個"E"欄的儲存格。

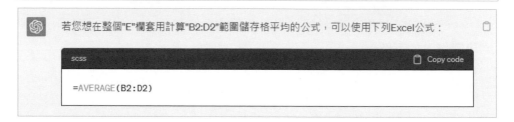

若您想在整個"E"欄套用計算"B2:D2"範圍儲存格平均的公式，可以使用下列Excel公式：

```scss
=AVERAGE(B2:D2)
```

上述 ChatGPT 寫出的 Excel 公式是使用 AVERAGE()函數，可以計算參數儲存格範圍的平均值，其語法如下：

```
=AVERAGE(cell1:cell2)
```

請開啟 Excel 檔案在"E2"儲存格複製貼上上述公式後，複製儲存格公式至整個"E"欄，即可計算每位學員的三科平均成績，如下圖：

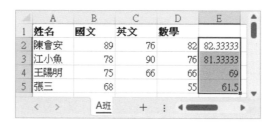

計算出有值儲存格的計數

因為沒有考試的學員並不會有成績資料，我們可以請 ChatGPT 寫一個 Excel 公式，計算 Excel 檔案"全班成績管理.xlsx"中，共有幾個成績資料，其詳細的問題描述有指明使用的函數，然後讓 ChatGPT 幫忙我們寫出完整的 Excel 公式（ch11-2-2c_gpt.txt），如下：

你是 Excel 專家，請使用 COUNT()函數寫出 Excel 公式，可以計算"B2:D5"範圍的儲存格有輸入值的有幾個。

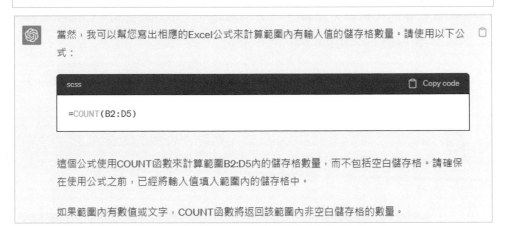

上述 ChatGPT 寫出的 Excel 公式是使用 COUNT()函數計算多少個儲存格是有值的，可以計算參數儲存格範圍的儲存格擁有值的數量，其語法如下：

```
=COUNT(cell1:cell2)
```

請開啟 Excel 檔案在"F2"儲存格複製貼上上述公式，可以計算出成績有 11 個，也就是說有 1 位學員的 1 科並沒有成績，如右圖：

計算出符合條件儲存格的總和、平均值和計數

Excel 的 SUM()、AVERAGE()和 COUNT()函數都可整合 IF()函數來計算符合條件儲存格的總和、平均值和計數，其語法如下：

```
=SUMIF(cell1:cell2, condition)
=AVERATEIF(cell1:cell2, condition)
=COUNTIF(cell1:cell2, condition)
```

上述 3 個 Excel 函數的第 2 個參數就是條件，儲存格範圍需符合條件才會計算總和、平均和計數，例如：計算 Excel 檔案"全班成績管理.xlsx"中"B2:D5"範圍儲存格的成績需大於 80 分，才計算總和、平均和計數。ChatGPT 詳細的問題描述（ch11-2-2d_gpt.txt），如下：

> 你是 Excel 專家，請寫出 3 個 Excel 公式，可以計算"B2:D5"範圍的儲存格大於 80 的總分、平均和計數。

當然，我可以為您提供三個Excel公式，來計算範圍"B2:D5"內大於80的儲存格的總分、平均值和計數。請參考以下公式：

1. 總分：

```less
=SUMIF(B2:D5,">80")
```

這個公式使用SUMIF函數來計算範圍B2:D5內大於80的儲存格的總和。

1. 平均值：

```less
=AVERAGEIF(B2:D5,">80")
```

這個公式使用AVERAGEIF函數來計算範圍B2:D5內大於80的儲存格的平均值。

1. 計數：

```less
=COUNTIF(B2:D5,">80")
```

這個公式使用COUNTIF函數來計算範圍B2:D5內大於80的儲存格的計數。

　　請開啟 Excel 檔案在"F2:F4"儲存格依序複製和貼上上述 3 個 Excel 公式，即可計算出符合條件的總分、平均和計數，如下圖：

取得最大值/最小值儲存格

　　Excel 檔案"2330TW.xlsx"是台積電股價和成交量資訊，我們準備找出成交量資訊中成交量最大和最小的量是多少。ChatGPT 的詳細問題描述（ch11-2-2e_gpt.txt），如下：

> 你是 Excel 專家，請寫出 2 個 Excel 公式來找出"G2:G248"範圍儲存格的最大和最小值。

🟢　當然，我可以為您提供兩個Excel公式，用於找出範圍"G2:G248"內儲存格的最大值和最小值。請參考以下公式：

1. 最大值：

```scss
=MAX(G2:G248)
```

這個公式使用MAX函數來計算範圍G2:G248內儲存格的最大值。

1. 最小值：

```scss
=MIN(G2:G248)
```

這個公式使用MIN函數來計算範圍G2:G248內儲存格的最小值。

上述 ChatGPT 寫出的 Excel 公式是使用 MAX()函數找出最大值；MIN()函數找出最小值，其語法如下：

```
=MAX(cell1:cell2)
=MIN(cell1:cell2)
```

請開啟 Excel 檔案在"I2:I3"儲存格依序複製和貼上上述公式，即可計算出最大和最小成交量，如下圖：

	A	B	C	D	E	F	G	H	I
1	Date	Open	High	Low	Close	Adj Close	Volume		
2	2021-10-19	598	600	593	600	587.7092	17386359		95793819
3	2021-10-20	603	604	597	598	585.7502	16372520		9357138
4	2021-10-21	602	603	595	596	583.7911	16169014		
5	2021-10-22	600	602	594	600	587.7092	13995403		

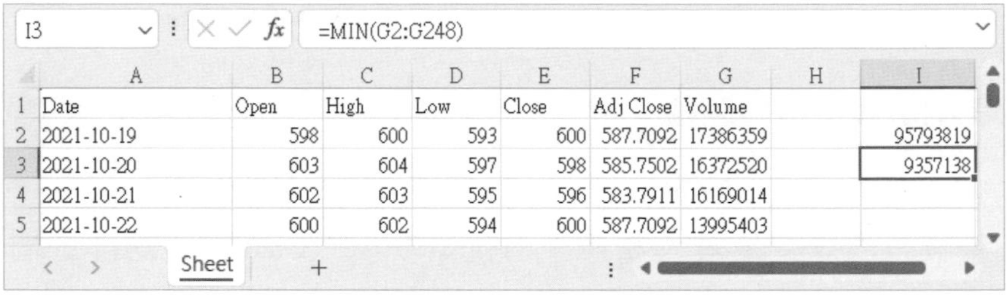

11-3 使用 ChatGPT 進行表格資料的分析

我們只需將 Excel 檔案匯出成 CSV 檔案，就可以讓 ChatGPT 將匯出的 CSV 資料整理成表格，然後詢問 ChatGPT 替我們進行資料分析。請注意！ChatGPT 的資料分析僅供參考，其分析結果並不能保證百分之一百正確。

我們準備將第 10-1-2 節產生的四季業績資料提供給 ChatGPT 建立成表格後，詢問 ChatGPT 替我們進行資料分析（資料順序和內容有調整，以方便進行資料分析）。ChatGPT 詳細的問題描述（ch11-3_gpt.txt），如下：

請將下列 CSV 資料整理成表格，如下所示：

```
區域,第一季,第二季,第三季,第四季
北區,5000,7000,4000,8000
中區,5500,6000,7000,9000
南區,4000,8000,3000,9500
```

輸出格式：Markdown 表格

區域	第一季	第二季	第三季	第四季
北區	5000	7000	4000	8000
中區	5500	6000	7000	9000
南區	4000	8000	3000	9500

　　上述 ChatGPT 的回答已經將 CSV 資料整理成表格。請繼續交談過程，詢問 ChatGPT 在中區的業績最高是哪一季，其詳細的問題描述（ch11-3a_gpt.txt），如下：

請問在中區的四季業績資料中，哪一季的業績最高？

在中區的四季業績資料中，第四季的業績最高，為9000。

　　上述 ChatGPT 的回答是中區的第四季。請繼續交談過程，詢問 ChatGPT 三區之中業績最高的是哪一季，其詳細的問題描述（ch11-3b_gpt.txt），如下：

請問在北、中和南共三區的四季業績資料中，業績最高的是哪一區的哪一季？

在北、中和南三個區域的四季業績資料中，業績最高的是南區的第四季。南區的第四季業績為9500，超過了北區和中區的任何一個季度業績。

　　上述 ChatGPT 的回答是南區的第四季。請繼續交談過程，詢問 ChatGPT 每一區業績最差的是哪一季，其詳細的問題描述（ch11-3c_gpt.txt），如下：

請問在四季的業績資料中，各區業績最差的是哪一季？

在四季的業績資料中，各區業績最差的分別是：

- 北區業績最差的季度是第三季，業績為4000。
- 中區業績最差的季度是第一季，業績為5500。
- 南區業績最差的季度是第三季，業績為3000。

上述 ChatGPT 的回答北區業績最差的季度是第三季；中區業績最差的季度是第一季；南區業績最差的季度是第三季。請繼續交談過程，詢問 ChatGPT 一步一步找出哪些區的業績是每一季都有持續成長，其詳細的問題描述（ch11-3d_gpt.txt），如下：

當第四季比第三季、第三季比第二季、第二季比第一季業績都增加時，就是業績有持續成長。

請一步一步找出【第一季】～【第四季】的業績資料中，有哪些區的業績是一季比一季增加的持續成長？

 讓我一步一步來找出業績持續增加的區域。

首先，我們比較每一個區域的第二季業績是否比第一季增加。根據資料：

- 北區的第二季業績為7000，比第一季的5000增加了2000。
- 中區的第二季業績為6000，比第一季的5500增加了500。
- 南區的第二季業績為8000，比第一季的4000增加了4000。

根據這些比較結果，北區、中區和南區的業績在第二季比第一季增加。

接下來，我們再比較每一個區域的第三季業績是否比第二季增加。根據資料：

- 北區的第三季業績為4000，比第二季的7000減少了3000。
- 中區的第三季業績為7000，比第二季的6000增加了1000。
- 南區的第三季業績為3000，比第二季的8000減少了5000。

根據這些比較結果，只有中區的業績在第三季比第二季增加。

再來，我們比較每一個區域的第四季業績是否比第三季增加。根據資料：

- 北區的第四季業績為8000，比第三季的4000增加了4000。
- 中區的第四季業績為9000，比第三季的7000增加了2000。
- 南區的第四季業績為9500，比第三季的3000增加了6500。

根據這些比較結果，北區、中區和南區的業績在第四季比第三季增加。

最後，我們可以得出結論：在第一季到第四季的業績資料中，中區的業績一季比一季持續增加，而北區和南區的業績在第二季比第一季增加，且第四季比第三季增加。因此，中區的業績是持續成長的。

上述 ChatGPT 的回答是一步一步的進行分析,依序是分析第二季和第一季;第三季和第二季;第四季和第三季,最後找出只有中區的業績是持續四季都有成長。在實務上,當資料分析的過程比較複雜時,請在提示文字加上「一步一步」,就可以讓 ChatGPT 一步一步的來進行資料分析。

11-4 在 Excel 建立樞紐分析表

樞紐分析表(Pivot Tables)是十分重要的商業分析工具,我們可以透過樞紐分析表,將原本雜亂無章的表格資料,快速找出所需的資訊。首先詢問 ChatGPT 什麼是 Excel 的樞紐分析表,其詳細的問題描述(ch11-4_gpt.txt),如下:

> 你是 Excel 專家,請使用繁體中文說明什麼是 Excel 的樞紐分析表?

> Excel 的樞紐分析表(PivotTable)是一種功能強大的數據分析工具,它可以幫助您從大量的數據中提取有用的信息並進行分析。樞紐分析表允許您快速對數據進行重排、統計、分組和總結,並以易於理解的方式呈現結果。
>
> 樞紐分析表的主要功能是對數據進行彈性分析和摘要,並能夠輕鬆進行切片、過濾、計算和比較數據。您可以根據需要將數據按行或列進行分組,然後使用不同的計算函數(例如總和、平均值、計數等)對數據進行彙總。此外,您還可以通過拖放字段到樞紐分析表的不同區域來自定義分析的方式,例如行、列、值和報表篩選器區域。
>
> 樞紐分析表還提供了數據總結的功能,包括排序、過濾、總計和子總計等。您可以通過展開或摺疊特定層次的分組數據,以查看詳細數據或摘要數據。樞紐分析表還支持動態更新,這意味著當源數據發生變化時,您可以輕鬆地更新樞紐分析表中的結果。
>
> 總的來說,樞紐分析表是 Excel 中一個強大且靈活的數據分析工具,它可以幫助用戶以直觀且交互式的方式進行數據分析、摘要和報告。

簡單的說,Excel 樞紐分析表就是取出 Excel 工作表的某些欄位進行分組或分類,然後使用欄位值(有重複值)作為 X 軸和 Y 軸,即可針對特定的欄位值進行 X 軸和 Y 軸的交叉分析。X 軸就是欄標籤區域;Y 軸是列標籤區域;分析欄位是值區域的欄位,如下圖:

　　Excel 檔案"文具商品採購清單.xlsx"是國內某家中小企業為了管理各部門的文具用品採購，這是使用 Excel 記錄各部門需採購的文具用品清單，我們準備使用此 Excel 工作表來建立樞紐分析表，其內容如下：

	A	B	C	D	E
1	部門	分類	項目	數量	金額
2	人事部	辦公用品	剪刀	5	275
3	人事部	辦公用品	美工刀	2	90
4	人事部	辦公用品	釘書機	2	96
5	人事部	辦公用品	剪刀	2	110
6	人事部	辦公用品	美工刀	3	135
7	人事部	辦公用品	釘書機	4	192
8	人事部	書寫用品	原子筆(黑)	4	40
9	人事部	書寫用品	原子筆(紅)	6	60
10	人事部	書寫用品	原子筆(藍)	6	60
11	人事部	書寫用品	原子筆(黑)	5	50
12	人事部	書寫用品	原子筆(紅)	5	50
13	人事部	書寫用品	原子筆(藍)	5	50
14	人事部	紙類用品	信封	2	80

工作表1

統計出各部門文具商品數量的樞紐分析表

　　我們準備使用 Excel 檔案"文具商品採購清單.xlsx"來建立樞紐分析表，可以統計出各部門的商品數量，列標籤區域是【部門】欄；欄標籤區域是【分類】和【項目】欄，值區域是【數量】欄的加總。在 Excel 建立樞紐分析表的步驟，如下：

1 請啟動 Excel 開啟"文具商品採購清單.xlsx"，選【插入】標籤，在【表格】群組執行「樞紐分析表>從表格/範圍」命令。

2 可以看到自動選取的表格範圍，沒有問題，請按【確定】鈕。

3 可以看到新增的【工作表2】，和開啟「樞紐分析表欄位」編輯視窗。

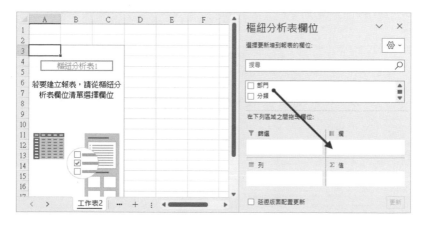

4 請在「樞紐分析表欄位」視窗，勾選【分類】和【項目】欄和拖拉至【欄】欄位。

5 勾選【部門】欄和拖拉至【列】欄；勾選【數量】欄加總至【值】欄。

6 可以看到我們建立的樞紐分析表。

7 請另存成 Excel 檔案"文具商品採購清單樞紐分析表.xlsx"。

各項商品數量總計的樞紐分析表

　　請用 Excel 檔案"文具商品採購清單.xlsx"建立樞紐分析表，可以顯示各項商品的數量總計，以便以此數量來向廠商下訂單，此樞紐分析表沒有列標籤；欄標籤區域是【分類】和【項目】欄，值區域是【數量】欄的加總，如下圖：

　　請另存成 Excel 檔案"文具商品採購清單樞紐分析表 2.xlsx"，如下圖：

統計各項目總金額的樞紐分析表

　　請用 Excel 檔案"文具商品採購清單.xlsx"建立樞紐分析表來統計各項目的總金額，在樞紐分析表可以不指定欄標籤區域，列標籤區域是【分類】和【項目】欄位，值區域是【金額】欄的加總，如下圖：

請另存成 Excel 檔案"文具商品採購清單樞紐分析表 3.xlsx"，如下圖：

在樞紐分析表加上篩選條件

在樞紐分析表可以加上篩選條件來縮小資料範圍，這是在 Excel 新增【篩選】欄的欄位來選擇條件。例如：Excel 檔案"文具商品採購清單樞紐分析表.xlsx"的樞紐分析表是顯示所有部門，請將【部門】欄位作為篩選器，讓使用者可以切換不同的部門，其建立步驟如下：

1 請啟動 Excel 開啟"文具商品採購清單樞紐分析表.xlsx"，在樞紐分析表上，執行【右】鍵快顯功能表的【顯示欄位清單】命令，顯示「樞紐分析表欄位」視窗。

2 將【部門】欄位拖拉至【篩選】欄;【分類】和【項目】欄都拖拉至【列】欄。

3 可以看到我們建立的樞紐分析表,在左上方欄位可以切換部門,以此例是切換至【研發部】。

4 請另存成 Excel 檔案"文具商品採購清單樞紐分析表 4.xlsx"。

CHAPTER **12**

在 Excel
進行資料視覺化

12-1 | 在 Excel 設定格式化的條件

Excel 可以使用【設定格式化的條件】和【圖表】來執行資料視覺化,如下所示:

- 設定格式化的條件:Excel 工作表可以使用設定格式化的條件來執行資料視覺化,這是依據內容來套用儲存格範圍的特殊樣式,當儲存格內容符合條件,就自動套用特定樣式,此條件稱為規則(Rules),例如:儲存格值超過 265(>=265)時顯示綠色。

- 圖表:Excel 支援多種圖表來幫助我們執行資料視覺化。

12-1-1 醒目提示儲存格規則

在 Excel 可以使用醒目提示儲存格規則來指定儲存格套用的樣式，基本上，儲存格內容只需符合下列條件，如下所示：

- 數值資料在特定範圍，例如：大於、小於、在之間和等於特定值。

- 文字資料包含特定字串。

- 日期資料在相對目前日期的日期範圍，例如：昨天、今天、明天、上星期、這星期、下星期、上月、這月和下月等。

- 儲存格內容是重複值（在第 10-5-2 節已經使用過）。

我們準備使用台積電公司在 2019 年 9 月份的股價為例，說明如何使用醒目提示儲存格規則，其步驟如下所示：

1 請啟動 Excel 開啟"ch12-1-1.xlsx"，選【Close】欄位的儲存格後，在上方功能區選【常用】索引標籤，執行「樣式」群組的「設定格式化條件 >醒目提示儲存格規則」命令，執行【大於】命令。

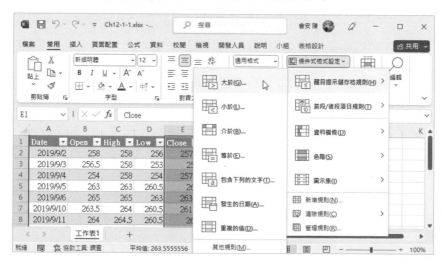

2 在「大於」對話方塊輸入【265】，【顯示為】欄選【綠色填滿與深綠色文字】，按【確定】鈕。

3 執行【小於】命令，在「小於」對話方塊輸入【255】，【顯示為】欄選【紅色填滿與深紅色文字】，按【確定】鈕。

4 執行【介於】命令，在「介於」對話方塊輸入【255】～【265】，【顯示為】欄選【黃色填滿與深黃色文字】，按【確定】鈕。

5 在 Excel 的 Close 欄位可以看到不同色彩標示的儲存格內容。

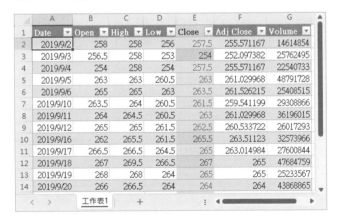

6 請另存成 Excel 檔案"ch12-1-1_result.xlsx"。

12-1-2   前段/後段的項目規則

Excel 可以使用前段/後段的項目規則來指定儲存格套用的樣式，只需儲存格內容符合下列條件，如下：

- 前 10 個項目。
- 前 10%。
- 最後 10 個項目。
- 最後 10%。
- 高於平均。
- 低於平均。

我們準備使用台積電公司在 2019 年 9 月份的日成交量為例，說明如何使用前段/後段的項目規則，其步驟如下：

1 請啟動 Excel 開啟"ch12-1-2.xlsx"，選【Volume】欄位的儲存格後，在上方功能區選【常用】索引標籤，執行「樣式」群組的「設定格式化條件>前段/後段的項目規則>前 10 個項目」命令。

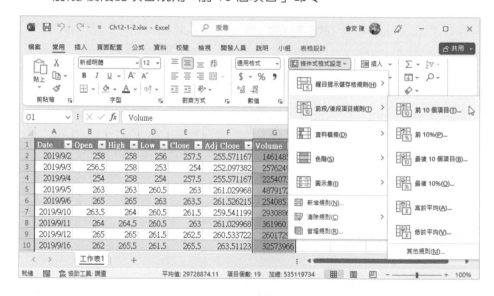

2 在「前 10 個項目」對話方塊輸入 【5】，即前 5 個，【顯示為】欄選 【綠色填滿與深綠色文字】，按【確 定】鈕。

3 執行【最後 10 個項目】命令，在「最 後 10 個項目」對話方塊輸入【5】， 即最後 5 個，【顯示為】欄選【紅 色填滿與深紅色文字】，按【確定】 鈕。

4 在 Excel 的 Volume 欄位可以看到不同色彩標示的前 5 個和最後 5 個儲存 格。

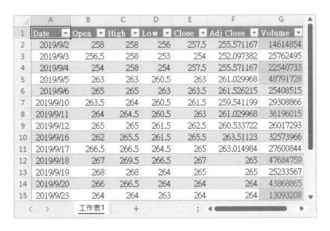

	A	B	C	D	E	F	G
1	Date	Open	High	Low	Close	Adj Close	Volume
2	2019/9/2	258	258	256	257.5	255.571167	14614854
3	2019/9/3	256.5	258	253	254	252.097382	25762495
4	2019/9/4	254	258	254	257.5	255.571167	22540733
5	2019/9/5	263	263	260.5	263	261.029968	48791728
6	2019/9/6	265	265	263	263.5	261.526215	25408515
7	2019/9/10	263.5	264	260.5	261.5	259.541199	29308866
8	2019/9/11	264	264.5	260.5	263	261.029968	36196015
9	2019/9/12	265	265	261.5	262.5	260.533722	26017293
10	2019/9/16	262	265.5	261.5	265.5	263.51123	32573966
11	2019/9/17	266.5	266.5	264.5	265	263.014984	27600844
12	2019/9/18	267	269.5	266.5	267	265	47684759
13	2019/9/19	268	268	264	265	265	25233567
14	2019/9/20	268	266.5	264	264	264	43868865
15	2019/9/23	264	264	263	264	264	13093208

工作表1

5 請另存成 Excel 檔案"ch12-1-2_result.xlsx"。

12-1-3　資料橫條

Excel 可以使用資料橫條（Data Bars）的彩色漸層來標示儲存格的值相對 於其他儲存格值的差異，這是使用資料橫條的長度標示儲存格的值，比較長 是較高值；較短是較低值，共有六種色彩可供選擇：藍色、綠色、紅色、黃 色、淺藍色和紫色。

　　當資料量龐大時，我們可以使用資料橫條來視覺化較高、較低和中間值。例如：台積電公司在 2019 年 9 月份的日成交量，可以使用漸層色彩的資料橫條來標示相對於其他儲存格值的資料視覺化，其步驟如下：

1 請啟動 Excel 開啟"ch12-1-3.xlsx"，選【Volume】欄位的儲存格後，在上方功能區選【常用】索引標籤，執行「樣式」群組的「設定格式化條件 > 資料橫條」命令，選「漸層填滿 > 藍色資料橫條」圖示。

2 在 Excel 的 Volume 欄位可以看到使用漸層色彩的資料橫條長度來標示儲存格的值。

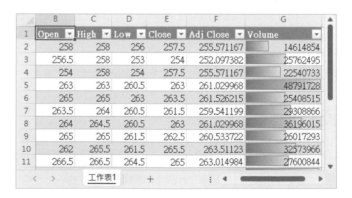

3 再選【Volume】欄位的儲存格後，在上方功能區選【常用】索引標籤，執行「樣式」群組的「設定格式化條件>資料橫條」命令，選「實心填滿>橘色資料橫條」圖示。

4 在 Excel 的 Volume 欄位可以看到使用純色的資料橫條長度來標示儲存格的值。

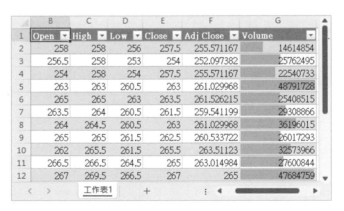

5 請另存成 Excel 檔案"ch12-1-3_result.xlsx"。

12-1-4　色階

　　Excel 可以使用色階（Color Scales）標示一個儲存格的值相對於指定範圍其他儲存格的值，即使用儲存格背景的色階來顯示儲存格值的差異。當我們套用在一系列儲存格範圍時，可以使用顏色標示儲存格值在該範圍的位置，支援兩色階或三色階，如下：

- 兩色階：可以使用白色/紅色、紅色/白色、綠色/白色、白色/綠色、綠色/黃色和黃色/綠色。

- 三色階：可以使用綠色/黃色/紅色、紅色/黃色/綠色、綠色/白色/紅色、紅色/白色/綠色、藍色/白色/紅色和紅色/白色/藍色。

　　我們準備使用台積電公司在 2019 年 9 月份的日成交量為例，說明如何使用色階的資料視覺化，其步驟如下：

1 請啟動 Excel 開啟"ch12-1-4.xlsx"，選【Volume】欄位的儲存格後，在上方功能區選【常用】索引標籤，執行「樣式」群組的「設定格式化條件>色階」命令，選【綠 - 黃 - 紅色階】圖示。

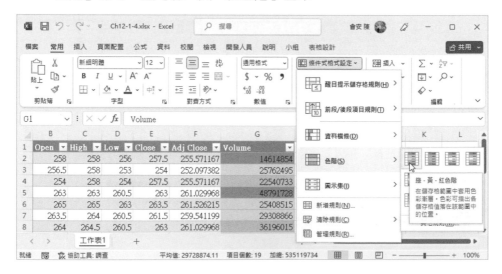

2 在 Excel 的 Volume 欄位可以看到使用儲存格背景的色階來顯示儲存格值的差異。

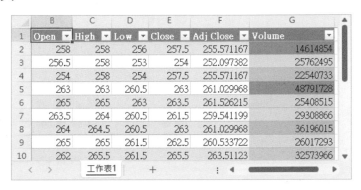

3 請另存成 Excel 檔案"ch12-1-4_result.xlsx"。

12-1-5 圖示集

Excel 儲存格可以使用圖示集（Icon Sets）來標示數字之間的差異，支援的圖示集如下表：

圖示集種類	圖示集
方向性	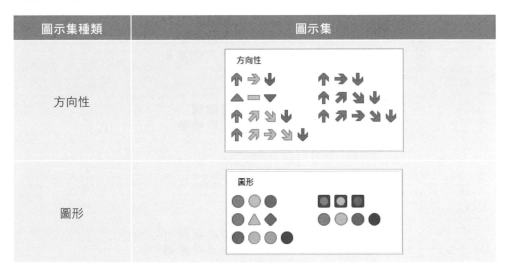
圖形	

圖示集種類	圖示集
指標	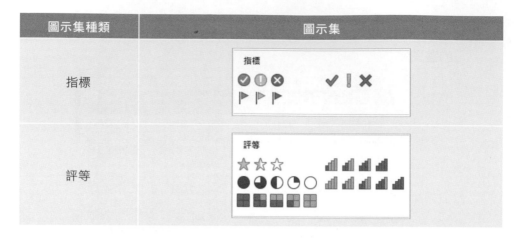
評等	

我們準備使用台積電公司在 2019 年 9 月份的日成交量為例，說明如何使用圖示集來執行資料視覺化，其步驟如下：

1 請啟動 Excel 開啟"ch12-1-5.xlsx"，選【Volume】欄位的儲存格後，在上方功能區選【常用】索引標籤，執行「樣式」群組的「設定格式化條件 >圖示集」命令，選「圖形>紅色到黑色」圖示集。

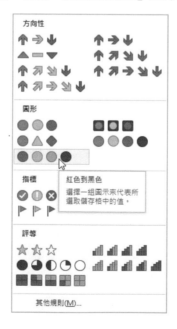

2 可以在 Excel 的 Volume 欄位看到使用此圖示集顯示儲存格值的差異。

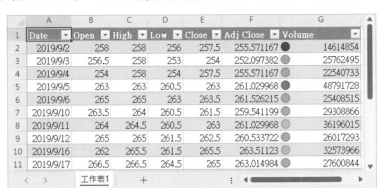

3 請另存成 Excel 檔案"ch12-1-5_result.xlsx"。

12-2　在 Excel 建立視覺化圖表

　　Excel 支援多種圖表來幫助我們執行資料視覺化，在這一節將說明常用的折線圖、直條圖（即長條圖）、散佈圖和組合圖來說明如何在 Excel 工作表繪製視覺化圖表。

12-2-1　折線圖

　　折線圖（Line Plots）是一種常用的視覺化圖表，這是使用一序列資料點的標記，使用直線連接標記來建立圖表，一般來說，折線圖可以顯示以時間為 x 軸的趨勢（Trends），例如：使用折線圖顯示台積電公司在 2019 年 9 月份的開盤和收盤價趨勢圖，其步驟如下：

1 請啟動 Excel 開啟"ch12-2-1.xlsx"，使用 `Ctrl` 鍵同時選【Date】和【Close】兩個欄位的儲存格（不含第 1 列的標題文字）後，在上方功能區選【插入】索引標籤，執行「圖表」群組的【建議圖表】命令。

2 在「插入圖表」對話方塊的建議圖表是【折線圖】，不用更改，按【確定】鈕。

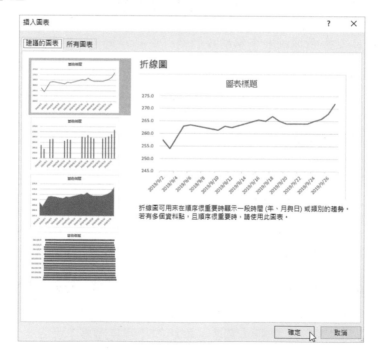

3 請移動圖表至插入位置的儲存格後，即可在工作表新增折線圖。

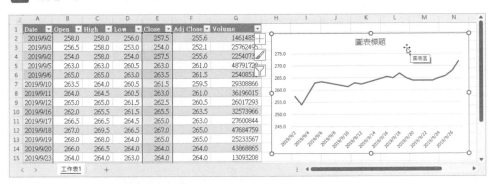

4 在上方功能區的【設計】索引標籤支援多種圖表樣式，請執行「圖表樣式」群組的【樣式 3】更改圖表樣式。

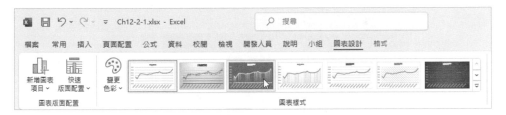

5 可以看到折線圖表已經套用選擇的圖表樣式。

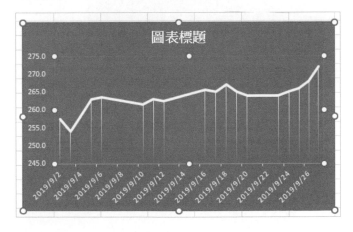

6 雙擊圖表上方的標籤文字，就可以編輯標題文字【台積電股價趨勢圖】。

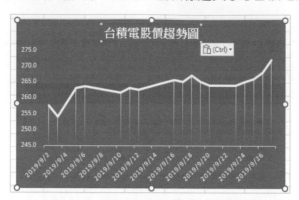

7 點選圖表後，按右上方【＋】號圖示可以新增圖表項目，以此例是新增
【座標軸標題】和【趨勢線】，可以看到圖表新增這些項目。

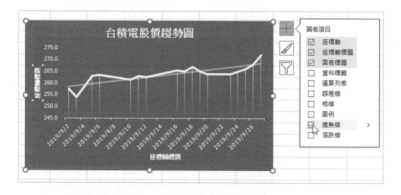

8 請分別雙擊 2 個座標軸上的標題文字，將垂直改成【收盤價】；水平改
為【日期】。

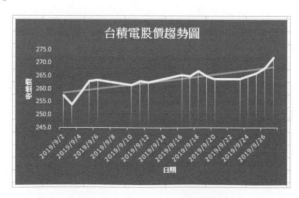

9 選圖表後，執行【右】鍵快顯功能表的【選取資料】命令，可以新增其他欄位的資料。

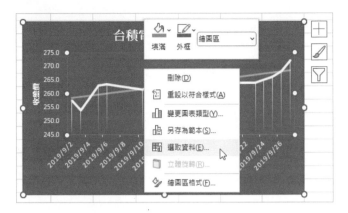

10 在「選取資料來源」對話方塊可以看到垂直和水平資料，請按【新增】鈕新增垂直的圖例項目。

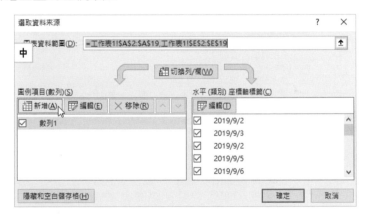

11 在「編輯數列」對話方塊選擇新資料的數列名稱和數列值，首先是數列名稱，請點選【數列名稱】欄位後游標所在的圖示。

12 選"B1"儲存格的標題文字【Open】後，可以看到欄位填入的位置，然後點選欄位後圖示，即可展開對話方塊。

13 然後點選下方【數列值】欄位後的圖示。

14 選取"B2:B19"範圍的儲存格後，按 Enter 鍵。

15 可以在「編輯數列」對話方塊看到我們選取的數列名稱和數列值，請按【確定】鈕。

16 然後在「選取資料來源」對話方塊可以看到新增的圖例項目【Open】，
請選【數列 1】按【編輯】鈕，可以更改數列名稱。

17 在【數列名稱】欄輸入【Close】，按 2 次【確定】鈕完成數列的新增和
編輯。

18 接著點選圖表，按右上方【＋】號圖示再新增圖表項目的【圖例】。

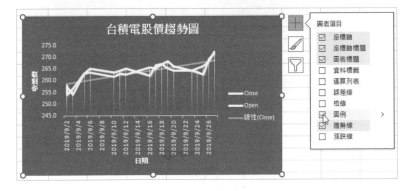

19 接著，我們準備調整垂直軸的範圍，請點選垂直座標軸，執行【右】鍵快顯功能表的【座標軸格式】命令，將最小值改成 250；最大值改成 270。

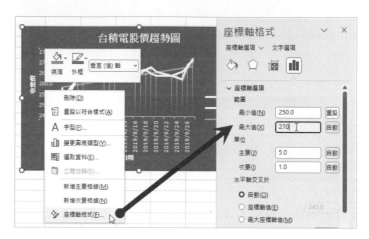

20 因為目前 2 條折線的色彩是相同的，請點選折線，按滑鼠【右】鍵，可以在上方選【數列 "Open"】後，選【外框】，再選【深紅色】來更改折線色彩。

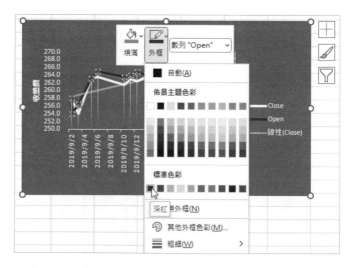

21 最後可以看到我們建立的折線圖。

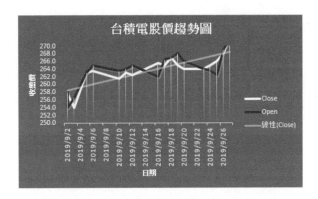

22　請另存成 Excel 檔案"ch12-2-1_result.xlsx"。

12-2-2　直條圖

　　Excel 的直條圖（Column Plots）就是長條圖（Bar Plots），這是使用長條型色彩區塊的高度來比較不同分類的值。例如：早餐店的飲料有奶茶、豆漿和紅茶三種，我們準備建立直條圖來比較各種飲料的銷售量，其步驟如下：

1　請啟動 Excel 開啟"ch12-2-2.xlsx"，請選取"A1 :D16"範圍的儲存格後，在上方功能區選【插入】索引標籤，選「圖表」群組下【直條圖】圖示的【平面直條圖>群組直條圖】。

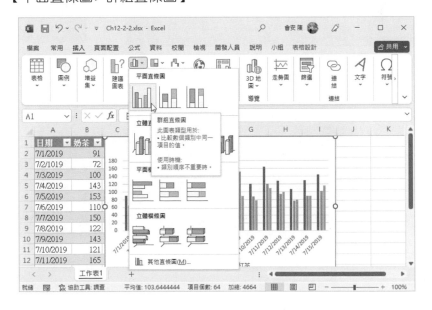

2 然後移動圖表選擇插入位置和拖拉調整寬度尺寸後，即可在工作表新增直條圖。

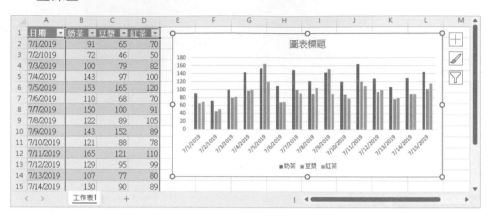

3 點選圖表，在右上方選第 2 個圖示，可以更改圖表樣式成為樣式 8。

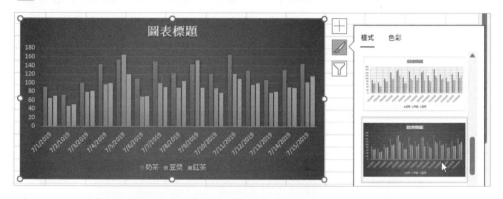

4 請點選圖表的標題文字，修改標題文字成為【早餐店飲料】。

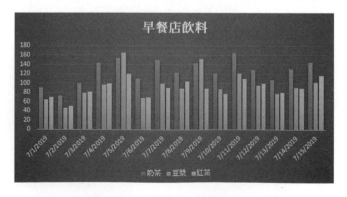

5 接著，我們準備修改圖表種類，請點選圖表，在上方功能區選【設計】
標籤，執行「類型」群組的【變更圖表類型】命令。

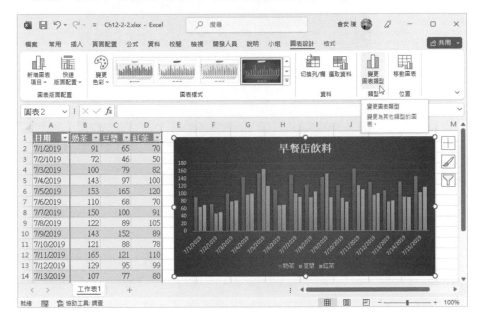

6 在「變更圖表類型」對話方塊選【直條圖】下的【立體堆疊直條圖】，
然後選第 1 種圖表後，按【確定】鈕。

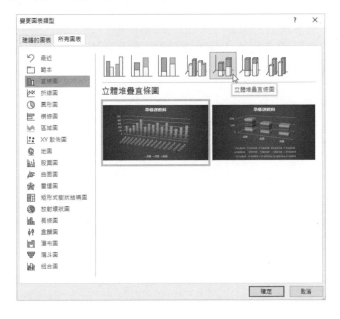

7 可以看到原來的直條圖改成為立體堆疊直條圖。

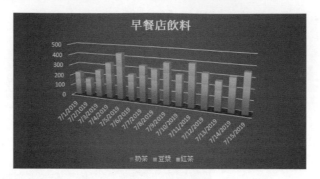

8 請另存成 Excel 檔案"ch12-2-2_result.xlsx"。

12-2-3 散佈圖

散佈圖（Scatter Plots）是二個變數分別在垂直 y 軸和水平的 x 軸座標來繪出各資料點，可以顯示一個變數受另一個變數的影響程度，也就是識別出兩個變數之間的關係，例如：NBA 球員薪水是 y 軸；得分是 x 軸來繪製散佈圖，可以看出薪水和得分之間的關係，其步驟如下：

1 請啟動 Excel 開啟"ch12-2-3.xlsx"，使用 Ctrl 鍵同時選【salary】（年薪）的"C1:C98"範圍和【PTS】（得分）欄位的"E1:E98"範圍的儲存格後，在上方功能區選【插入】索引標籤，選「圖表」群組下【散佈圖】圖示的第 1 種散佈圖。

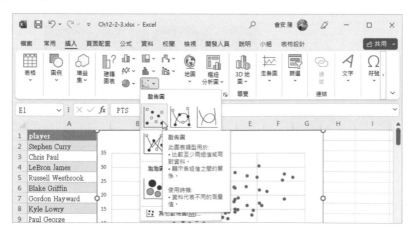

2 然後在移動圖表插入位置後，可以在工作表新增散佈圖。

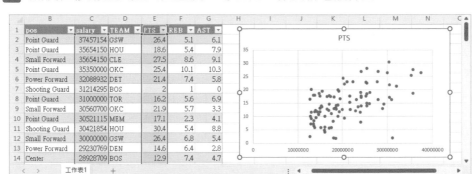

3 請點選圖表，依序更改樣式和圖表的標題文字【NBA 球員薪水與得分】，
最後可以看到完成的散佈圖。

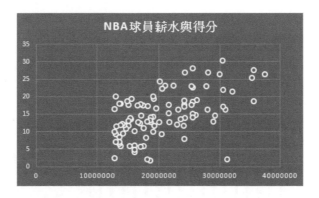

4 請另存成 Excel 檔案"ch12-2-3_result.xlsx"。

12-2-4　組合圖

　　Excel 的組合圖是在同一張圖表上結合顯示多種類型的圖表，例如：新
增組合圖來同時顯示台積電收盤價趨勢的折線圖和成交量的直條圖，其步驟
如下：

1 請啟動 Excel 開啟"ch12-2-4.xlsx"，可以看到已經新增成交量的直條圖，
因為 x 軸是日期座標軸，所以有休市的間隔日期，請選圖表下方的 x 軸，
在其上執行【右】鍵快顯功能表的【座標軸格式】命令。

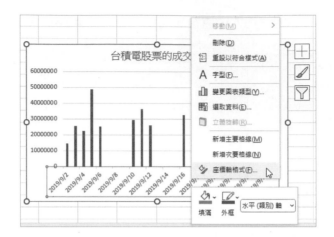

2 在左邊【座標軸類型】選【文字座標軸】，可以看到成交量的日期不再有間隔。

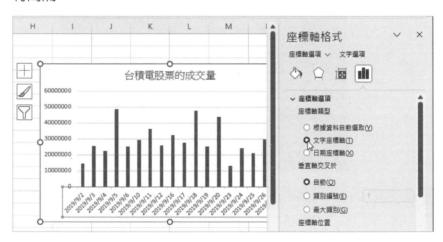

3 我們準備新增【Close】欄位資料，請選圖表後，執行【右】鍵快顯功能表的【選取資料】命令，在「選取資料來源」對話方塊的中間按【新增】鈕新增圖例項目。

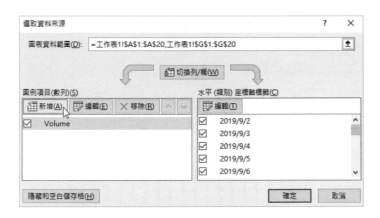

4 在「編輯數列」對話方塊的數列名稱欄選【E1】儲存格,數列值欄選
【E2:E19】,按【確定】鈕。

5 可以在「選取資料來源」對話方塊看到新增的圖例項目【Close】,按【確
定】鈕。

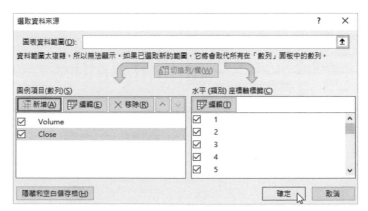

6 因為收盤價和成交量的數字範圍差異太大，所以收盤價在直條圖上幾乎看不到折線圖。

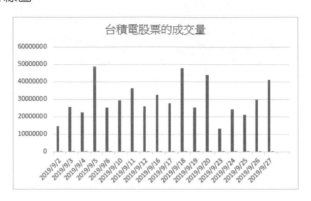

7 我們準備修改圖表種類為組合圖，請點選圖表，在上方功能區選【設計】標籤，執行「類型」群組的【變更圖表類型】命令。

8 在「變更圖表類型」對話方塊選最後【組合圖】，然後選第 2 個【群組直條圖 – 折線圖於副座標軸】，按【確定】鈕。

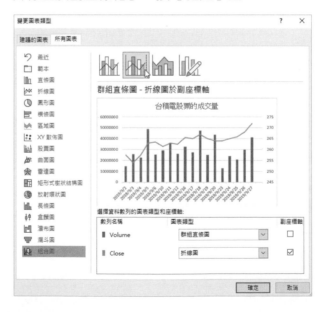

9 請更改標題文字、增加圖例和更改樣式後，可以看到我們最後建立的組合圖（直條圖+折線圖）。

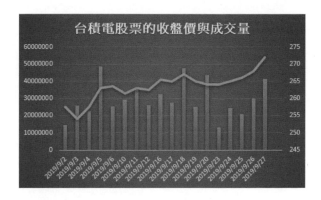

10 請另存成 Excel 檔案"ch12-2-4_result.xlsx"。

12-3 使用 Excel 樞紐分析表建立動態圖表

在第 11-4 節建立的 Excel 樞紐分析表也可以建立視覺化圖表，而且在 Excel 建立的圖表是一種動態圖表，可以依據使用者的選擇來動態調整圖表內容。其建立步驟如下：

1 請啟動 Excel 開啟"文具商品採購清單樞紐分析表 4.xlsx"，在上方功能區選【插入】索引標籤，執行「圖表」群組的【建議圖表】命令。

2 可以看到建議圖表是【群組直條圖】，不用更改，按【確定】鈕。

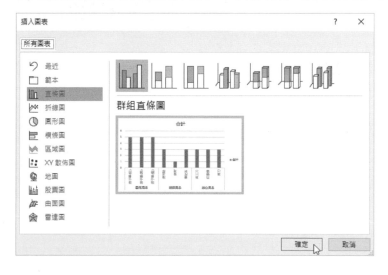

3 請移動圖表的插入位置後，即可在工作表新增群組直條圖。

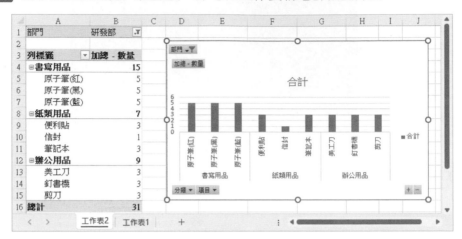

4 在編輯輸入圖表的標題文字和更改圖表樣式後，就可以建立樞紐分析表的圖表。

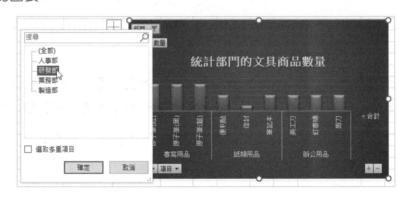

上述圖表是一張動態圖表，提供多個圖表按鈕，可以自行選擇部門的篩選條件、分類和項目來顯示動態的圖表內容。

5 請另存成 Excel 檔案"文具商品採購清單樞紐分析表 4_result.xlsx"。

CHAPTER **13**

Power Automate Desktop 基本使用

13-1　認識 Power Automate 與 RPA

　　RPA 的英文全名是 Robotic Process Automation（機器人程序自動化），這是如同機器人般的自動化流程技術，一種自動化執行所需工作的電腦軟體或技術，微軟的 Power Automate 就是一種 RPA 工具。

認識 Power Automate

　　微軟 Power Automate 是微軟公司推出的流程自動化工具，最早的名稱是 Microsoft Flow，可以讓我們建立跨不同應用程式和服務的自動化流程，也就是當符合特定事件時，Power Automate 就會自動執行流程的一系列操作，例如：執行應用程式、處理 Excel 資料、發送電子郵件、備份檔案和輸出 PDF 報表等。

　　簡單的說，Power Automate 就是一位個人專屬的機器人秘書，可以將日常工作中需要重複且固定流程的操作都丟給 Power Automate 來自動化處理，當成功將這些日常工作建立成標準的自動化流程後，即可大幅簡化日常事務，讓你將更多時間和心力放在更有價值的工作上。

微軟 Power Automate 的版本

　　微軟 Power Automate 主要有兩個版本，如下：

- Power Automate：一套雲端付費授權的自動化工具，可以建立跨不同應用程式和服務的自動化流程，輕鬆將公司或組織內部的工作流程自動化。Power Automate 支援超過 500 種連接器來自動化連接各種雲端服務，透過這些服務的連接來強化跨公司各部門的合作，例如：Microsoft 365、Salesforce、Google、LINE、Twitter、Zoom 和 Dropbox 等。

- Power Automate Desktop：這是一套 Windows 桌面的自動化工具，在 Windows 11 作業系統已經成為內建功能；Windows 10 可免費下載使用，Power Automate Desktop 可以自動化桌面應用程式和網頁操作，將日常單調且重複的電腦操作都自動化，在桌面版提供視覺化流程設計工具，可以讓我們輕鬆建立和管理桌面自動化的工作流程。

13-2　下載與安裝 Power Automate Desktop

　　Power Automate Desktop 需要登入微軟帳號，因為需要將相關流程資料儲存在此帳號的 OneDrive 雲端硬碟，如果讀者還沒有申請微軟帳號，請先進入 https://account.microsoft.com/ 網址申請一個微軟帳號。

下載 Power Automate Desktop

　　在 Windows 11 作業系統已經內建 Power Automate Desktop，所以並不用自行安裝，Windows 10 使用者可以免費下載安裝程式來自行安裝，其下載步驟如下：

1 請啟動瀏覽器進入 https://flow.microsoft.com/zh-tw/desktop/，按【免費開始 > 】鈕下載 Power Automate Desktop。

2 請選【Install Power Automate using the MSI installer】超連結下載 MSI 安裝程式。

3 再選【Download the Power Automate installer】超連結下載安裝程式檔案。

Install Power Automate using the MSI installer

1. Download the Power Automate installer ⬈. Save the file to your desktop or Downloads folder.

2. Run the **Setup.Microsoft.PowerAutomate.exe** file.

3. Follow the instructions in the **Power Automate for desktop setup** installer.

在本書下載的安裝程式檔名：Setup.Microsoft.PowerAutomate.exe。

安裝 Power Automate Desktop

當成功下載 Power Automate Desktop 安裝程式檔案後，我們就可以在 Windows 10 作業系統安裝 Power Automate Desktop，其安裝步驟如下：

1 請雙擊【Setup.Microsoft.PowerAutomate.exe】安裝程式，可以看到 Power Automate 套件的說明，按【下一步】鈕。

2 可以看到安裝的詳細資訊，包含安裝路徑和套件內容，不用更改，請勾選最後一個選項同意授權後，按【安裝】鈕。

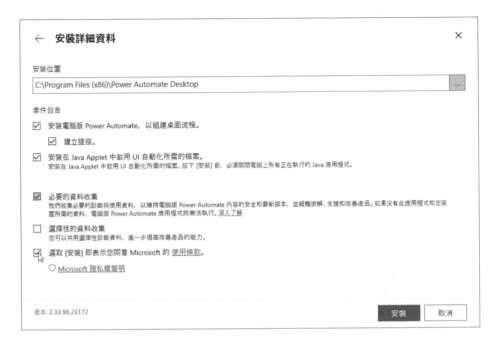

3 當看到使用者帳戶控制，請按【是】鈕後，可以看到目前的安裝進度，
請稍等一下，等到安裝完成，按【啟動應用程式】鈕可以馬上啟動 Power
Automate Desktop，請按【關閉】鈕結束安裝。

13-3　建立第一個 Power Automate 桌面流程

　　在成功安裝 Power Automate Desktop 後，我們就可以啟動 Power Automate Desktop 來建立第一個桌面流程（Desktop Flows），在建立前，我們需要登入微軟帳號。

啟動 Power Automate Desktop 登入微軟帳號

　　請注意！使用 Power Automate Desktop 需要擁有微軟帳號，如果沒有，請先進入 https://account.microsoft.com/ 網址申請好微軟帳號後，再啟動 Power Automate Desktop 來登入微軟帳號，其步驟如下：

1 請執行「開始＞Power Automate＞Power Automate」命令啟動 Power Automate Desktop，在欄位輸入微軟帳號後，按【登入】鈕。

2 然後輸入此微軟帳號的密碼後，再按【登入】鈕。

3 在選擇國家和地區後，按【開始使用】鈕。

4 可以看到歡迎使用的訊息視窗，按【開始導覽】鈕可以快速瀏覽 Power Automate，請按【跳過】鈕後，再按【了解】鈕。

5 可以看到 Power Automate 的執行畫面。

建立第一個 Power Automate 桌面流程

現在，我們就可以使用 Power Automate Desktop 建立第一個桌面流程，而流程就是「動作」和「順序」的組合，如下：

- 動作：新增流程所需的動作來建立自動化作業。

- 順序：我們需要正確的安排執行動作的順序，才能夠成功完成所需的自動化作業。

例如：讓使用者輸入姓名後，在訊息視窗顯示歡迎訊息，這是依序執行 2 個動作來完成此自動化，其建立步驟如下：

1 若尚未啟動，請執行「開始>Power Automate>Power Automate」命令 啟動 Power Automate Desktop，選【我的流程】標籤，可以看到目前並 沒有任何流程，請點選左上方【+ 新流程】來新增流程。

2 在【流程名稱】欄輸入【第一個流程】的名稱後，按【建立】鈕建立桌 面流程。

3 可以在【我的流程】標籤看到新增的流程。

4 接著馬上就會自動啟動桌面流程設計工具，請在左邊的「動作」窗格展開【訊息方塊】後，拖拉【顯示輸入對話方塊】動作至中間名為【Main】標籤的子流程，即可新增此動作。

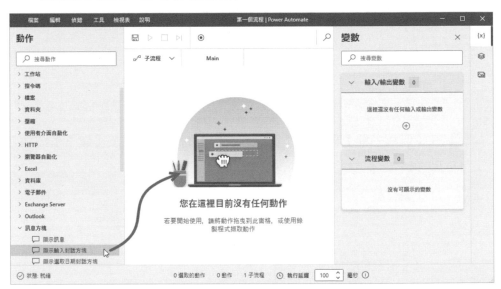

Memo

在 Power Automate Desktop 桌面流程可以新增多個子流程，每一個子流程是一頁標籤頁，預設建立名為【Main】的子流程（可視為主流程，因為執行流程就是從此流程的第 1 個動作開始）。

5 在新增動作後，馬上就會顯示對話方塊來編輯動作的參數，請在【輸入對話方塊標題】欄輸入對話方塊上方的標題文字，【輸入對話方塊訊息】欄是顯示的訊息內容，在下方是產生的變數，按【儲存】鈕儲存動作參數。

選取參數

∨ 一般

輸入對話方塊標題:　　　　　　輸入姓名　　　　　　　　　　　{x} ⓘ

輸入對話方塊訊息:　　　　　　請輸入姓名 I　　　　　　　　　{x} ⓘ

預設值:　　　　　　　　　　　　　　　　　　　　　　　　　{x} ⓘ

輸入類型:　　　　　　　　　　單行　　　　　　　　　　　∨ ⓘ

輸入對話方塊一律保持在最上方:　 ◯　　　　　　　　　　　　　　ⓘ

> 變數已產生　UserInput　ButtonPressed

6 可以看到在【Main】標籤新增的動作，在右邊的「變數」窗格可以看到此動作產生的 UserInput 和 ButtonPressed 共 2 個流程變數，UserInput 就是使用者輸入的資料；ButtomPressed 是按下哪一個按鈕。

7 請拖拉【訊息方塊】下的【顯示訊息】動作至中間【Main】標籤，其位置是在第 1 個動作的下方來新增此動作。

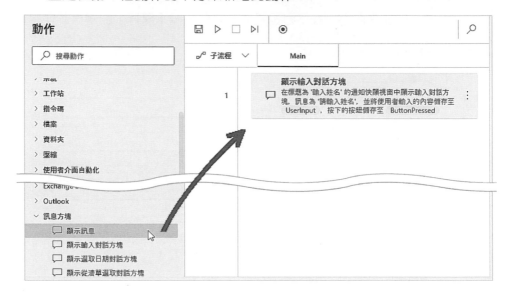

8 然後編輯動作參數，在【訊息方塊標題】欄輸入上方標題文字；【訊息方塊圖示】欄是顯示的圖示，例如：訊息，在【要顯示的訊息】欄是顯示的訊息文字，我們準備加上之前的 UserInput 變數，如果在字串中使用變數，需在變數名稱前後加上「%」（稱為佔位符），如下：

    歡迎使用者：%UserInput%

9 按【儲存】鈕，可以看到在【Main】標籤新增的動作，在右邊的「變數」窗格同時多了一個 ButtonPressed2 變數。

10 現在我們已經完成桌面流程的建立，請執行「檔案 > 儲存」命令儲存流
程，然後在 Windows 工作列切換至桌面流程管理工具，即可在名為【第
一個流程】的項目，點選游標所在的三角箭頭來執行流程。

Memo

我們也可以使用桌面流程設計工具【Main】標籤上方的工具列來執行流程，第
1 個磁片圖示是儲存流程，請按第 2 個圖示按鈕來執行流程，如下圖：

11 稍等一下，可以看到輸入對話方塊，請輸入姓名後，按【OK】鈕。

12 可以看到訊息視窗顯示的歡迎訊息文字和你輸入的姓名，請按【確定】鈕結束流程的執行。

13-4 | Power Automate 介面說明與匯出/匯入流程

Power Automate Desktop 使用介面主要是管理和設計流程兩大工具，因為目前版本並沒有提供匯出/匯入流程的功能，我們只能使用複製和貼上方式來處理桌面流程的匯出與匯入。

13-4-1　Power Automate Desktop 使用介面

Power Automate Desktop 使用介面主要有兩個工具：流程管理的桌面流程管理工具，和設計桌面流程的流程設計工具。

桌面流程管理工具

在 Power Automate Desktop 新增流程後，就會在桌面流程管理工具的【我的流程】標籤，看到建立的流程，如下圖：

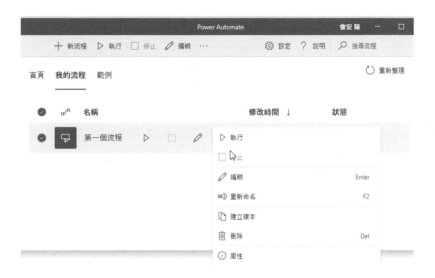

上述清單的每一個項目是一個桌面流程，在名稱後的 3 個圖示依序是執行流程、停止流程和編輯流程，點選垂直 3 個點，可以顯示更多動作的選單，讓我們重新命名流程、建立流程的複本和刪除流程等操作。

桌面流程設計工具

在新建流程，或在流程項目點選第 3 個圖示編輯流程，都可以開啟桌面流程設計工具，如下圖：

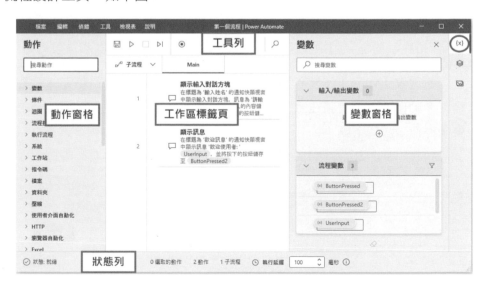

上述 Power Automate 流程設計工具的上方標題列是功能表，最下方是狀態列，在工具區標籤頁的上方是工具列，可以儲存和執行流程，三個主要窗格的說明，如下：

- 動作窗格：在動作窗格是以分類方式來顯示桌面流程支援的動作清單，因為 Power Automate 支援的動作相當的多，請活用上方搜尋欄，可以直接輸入關鍵字來搜尋所需的動作。

- 工作區標籤頁：這是桌面流程的編輯區域，預設新增名為 Main 的子流程標籤頁，對於複雜流程，我們可以將相關動作分割成多個子流程，在主流程是使用【流程控制>執行子流程】動作來執行子流程。這是點選子流程後的向下箭頭，再選下方【+ 新的子流程】來新增子流程，如下圖：

- 變數窗格：如果沒有看到，請點選右方垂直標籤的【{x}】圖示來切換顯示變數窗格（第 2 個圖示是 UI 元素，在第 14 章會有進一步的說明），此窗格顯示的是流程中使用的變數，包含：輸出/輸入變數和流程變數。

在選取【Main】子流程的動作項目後，可以在後方看到垂直 3 個點，這是更多動作的選單（請注意！當選取項目後有出現 3 個點時，就表示有提供更多操作），如下圖：

點選垂直 3 個點，可以看到針對此動作項目的更多動作選單，如右圖：

✏️ 編輯		Enter
▷ 從這裡執行		Alt+F5
↺ 復原		Ctrl+Z
↻ 重做		Ctrl+Y
✂️ 剪下		Ctrl+X
📋 複製		Ctrl+C
📋 貼上		Ctrl+V
↑ 上移		Shift+Alt+Up
↓ 下移		Shift+Alt+Down
停用動作		
🗑️ 刪除		Del

上述命令可以編輯動作、從這裡執行此動作、上移/下移來調整流程中的動作順序（你也可以直接在流程中拖拉動作來調整順序），如果執行【停用動作】命令，可以讓此動作沒有作用，在執行時就會自動跳過此動作不處理，可以幫助我們進行流程測試和除錯，最後一個是刪除動作的命令。

13-4-2　匯出和匯入 Power Automate 的桌面流程

在 Power Automate 雲端版本有支援流程分享功能，但是目前的 Power Automate Desktop 版本並沒有匯出/匯入流程的功能，我們只能自行使用複製和貼上方式來匯出/匯入桌面流程。

匯出 Power Automate Desktop 流程

我們準備使用複製和貼上方式來匯出第 13-3 節建立的桌面流程，其步驟如下：

1 請開啟第 13-3 節流程的流程設計工具後，點選【Main】標籤的工作區，即可按 `Ctrl` + `A` 鍵全選欲匯出的動作，可以看到灰底顯示選取的所有動作，然後按 `Ctrl` + `C` 鍵複製此流程的所有動作。

2 接著啟動【記事本】，按 Ctrl + V 鍵貼上內容後，再按 Ctrl + S 鍵儲存成"ch13-3.txt"檔案。

匯入 Power Automate Desktop 流程

在成功將複製的流程動作儲存成.txt 檔案後，就可以匯入 Power Automate Desktop 流程，例如："ch13-3.txt"，其匯入步驟如下：

1 請啟動記事本開啟"ch13-3.txt"檔案後，首先執行「編輯 > 全選」命令後，再執行「編輯 > 複製」命令複製全部內容。

2 然後啟動 Power Automate Desktop，點選左上方【＋ 新流程】新增名為【Test】的新流程。

3 點選 Main 標籤頁的工作區後，按 Ctrl + V 鍵貼上記事本中的內容至新流程，即可匯入第 13-3 節的桌面流程。

13-5 | Power Automate 的變數與資料型態

Power Automate 在執行流程時常常需要記住各動作和子流程之間的一些資料，例如：使用者輸入值或運算結果等，使用的是「變數」（Variables）。

認識變數

在日常生活中，去商店買東西時，為了比較價格，需要記下商品價格，同樣的，程式是使用變數儲存這些執行時需記住的資料，也就是將這些值儲存至變數，當變數擁有儲存值後，就可以在需要的地方取出變數值，例如：執行數學運算和比較運算等。

當我們想將零錢存起來時，可以準備一個盒子來存放這些錢，並且隨時看看已經存了多少錢，這個盒子如同是一個變數，可以將目前金額存入變數，或取得變數值來看看存了多少錢，如下圖：

Power Automate 的變數

在「變數」窗格可以顯示目前桌面流程所建立的變數,如下圖:

上述變數窗格的 Power Automate 變數分為兩種,其簡單說明如下:

- 輸入/輸出變數:這是在自動化流程之間分享資料的變數,請在此框按【+】鈕來新增變數,因為本書內容主要是建立單一流程,所以並不會使用到輸入/輸出變數。

- 流程變數:這是在桌面流程各動作之間的分享資料,在新增動作時就會自動產生相關變數,當然我們也可以自行新增流程變數,請注意!在本書如果沒有特別說明,變數就是指流程變數。

　我們準備建立第 13-3 節桌面流程的複本後,編輯修改流程來新增一個 UserMsg 變數,可以儲存歡迎訊息的字串,其步驟如下:

1 在【我的流程】標籤頁的【第一個流程】項目,點選垂直 3 個點的更多動作,執行【建立複本】命令。

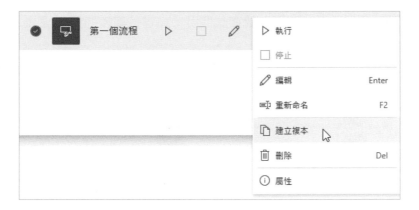

2 在【流程名稱】欄更改流程名稱成為【建立流程變數】後，按【儲存】鈕。

3 稍等一下，等到成功儲存後，按【關閉】鈕。

建立複本   ×

將在「我的流程」下建立並新增此流程的複本

流程名稱

建立流程變數

✓ 已儲存   **關閉**

4 可以看到新增的流程，請在此項目，點選名稱後的第 3 個圖示來編輯此
流程。

5 請拖拉【變數>設定變數】動作至【顯示輸入對話方塊】動作的前方，
可以看到一條插入線，即可插入成為流程的第 1 個動作。

6 然後馬上顯示動作參數設定的對話方塊，首先點選【NewVar】變數名稱
來更改變數名稱。

7 變數名稱只能使用英文、數字和「_」底線，而且第 1 個字元不可是數字，
請直接將變數名稱改為【UserMsg】後，在下方輸入變數值【歡迎使用
者:】，按【儲存】鈕。

8 可以在「變數」窗格看到新增的 UserMsg 變數。

9 然後雙擊最後 1 個【顯示訊息】動作，在【要顯示的訊息】欄改為顯示
UserMsg 變數值後，按【儲存】鈕，如下：

```
%UserMsg% %UserInput%
```

10 流程的執行結果和第 13-3 節相同，當執行流程後，可以在「變數」窗格看到流程執行後的變數值。

　　在 Power Automate 的變數名稱會在前後加上「%」符號，這是佔位符，表示在此位置填入變數或運算式的值，我們可以詢問 ChatGPT 此種變數寫法，詳細的問題描述（ch13-5_gpt.txt），如下：

> 你是 Power Automate 專案，請問為什麼 UserInput 變數在使用時需寫成 %UserInput%，「%」符號是什麼？

 對於Power Automate（以前稱為Microsoft Flow）中的變數，特別是使用者輸入變數，需要在使用時使用「%」符號包圍變數名稱，例如%UserInput%。這是Power Automate中的一種表示方法，稱為動態內容引用。這種表示方法用於指示Power Automate在執行期間將該變數的實際值插入到相應的步驟中。

「%」符號的作用是告訴Power Automate，後面的內容是一個變數名稱，而不是普通的文本。當你在Power Automate的操作步驟中使用變數時，將變數名稱包圍在「%」符號中，系統將會將該變數的值動態地插入到該步驟中，以供後續處理。

這種方式讓Power Automate可以動態地引用和處理不同的變數，並根據實際情況動態調整工作流程。因此，當你在Power Automate中使用使用者輸入變數時，需要使用「%」符號包圍變數名稱，以確保變數在執行期間被正確解析和使用。

　　上述 ChatGPT 的回答說明這是動態內容引用，可以在執行流程時，將變數值插入至「%」符號的位置，簡單的說，變數是佔用此位置來顯示值，所以「%」符號也稱為佔位符。

變數的字面值

變數擁有名稱，例如：Name 和 Height，其儲存的資料"Tom"和 100，稱為「字面值」（Literals），如下所示：

```
100
15.3
"Tom"
```

上述 3 個字面值（也稱為常數）的前 2 個是數值，最後一個是使用「 " 」括起的一序列字元值，稱為字串（Strings）。

變數的資料型態

變數的「資料型態」（Data Types）就是變數儲存字面值的類型，可以是字串、整數或浮點數等，資料型態能夠決定變數可以執行的運算，例如：整數或浮點數變數才能執行四則運算，如果資料型態不同，我們需要先轉換成相同的資料型態後，才能執行運算。

我們可以詢問 ChatGPT 關於 Power Automate 變數的資料型態，其詳細的問題描述（ch13-5a_gpt.txt），如下：

> 你是 Power Automate 專家，請問 Power Automate 流程變數可以使用的資料型態有哪些？

在Power Automate中，流程變數可以使用以下資料型態：

1. 字串 (String)：表示文字或字元的資料型態。可以存儲任何文字數據。
2. 整數 (Integer)：表示整數數值的資料型態。用於處理不帶小數的數字。
3. 浮點數 (Float)：表示帶有小數的數值的資料型態。用於處理包含小數部分的數字。
4. 布林 (Boolean)：表示真或假的資料型態。用於處理二元邏輯值。
5. 日期/時間 (Date/Time)：表示日期和時間的資料型態。用於處理日期和時間相關的數據。
6. 物件 (Object)：表示複雜數據結構的資料型態。可以包含多個屬性和值。
7. 陣列 (Array)：表示一系列值的資料型態。可以存儲多個值並按索引訪問。
8. 檔案 (File)：表示檔案的資料型態。用於處理檔案上傳和下載。

這些資料型態可用於Power Automate中的流程變數，您可以根據需要在流程中使用它們來處理不同類型的數據。

13-6 │ Power Automate 的條件、清單與迴圈

Power Automate 桌面流程可以使用條件動作來更改流程的執行順序，或使用迴圈來重複執行動作，而清單（List）就是對比傳統程式語言的陣列。

13-6-1　條件

Power Automate 的條件是使用 If、Else 和 Else if 動作所組成，If 動作是建立單選條件、If+Else 動作組合建立二選一條件，If+Else if+Else 動作組合建立多選一條件。

單選條件：ch13-6-1.txt

我們準備修改第 13-3 節的流程，新增 If 條件判斷在輸入資料後，使用者是否是按【OK】鈕，如果是，才顯示訊息，其步驟如下：

1 請使用【第一個流程】建立名為【單選條件】的流程複本，然後編輯此流程，在「動作」窗格拖拉【條件>If】動作至 2 個動作之間。

2 然後編輯動作參數，在【第一個運算元】欄位輸入 ButtonPressed 變數（此變數值是儲存輸入對話方塊按下的按鈕名稱），請注意！在動作參數的欄位輸入變數需要加上前後的「%」符號，以便和字串作區分，之後的 OK 是字串；不是變數。

3 【運算子】欄位的大於、等於和小於是比較運算子，以此例是等於，在【第二個運算元】欄位輸入變數值等於"OK"（因為沒有前後的「%」符號，所以這是字串，而且輸入的字串也不用在前後加上「"」），這是按下【OK】鈕的變數值，然後按【儲存】鈕儲存參數。

Memo

在編輯動作參數的欄位後如果看到【{x}】圖示，表示欄位可以選擇直接填入變數，點選即可選擇可用的變數，如下圖：

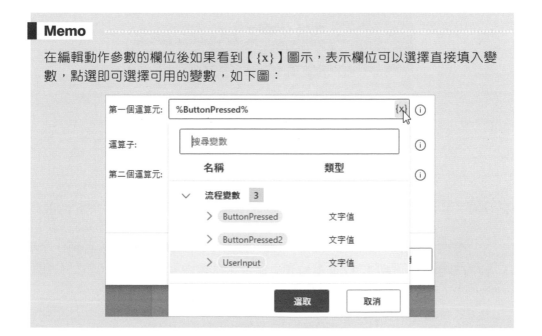

4 當拖拉 If 動作至流程後，流程就會自動新增 End 動作，此時當條件成立，就是執行這 2 個動作之間的動作，請直接拖拉【訊息方塊>顯示訊息】動作至這 2 個動作之間。

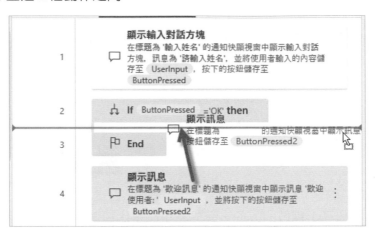

5 可以看到我們建立的流程，【顯示訊息】動作是位在 If 和 End 動作之間，即程式語言的程式區塊，換句話說，當條件成立，就是執行此程式區塊的動作（可能不只一個）。

　　請執行流程，當在輸入對話方塊，按下【Cancel】鈕，可以看到什麼事都沒有發生，只有按下【OK】鈕才會顯示訊息視窗。

二選一條件：ch13-6-1a.txt

單選條件只是執行或不執行，問題是上述單選流程，當條件不成立時，什麼事也不會發生，因為使用者不應該按【取消】鈕，所以可以加上 Else 動作，改成二選一條件，當按下【取消】鈕時，顯示另一個說明的訊息視窗。

請使用【單選條件】建立名為【二選一條件】的流程複本，然後編輯此流程，拖拉【條件>Else】動作至【顯示訊息】動作之後，如下圖：

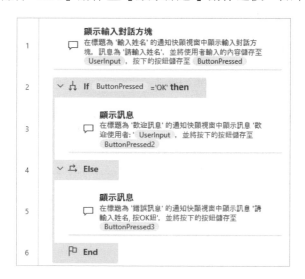

然後，再拖拉 1 個【訊息方塊>顯示訊息】動作至 Else 和 End 動作之間，這是條件不成立時執行的程式區塊，即可編輯動作參數，如下圖：

訊息方塊標題:	錯誤訊息 {x} ⓘ
要顯示的訊息:	請輸入姓名, 按OK鈕 {x} ⓘ
訊息方塊圖示:	錯誤 ⌄ ⓘ

執行此流程，當按下【Cancel】鈕，可以看到另一個訊息視窗，如下圖：

13-6-2　清單與迴圈

Power Automate 支援多種迴圈，在這一節是使用【迴圈】動作的計數迴圈，和走訪清單項目的【For each】迴圈。

使用迴圈建立清單：ch13-6-2.txt

Power Automate 變數可以儲存流程所需的單一資料，如果需要儲存大量資料，例如：6 個英文單字，使用變數需要建立 6 個變數；清單就只需一個，可以儲存 6 個英文單字，每一個單字是清單的一個元素（項目）。

我們準備使用【迴圈】動作來建立清單，清單元素值就是計數迴圈的計數值，其建立步驟如下：

1 請在 Power Automate Desktop 新增名為【使用迴圈建立清單】的流程，首先新增【變數>建立新清單】動作，預設建立名為 List 的變數，這是一個沒有元素的空清單。

2 然後拖拉【迴圈>迴圈】動作至【建立新清單】動作之後，就可以設定參數，【開始位置】欄是計數迴圈的起始值 1；【結束位置】是終止值 10；遞增量是每次增加的值 2 後，按【儲存】鈕。

上述【迴圈】動作稱為計數迴圈，因為迴圈會從開始位置的值開始，遞增至結束位置的值，每次增加遞增量的值，以此例是從 1 至 10，每次加 2，LoopIndex 變數值依序是 1、3、5、7、9，當再加 2 成為 11 時，因為超過結束位置值 10，所以結束迴圈的執行。同理，如果遞增量的值是 1，LoopIndex 變數值依序是 1、2、3、4、5、6、7、8、9、10。

3 目前建立的桌面流程共有 3 個動作，包含自動加上的【End】動作，而迴圈重複執行的就是位在【迴圈】和【End】動作之間的動作。

4 因為準備將 LoopIndex 變數值依序新增至清單,所以請拖拉【變數>新增項目至清單】動作至【迴圈】和【End】動作之間,然後編輯動作參數,在【新增項目】欄輸入迴圈的 LoopIndex 變數(別忘了前後「%」符號表示這是變數,不是字串);在【至清單】欄輸入 List 清單變數後,按【儲存】鈕。

5 最後可以看到我們建立的桌面流程。

執行上述流程後,可以看到重複執行【新增項目至清單】動作來新增項目至清單,最後可以在「變數」窗格看到 List 變數值,如下圖:

For each 迴圈顯示清單項目：ch13-6-2a.txt

在【使用迴圈建立清單】流程是建立 List 清單變數和新增 5 個項目，我們準備修改此流程，使用 For each 迴圈來顯示清單項目，使用的是【顯示訊息】動作，其建立步驟如下：

1 請使用【使用迴圈建立清單】建立名為【For each 迴圈顯示清單項目】的流程複本，然後編輯此流程，拖拉【迴圈>For each】動作至流程最後，然後編輯動作參數，可以走訪 List 清單變數來一一儲存至 CurrentItem 變數，請輸入【%List%】後，按【儲存】鈕。

For each	✕
↻ 逐一查看清單、資料表或資料列中的項目，讓動作區塊能重複執行 其他資訊	
選取參數	
要逐一查看的值：　%List%	{x} ⓘ
儲存至：　　　　CurrentItem　{x}	
	儲存　　取消

2 同樣的，【For each】動作也會自動新增【End】動作，請拖拉【訊息方塊>顯示訊息】動作至 For each 和 End 動作之間後，編輯此動作的參數，標題是【項目值】；顯示的訊息是 CurrentItem 變數值。

訊息方塊標題：	項目值	{x} ⓘ
要顯示的訊息：	項目值: %CurrentItem%	{x} ⓘ

3 最後，可以看到我們修改建立的桌面流程。

執行上述流程，可以看到 For each 迴圈重複使用訊息視窗來顯示項目值，因為共有 5 個項目，所以會顯示 5 次，請持續按 5 次【確定】鈕，可以看到值依序是 1、3、5、7 和 9，如下圖：

CHAPTER **14**

Power Automate Desktop 辦公室自動化

14-1　自動化檔案與資料夾處理

Power Automate Desktop 檔案與資料夾處理的相關動作是位在【檔案】和【資料夾】分類，可以執行資料夾與檔案的複製、移動、重新命名和刪除等相關的自動化操作。

14-1-1　取得目錄下的檔案和資料夾清單

在【取得目錄下的檔案和資料夾清單】流程（流程檔：ch14-1-1.txt）共有4個步驟的動作，可以取得指定目錄下的檔案和資料夾清單，如下圖：

1 【變數 > 設定變數】動作可以指定變數 SourceFolder 的路徑是「D:\WebScraper\Ch14\教育訓練成績」（請自行修改路徑）。

2 【資料夾 > 取得資料夾中的子資料夾】動作可以取得指定路徑下的資料夾清單儲存至 Folders 變數，【資料夾】欄位是目標路徑，其值可以是變數，或點選欄位後第 1 個資料夾圖示來選擇路徑（第 2 個圖示是選變數），【資料夾篩選】欄是過濾條件，「*」符號表示所有資料夾，開啟【包含子資料夾】可包含子資料夾下的資料夾，如下圖：

3　【資料夾>取得資料夾中的檔案】動作可以取得指定路徑下的檔案清單
　　儲存至 Files 變數,在【資料夾】欄位是目標路徑,【檔案篩選】欄是過
　　濾條件,「*」符號表示所有檔案,開啟【包含子資料夾】可包含子資料
　　夾下的檔案,如下圖:

選取參數

∨　一般

資料夾:　　　　%SourceFolder%　　　　　　　　　　📁 {x} ⓘ

檔案篩選:　　　*　　　　　　　　　　　　　　　　　　　{x} ⓘ

包含子資料夾:　⬤◯　　　　　　　　　　　　　　　　　　ⓘ

〉進階

〉變數已產生　Files

♡ 錯誤時　　　　　　　　　　　　　　　儲存　　　　取消

4　【資料夾>取得資料夾中的檔案】動作和步驟 3 相同,檔案清單是儲存
　　至 Files2 變數,檔案的篩選條件是【*.xlsx】,可以過濾取出副檔名是.xlsx
　　的 Excel 檔案,如下圖:

檔案篩選:　　*.xlsx　　　　　　　　　　　　　　　　{x} ⓘ

　　　上述流程的執行結果,可以在「變數」窗格檢視流程變數的值,其值就
是取得的檔案和資料夾清單,如下圖:

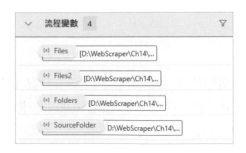

∨　流程變數　4　　　　　　　　　　　　　▽

　　(x) Files　　[D:\WebScraper\Ch14\...

　　(x) Files2　　[D:\WebScraper\Ch14\...

　　(x) Folders　　[D:\WebScraper\Ch14\...

　　(x) SourceFolder　　D:\WebScraper\Ch14\...

上述 Files、Files2 和 Folders 變數的資料型態是清單，請雙擊變數名稱，例如：Files2，可以看到此清單的項目，每一個項目就是一個 Excel 檔案，如下圖：

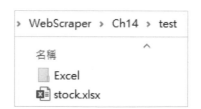

上述變數 Files2 因為有篩選，所以只有.xlsx 檔案，如果是 Files 變數，就可以看到.xlsx 和.csv 檔案清單；Folders 變數是資料夾清單。

14-1-2　批次重新命名和移動檔案

Power Automate Desktop 可以建立桌面流程，將整個目錄下的 Excel 檔案重新命名來加上日期後，移動這些 Excel 檔案至另一個全新目錄。首先請開啟 Windows 檔案總管，自行複製「Ch14\examples」目錄成為「Ch14\test」目錄，如下圖：

上述 Excel 檔案是位在「Excel」子目錄，共有【營業額 1~4.xlsx】四個 Excel 檔案，流程可以將這些 Excel 檔名後加上日期後，全部移動至新建的「Ch14\test\Output」目錄。

在【批次重新命名和移動檔案】流程（流程檔：ch14-1-2.txt）共有 8 個步驟的動作，在取得指定目錄下的檔案清單後，使用 For each 迴圈一一更名檔案加上日期後，將更名檔案移動至新目錄，如下圖：

1 　【變數 > 設定變數】動作可以指定變數 SourcePath 的路徑是「D:\WebScraper\Ch14\test」（請自行修改路徑）。

2 　【資料夾 > 建立資料夾】動作是建立新資料夾，在【建立新資料夾於】欄是新資料夾的根路徑，【新資料夾名稱】欄是新建的資料夾名稱，以此例是建立「Ch14\test\Output」目錄，如下圖：

3 【資料夾>取得資料夾中的檔案】動作可以取得「Ch14\test\Excel」路徑下的所有檔案清單，來儲存至 Files 變數。

4 ～ **6** 【迴圈>For each 迴圈】動作的迴圈是走訪 Files 清單，在取出每一個 CurrentItem 項目變數的檔案後，在步驟 5 更名檔案。

5 【檔案>重新命名檔案】動作是更名檔案，欲更名的檔案是 CurrentItem 變數值，在【重新命名配置】欄選【加入日期時間】後，即可在下方指定加入目前的日期/時間、位置在名稱之後、分隔符號是底線、格式是 yyyyMMdd，和不處理已存在的檔案，如下圖：

7 【檔案>移動檔案】動作可以移動檔案，要移動的檔案是位在「Excel」目錄下的所有 Excel 檔案（＊.xlsx），目的地資料夾是「Output」，如果檔案已經存在就覆寫檔案，如下圖：

一般		
要移動的檔案:	%SourcePath%\Excel*.xlsx	
目的地資料夾:	%SourcePath%\Output	
如果檔案已存在:	覆寫	
變數已產生　MovedFiles		

8 【資料夾 > 刪除資料夾】動作就是刪除「Excel」資料夾,在【要刪除的資料夾】欄是欲刪除資料夾的路徑,如下圖:

上述流程的執行結果,可以在「Output」資料夾看到移動至此的 Excel 檔案清單,和在檔名後看到已經加上目前日期,如下圖:

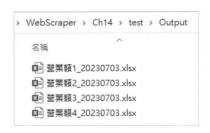

14-1-3 複製檔案和刪除檔案

在「Ch14\test」目錄下有 1 個 stock.xlsx 檔案,我們準備建立流程移動此檔案至「Ch14\test\Output」目錄,不過,我們移動檔案的作法是先複製檔案後,再刪除原來的檔案。

在【複製檔案和刪除檔案】流程(流程檔:ch14-1-3.txt)共有 3 個步驟的動作,可以使用複製和刪除檔案動作來移動檔案,如下圖:

1 【變數 > 設定變數】動作可以指定變數 SourcePath 的路徑是「D:\WebScraper\Ch14\test」(請自行修改路徑)。

2 【檔案>複製檔案】動作可以將 stock.xlsx 檔案複製至「Output」子目錄，如果檔案已經存在就覆寫檔案，如下圖：

<table>
<tr><td colspan="2">∨ 一般</td></tr>
<tr><td>要複製的檔案：</td><td>%SourcePath%\stock.xlsx　　　　　　　🗋 {x} ⓘ</td></tr>
<tr><td>目的地資料夾：</td><td>%SourcePath%\Output　　　　　　　　🗁 {x} ⓘ</td></tr>
<tr><td>如果檔案已存在：</td><td>覆寫　　　　　　　　　　　　　　　　∨ ⓘ</td></tr>
<tr><td colspan="2">＞ 變數已產生　CopiedFiles</td></tr>
</table>

3 【檔案>刪除檔案】動作可以將原目錄的 stock.xlsx 檔案刪除掉，如下圖：

<table>
<tr><td colspan="2">∨ 一般</td></tr>
<tr><td>要刪除的檔案：</td><td>%SourcePath%\stock.xlsx　　　　　　🗋 {x} ⓘ</td></tr>
</table>

上述流程的執行結果，可以在「Output」資料夾看到移動至此目錄的 Excel 檔案 stock.xlsx，如下圖：

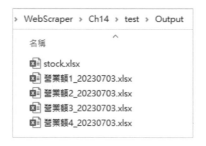

14-2 ┃ 自動化日期/時間處理

Power Automate Desktop 的日期/時間處理動作是位在【日期時間】分類，可以取得今天的日期/時間、調整日期/時間和計算時間差，如下圖：

　　我們準備建立【建立延遲指定秒數的條件迴圈】流程（流程檔：ch14-2.txt），此流程共有 7 個步驟的動作，可以使用日期時間動作和條件迴圈來建立延遲指定秒數的桌面流程（即【流程控制>等候】動作），如下圖：

1 【變數>設定變數】動作是指定變數 DelayTime 的值是 10，即延遲 10 秒。

2 【日期時間>取得目前日期與時間】動作可以取得目前的系統日期與時間儲存至 CurrentDateTime 變數，在【擷取】欄選【目前日期與時間】，或【僅目前日期】，【時區】欄設定使用的時區，如下圖：

3 【日期時間>加入至日期時間】動作是用來調整日期/時間後，儲存至 ResultedDate 變數，在【日期時間】欄是欲調整的日期/時間，以此例是之前的 CurrentDateTime 變數值，【加】欄是增加值，DelayTime 變數的值 10，即加 10 個單位，單位是在【時間單位】欄指定，可以是年、月份、天、小時、分鐘和秒，以此例是秒，如下圖：

∨ 一般	
日期時間：	%CurrentDateTime%
加：	%DelayTime%
時間單位：	秒
> 變數已產生	ResultedDate

4 ～ **7** 【迴圈>迴圈條件】動作可以建立條件迴圈，當條件成立就繼續執行迴圈區塊中的步驟 5~6，直到條件不成立為止。此迴圈的條件如下：

```
CurrentDateTime < ResultedDate
```

選取參數	
第一個運算元：	%CurrentDateTime%
運算子：	小於 (<)
第二個運算元：	%ResultedDate%

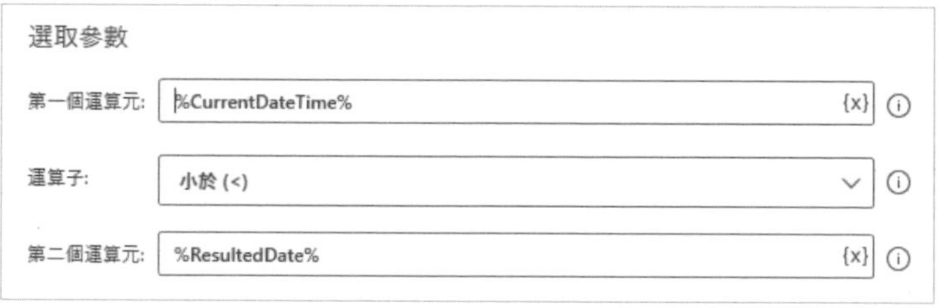

5 【日期時間>取得目前日期與時間】動作可以取得目前的系統日期與時間儲存至 CurrentDateTime 變數，每一次迴圈都可以取得最新的日期/時間來更新 CurrentDateTime 變數值，如下圖：

∨ 一般	
擷取：	目前日期與時間
時區：	系統時區
> 變數已產生	CurrentDateTime

6 【日期時間>減去日期】動作可以計算【開始日期】欄和【減去日期】
欄的時間差,然後儲存至 TimeDifference 變數,計算單位是【取得差異】
欄,可以是天、小時、分鐘或秒,其計算公式如下:

```
ResultedDate - CurrentDateTime
```

上述流程的執行結果,可以在「變數」
窗格檢視整個流程執行過程的變數值,如
右圖:

上述 TimeDifference 變數值從約 10 秒逐漸減少至 0 秒,時間差因為流程
本身執行每一動作就有延遲時間,所有會產生誤差,等到 CurrentDateTime
變數值大於等於 ResultedDate 變數值時,就結束迴圈執行,其經過時間大約
等於 DelayTime 變數值的 10 秒。

14-3 | 自動化操作 Windows 應用程式

Power Automate Desktop 流程可以自動化操作 Windows 應用程式,簡單
的說,我們是使用流程來模擬你操作 Windows 應用程式的步驟,可以自動化
完成你日常工作中重複且固定的應用程式操作。

14-3-1 認識與使用 UI 元素

基本上，Power Automate Desktop 流程能夠自動化操作 Windows 應用程式的關鍵是「UI 元素」（UI Elements），UI 元素就是組成 Windows 視窗程式介面的元素，例如：功能表命令、按鈕、標籤、文字方塊、下拉式選單和文件等，而我們點選的操作就是在點選這些 UI 元素。

在 Power Automate Desktop 新增流程且開啟桌面流程設計工具後，就可以新增和管理 UI 元素，例如：新增點選【記事本】的【檔案】功能表，此時的 UI 元素就是【檔案】，其新增步驟如下：

1 請啟動 Windows 記事本後，輸入一段文字內容。

2 然後啟動 Power Automate Desktop 新增名為【自動化操作 Windows 記事本】流程且開啟桌面流程設計工具後，點選右上方第 2 個【UI 元素】圖示，可以看到 UI 元素管理介面，目前並沒有 UI 元素。

3 按【新增 UI 元素】鈕新增 UI 元素，可以看到「UI 元素選擇器」對話方塊，此選擇器可以幫助我們選取應用程式的 UI 元素。

4 當我們使用滑鼠在 Windows 桌面上移動時，在應用程式上可以看到紅色框和上方顯示的 UI 元素名稱，這就是選擇器識別出的 UI 元素，請移至【檔案】選單，可以看到是 Menu Item 元素。

5 請按 Ctrl 鍵+滑鼠左鍵選取此 UI 元素，可以在「UI 元素選擇器」對話方塊看到新增的 UI 元素，我們可以重複上述操作來新增其他所需的 UI 元素，最後請按【完成】鈕來完成選擇。

6 在「UI 元素」窗格可以看到我們新增的 UI 元素。

選 UI 元素，可以在下方看到選取介面擷取的影像，選項目後方的垂直 3 個點，可以顯示更多功能表命令來編輯、重新命名和刪除 UI 元素。

| Memo |

當 Windows 應用程式的介面元素無法識別出是 UI 元素時，Power Automate Desktop 支援直接使用影像比對方式來識別出介面元素，也就是先擷取介面元素區域的影像後，使用此影像來比對操作的介面元素。

請點選桌面流程設計工具右上方的第 3 個【影像】圖示，可以看到「影像」窗格，如下圖：

上述 2 個影像是第 14-5 節功能表命令的 Scrape 和 Export Data 的影像，按【擷取影像】鈕，可以使用滑鼠拖拉出指定區域來擷取出所需介面元素的影像。請注意！此種方法因為是比對影像，所以效能比較差。

14-3-2　自動化操作 Windows 記事本

在本節 Windows 記事本的自動化操作流程，其步驟依序是：

1. 啟動【記事本】。

2. 輸入一段字內容。

3. 執行功能表命令離開【記事本】。

4. 不儲存檔案。

請繼續第 14-3-1 節的步驟來建立流程（流程檔：ch14-3-2.txt），如下：

1 請不儲存重新啟動【記事本】後，在 Power Automate Desktop 左邊「動作」窗格拖拉【系統>執行應用程式】動作來啟動【記事本】。

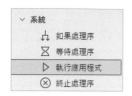

2 編輯動作參數，在【應用程式路徑】欄點選後方圖示選擇執行檔的完整路徑「C:\Windows\System32\notepad.exe」，按【儲存】鈕。

執行應用程式　　　　　　　　　　　　　　　　　×

▷　透過執行相關聯的應用程式來執行應用程式或開啟文件 其他資訊

選取參數

∨ 一般

應用程式路徑：　C:\Windows\System32\notepad.exe　　　▢ {x} ⓘ
　　　　　　　　　　　　　　　　　　　　　　　　　　選取檔案

命令列引數：　　

工作資料夾：　　　　　　　　　　　　　　　　　▷ {x} ⓘ

視窗樣式：　　　標準　　　　　　　　　　　　　∨ ⓘ

應用程式啟動後：　立即繼續　　　　　　　　　　∨ ⓘ

> 變數已產生　 AppProcessId

♡ 錯誤時　　　　　　　　　　　　　儲存　　　取消

Memo

如何找出 Windows 應用程式的執行檔路徑，請在【開始】功能表的程式項目上，執行【右】鍵快顯功能表的「更多>開啟檔案位置」命令，可以看到程式捷徑，請在捷徑上執行【右】鍵快顯功能表的【內容】命令，可以在【目標】欄找到執行檔案的完整路徑。

3 接著拖拉【使用者介面自動化>按一下視窗中的 UI 元素】動作至流程的最後，在【UI 元素】欄點選最後的向下箭頭，可以直接選取現有的 UI 元素，請按左下角的【新增 UI 元素】鈕來新增 UI 元素。

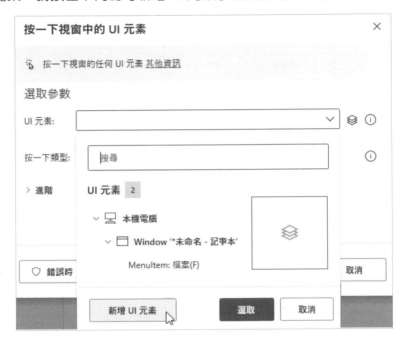

4 可以看到「UI 元素選擇器」對話方塊，請移至【記事本】的編輯區域，這是 Document 元素，按 Ctrl 鍵＋滑鼠左鍵選取此 UI 元素。

5 可以在【UI 元素】欄填入選取的 UI 元素，按【儲存】鈕。

6 接著準備輸入一段文字內容，請拖拉【滑鼠和鍵盤 > 傳送按鍵】動作至流程的最後，然後在【要傳送的文字】欄位輸入欲傳送的文字內容【自動化操作 Windows 記事本】，按【儲存】鈕。

7 我們可以先點選【檔案】，再點選【結束】命令來離開【記事本】，因為 Power Automate Desktop 有執行功能表命令的動作，請拖拉【使用者介面自動化>選取視窗中的功能表選項】動作至流程的最後，在【UI元素】欄點選最後的向下箭頭後，按【新增 UI 元素】鈕。

8 請開啟【記事本】的「檔案」功能表，選【結束】命令，這是 Menu Item 元素，按 Ctrl 鍵＋滑鼠左鍵選取此 UI 元素。

9 可以在【UI 元素】欄填入選取的 UI 元素，按【儲存】鈕。

10 最後再拖拉【使用者介面自動化>按一下視窗中的 UI 元素】動作至流程的最後，在【UI 元素】欄是新增 UI 元素，請在「記事本」訊息視窗選【不要儲存】鈕的 Button 元素，按 Ctrl 鍵＋滑鼠左鍵選取此 UI 元素。

11 可以在【UI 元素】欄填入選取的 UI 元素，按【儲存】鈕。

12 即可看到我們建立的自動化流程，共有 5 個步驟的動作。

1	▷	**執行應用程式** 執行具引數 的應用程式 'C:\Windows\System32\notepad.exe' 並將其程序識別碼儲存至 AppProcessId
2	👆	**按一下視窗中的 UI 元素** 按一下 UI 元素 Document '文字編輯器'
3	⌨	**傳送按鍵** 傳送以下按鍵輸入: '自動化操作Windows記事本' 至前景視窗
4	☰	**選取視窗中的功能表選項** 選取選項 MenuItem: 檔案(F) → 結束(X)
5	👆	**按一下視窗中的 UI 元素** 按一下 UI 元素 Button '不要儲存(N)'

請關閉所有已開啟的【記事本】後，執行上述流程，可以看到自動啟動【記事本】輸入一段文字內容後，馬上結束【記事本】和不儲存檔案。

14-4 實作案例：自動化下載網路 CSV 檔和匯入 Excel 檔

因為目前有很多 Web 網站或政府單位的 Open Data 開放資料網站都提供直接下載資料的按鈕或超連結，除了自行手動下載資料外，只需找出下載的 URL 網址，我們就可以建立 Power Automate Desktop 桌面流程來自動下載 CSV 檔案，並且匯入儲存成 Excel 檔案。

下載美國 Yahoo 的股票歷史資料

在美國 Yahoo 財經網站可以下載股票的歷史資料，例如：台積電網址：

- https://finance.yahoo.com/quote/2330.TW

上述網址最後的 2330 是台積電的股票代碼，.TW 是台灣股市，如下圖：

請在上述網頁選【Historical Data】標籤後，在下方左邊選擇時間範圍，右邊按【Apply】鈕顯示股票的歷史資料後，即可點選下方【Download Data】超連結，下載預設以股票名稱為名的 CSV 檔案。

自動化下載網路 CSV 檔和匯入 Excel 檔：ch14-4.txt

請在 Yahoo 股票資料的【Download Data】超連結上，執行【右】鍵快顯功能表的【複製連接網址】命令，可以取得下載 CSV 檔案的 URL 網址。

在【自動化下載網路 CSV 檔和匯入 Excel 檔】流程共有 8 個步驟的動作，可以下載網路的 CSV 檔和匯入儲存成 Excel 檔案（關於 Excel 操作的進一步說明，請參閱第 15 章），如下圖：

1	↓	**從 Web 下載** 從 'https://query1.finance.yahoo.com/v7/finance/download/2330.TW?period1=1656815744&period2=1688351744&interval=1d&events=history&includeAdjustedClose=true' 下載檔案，並將其儲存至 'D:\WebScraper\Ch14\2330TW.csv'
2	⧗	**等候檔案** 等候檔案 'D:\WebScraper\Ch14\2330TW.csv' 完成建立
3	Aa	**從 CSV 檔案讀取** 從檔案 'D:\WebScraper\Ch14\2330TW.csv' 載入 CSV 資料表至 CSVTable
4	↗	**啟動 Excel** 使用現有的 Excel 程序啟動空白 Excel 文件，並將之儲存至 Excel 執行個體 ExcelInstance
5	⊞	**寫入 Excel 工作表** 在 Excel 執行個體 ExcelInstance 的目前使用中儲存格中寫入某些值 CSVTable
6	↙	**關閉 Excel** 儲存 Excel 文件並關閉 Excel 執行個體 ExcelInstance
7	✥	**移動檔案** 將檔案 'C:\Users\hueya\Documents\活頁簿1.xlsx' 移動至 'D:\WebScraper\Ch14' 並儲存至清單 MovedFiles
8	⊡	**重新命名檔案** 將檔案 'D:\WebScraper\Ch14\活頁簿1.xlsx' 重新命名為 'D:\WebScraper\Ch14\2330TW.xlsx'，並儲存至清單 RenamedFiles

1 【HTTP>從 Web 下載】動作可以使用 HTTP 通訊協定以 URL 網址來下載檔案，如同瀏覽器瀏覽網頁一般，其下載資料是儲存在 DownloadedFile 變數，在【URL】欄位是取得的下載網址，【方法】是【GET】請求，在【儲存回應】欄選【儲存至磁碟(適用於檔案)】來下載檔案，【檔案名稱】欄選指定完整路徑，即可在【目的地檔案路徑】欄指定下載檔案的完整路徑，如下圖：

∨ 一般	
URL:	https://query1.finance.yahoo.com/v7/finance/download/2330.TW?period1=1656815744&period2=1688351744&interval=1d&events=history&includeAdjustedClose=true {x} ⓘ
方法:	GET ⌄ ⓘ
儲存回應:	儲存至磁碟 (適用於檔案) ⌄ ⓘ
檔案名稱:	指定完整路徑 (目的地資料夾 + 自訂檔案名稱) ⌄ ⓘ
目的地檔案路徑:	D:\WebScraper\Ch14\2330TW.csv 🗋 {x} ⓘ
› 進階	
› 變數已產生 DownloadedFile	

2 【檔案>等侯檔案】動作是等侯檔案直到檔案已經建立或刪除，在【等候檔案完成】欄是完成條件，檔案建立是選【建立日期】；檔案刪除是選【已刪除】，【檔案路徑】欄就是等待的檔案，以此例是在等待下載檔案的建立，即完成檔案下載，如下圖：

3 【檔案>從 CSV 檔案讀取】動作是讀取 CSV 檔案內容成為 CSVTable 變數的資料表資料，然後才能存入 Excel 工作表，在【檔案路徑】欄是 CSV 檔案路徑；【編碼】欄是 UTF-8 編碼，如下圖：

4 【Excel>啟動 Excel】動作可以啟動 Excel 開啟存在或建立空白的活頁簿，在【啟動 Excel】欄選【空白文件】是建立空白活頁簿，ExcelInstance 變數值就是 Excel 軟體的執行個體，如下圖：

5 【Excel>寫入 Excel 工作表】可以將讀取的 CSV 資料寫入 Excel 工作表，在【要寫入的值】欄就是之前讀取 CSV 資料的 CSVTable 變數，因為是空白活頁簿，【寫入模式】欄請選【於目前使用中儲存格】，如下：

6 【Excel>關閉 Excel】動作是關閉 Excel，在關閉前可以指定是否儲存 Excel 檔案，請在【在關閉 Excel 之前】欄選【儲存文件】，可以在儲存檔案後再關閉 Excel，如下圖：

7 【檔案>移動檔案】動作是移動流程建立的 Excel 檔案，因為步驟 4 是開啟空白活頁簿，預設是儲存在登入使用者的「文件」目錄，檔名是【活頁簿 1.xlsx】，在【要移動的檔案】欄的路徑中，hueya 就是使用者名稱，請自行修改成你的使用者名稱，【目的地資料夾】欄是移動的目的地路徑，如果檔案已經存在就覆寫檔案，如下圖：

8　【檔案>重新命名檔案】動作是將移至「D:\WebScraper\Ch14」資料夾的【活頁簿 1.xlsx】檔案改名成為【2330TW.xlsx】，如下圖：

上述流程的執行結果，可以在「D:\WebScraper\Ch14」資料夾看到使用下載 CSV 檔案 2330TW.csv 匯入建立的 Excel 檔案：2330TW.xlsx。

14-5　實作案例：自動化啟動 Web Scraper 爬取網頁資料

在本書第一篇是使用 Chrome 擴充功能的 Web Scraper 工具來爬取網頁資料，對於這些在第一篇建立的網站地圖，Power Automate Desktop 可以建立流程來自動化啟動 Web Scraper 選擇指定的網站地圖後，爬取網頁資料和下載爬取資料的 Excel 檔案至你指定的目錄。

在【自動化啟動 Web Scraper 爬取網頁資料】流程（流程檔：ch14-5.txt）共有 21 個步驟的動作，可以自動啟動 Chrome 瀏覽器開啟 Web Scraper 擴充功能，然後選擇 yahoo_movies 網站地圖來爬取 Yahoo!電影的本週新片清單，在成功爬取資料後下載 Excel 檔案，和移動 Excel 檔案至「D:\WebScraper\Ch14」資料夾。

在流程步驟 1~4 是啟動 Chrome 瀏覽器和開啟開發人員工具，並且將開發人員工具固定在瀏覽器視窗的下方，如下圖：

1　【系統＞執行應用程式】動作可以啟動 Chrome 瀏覽器，在【應用程式路徑】欄是 Chrome 執行檔的完整路徑「C:\Program Files (x86)\Google\Chrome\Application\chrome.exe」；【命令列引號】欄是預設載入的 URL 網址（任易的網頁即可）；【視窗樣式】欄是【已最大化】，即最大化視窗尺寸，如下圖：

應用程式路徑：	C:\Program Files (x86)\Google\Chrome\Application\chrome.exe
命令列引數：	https://fchart.github.io/
工作資料夾：	
視窗樣式：	已最大化

2　【滑鼠和鍵盤＞傳送按鍵】動作是送出 F12 鍵來開啟開發人員工具，請點選下方【插入特殊鍵】展開【功能鍵】，即可選取【F12】功能鍵，如下圖：

傳送索引鍵給：	前景視窗
要傳送的文字：	以文字、變數或運算式的形式輸入 {F12}
	插入特殊鍵 ∨　插入輔助按鍵 ∨

3 ~ **4** 使用 2 個【使用者介面自動化>按一下視窗中的 UI 元素】動作，首先點選垂直 3 個點後，再選【Dock to bottom】將開發人員工具固定顯示在瀏覽器視窗的下方（下圖左），2 個 UI 元素（下圖右）如下：

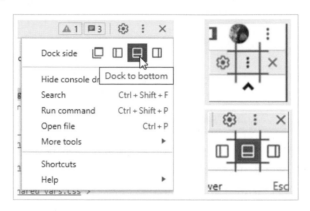

在流程步驟 5~10 是開啟 Web Scraper 找到 yahoo_movies 網站地圖後，點選選單的 Scrape 命令來爬取網頁資料，如下圖：

5 【使用者介面自動化>選取視窗中的索引標籤】動作是點選開發人員工具的【Web Scraper】標籤（下圖左），UI 元素（下圖右）如下圖：

6　【使用者介面自動化>填寫表單>填入視窗中的文字欄位】動作是在
【Search Sitemaps】欄位輸入網路地圖名稱來搜尋網站地圖，在【文字
方塊】欄位是 UI 元素；【要填入的文字】欄就是搜尋的網路地圖名稱，
如下圖：

7　【使用者介面自動化>按一下視窗中的 UI 元素】動作就是點選搜尋結果
找到的網站地圖【yahoo_movies】，如下圖：

8　【使用者介面自動化>按一下視窗中的 UI 元素】動作是點選【Sitemap
yahoo_movies】選單（下圖左），UI 元素（下圖右）如下圖：

9 【滑鼠和鍵盤>移動滑鼠至影像】動作可以移動滑鼠游標至指定的影像，這是因為 UI 元素選不到【Scrape】命令，所以改用影像比對來點選【Scrape】命令，在【要將滑鼠移到其上的影像】欄按下方【選取影像】來選擇影像；在開啟【移動滑鼠後傳送按一下】後，【按一下類型】欄是選【按滑鼠左鍵】，如同是點選【Scrape】命令，如下圖：

┃ Memo

當點選【選取影像】時，可以選擇已經存在的影像（流程設計工具的右上方第 3 個圖示是「影像」窗格），也可以按【擷取影像】鈕使用滑鼠拖拉出區域來擷取目標影像，以此例是擷取出功能表【Scrape】命令的影像，如下圖：

10 【使用者介面自動化>按一下視窗中的 UI 元素】動作就是按【Start scraping】鈕（下圖左），UI 元素（下圖右）如下圖：

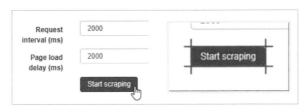

在流程步驟 11~15 是延遲 10 秒等待 Web Scraper 爬取網頁資料，請依實際情況延長此延遲時間的秒數，這部分流程與第 14-2 節相同，筆者就不重複說明，如下圖：

在流程步驟 16~21 是成功下載和移動 Excel 檔案後，關閉 Chrome 瀏覽器，如下圖：

16 ～ 17 與步驟 8~9 相同，這次是點選【Export Data】命令來匯出爬取資料，如下圖：

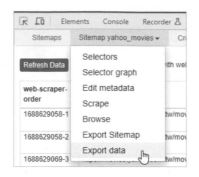

18 【使用者介面自動化>按一下視窗中的 UI 元素】動作是按【.XLSX】鈕（下圖左），UI 元素（下圖右）如下圖：

19 【檔案>等候檔案】動作是等候 Excel 檔案下載，在【檔案路徑】欄是欲等待的檔案，因為檔案是下載至使用者的下載路徑，hueya 是使用者名稱，請自行改成你的使用者名稱，如下圖：

20 【檔案>移動檔案】動作可以移動下載的 Excel 檔案至指定資料夾，在【要移動的檔案】欄的路徑中，hueya 是使用者名稱，請自行改成你的使用者名稱，【目的地資料夾】欄就是移動的目的地路徑，如果檔案已經存在就覆寫檔案，如下圖：

要移動的檔案:	C:\Users\hueya\Downloads\yahoo_movies.xlsx	📄 {x}	ⓘ
目的地資料夾:	D:\WebScraper\Ch14	📁 {x}	ⓘ
如果檔案已存在:	覆寫	∨	ⓘ

21 【滑鼠和鍵盤>傳送滑鼠按一下】動作可以模擬移動滑鼠至指定位置後，按一下滑鼠左鍵，以此例我們是用來點選右上角【X】關閉 Chrome 瀏覽器，在【要傳送的滑鼠事件】欄選【按滑鼠左鍵】；【等候】欄是延遲時間（1000 毫秒就是 1 秒），可以移動滑鼠至【X】和【Y】欄位的游標位置（請移動滑鼠至指定位置後，按 Ctrl + Shift 鍵來取得游標位置的 X 和 Y 值），如下圖：

請先在 Web Scraper 匯入"yahoo_movies.txt"網站地圖後，關閉 Chrome 瀏覽器，就可以執行上述流程，當 Web Scraper 成功爬取網頁資料後，就會下載和移動 Excel 檔案，最後可以在「D:\WebScraper\Ch14」資料夾看到 Excel 檔案"yahoo_movies.xlsx"。

15

Power Automate Desktop 自動化操作 Excel

15-1　自動化建立與儲存 Excel 檔案

Power Automate Desktop 針對 Excel 資料處理提供專屬【Excel】分類，提供全方位的 Excel 操作自動化。我們準備將公司第一季的業績資料建立成 Excel 檔案，其一月和二月份的業績資料如下表：

月份	網路商店	實體店面
一月	35	25
二月	24	43

15-1-1　使用 CSV 檔案建立 Excel 檔案

首先，請自行啟動 Excel 建立一個名為"第一季業績資料.xlsx"的空白活頁簿，然後將業績表格轉換成 CSV 檔案"第一季業績資料.csv"，如下圖：

然後，我們就可以建立【使用 CSV 檔案建立 Excel 檔案】流程（流程檔：ch15-1-1.txt），將上述 CSV 檔匯入儲存成 Excel 檔案，此流程共有 5 個步驟的動作，如下圖：

1 　【Excel>啟動 Excel】動作可以啟動 Excel 儲存成 ExcelInstance 變數（此變數是 Excel 執行個體，可以用來區分不同的 Excel 檔案），在【啟動 Excel】欄選【並開啟後續文件】可以在啟動後開啟指定的 Excel 檔案，【文件路徑】欄就是開啟的 Excel 檔案路徑「D:\WebScraper\Ch15\第一季業績資料.xlsx」，如下圖：

2 【檔案>從 CSV 檔案讀取】動作可以讀取 CSV 檔案內容成為 CSVTable 變數的資料表資料,如此才可以在之後將資料寫入 Excel 工作表,在【檔案路徑】欄是 CSV 檔案路徑;【編碼】欄是 UTF-8 編碼,如下圖:

3 【Excel>寫入 Excel 工作表】動作可以將讀取的 CSV 資料寫入 Excel 工作表,在【要寫入的值】欄是之前讀取 CSV 資料的 CSVTable 變數,【寫入模式】欄選【於指定的儲存格】開始寫入,【資料行】是 A 欄;【資料列】是 1 列,即從"A1"儲存格開始寫入 CSV 資料,如下圖:

4 【Excel>儲存 Excel】動作是儲存或另存 Excel 檔,在【儲存模式】欄選【另存文件為】是另存 Excel 檔案,【文件格式】欄是預設,【文件路徑】欄是另存檔案的路徑,以此例是另存成"第一季業績資料 2.xlsx",如下圖:

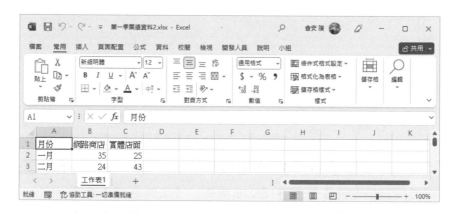

5 【Excel>關閉 Excel】動作是關閉 Excel，在【在關閉 Excel 之前】欄選
【不要儲存文件】，就是直接關閉 Excel 不儲存文件，如下圖：

上述流程的執行結果，可以在相同目錄新增寫入 CSV 資料的 Excel 檔案"
第一季業績資料 2.xlsx"，如下圖：

15-1-2　使用資料表建立 Excel 檔案

Power Automate Desktop 的流程可以自行建立 DataTable 物件，然後將
DataTable 資料表的資料寫入 Excel 檔案。在【使用資料表建立 Excel 檔案】

流程（流程檔：ch15-1-2.txt）是將建立的 DataTable 物件儲存成 Excel 檔案，此流程共有 5 個步驟的動作，如下圖：

1　【變數>資料表>建立新資料表】動作可以新增 DataTable 物件的變數，預設儲存成 DataTable 變數，請在【新增資料表】欄按之後的【編輯】鈕，如下圖：

我們可以直接編輯存入 Excel 檔案的資料表，在輸入時，別忘了第 1 列的標題列，點選右上方【+】是新增欄；左下方【+】是新增列，在欄位標題上，執行【右】鍵快顯功能表的【刪除資料行】命令，可以刪除此欄，同理執行【刪除資料列】命令是刪除列，如下圖：

編輯資料表	Column1	Column2	Column3	
0	月份	網路商店	實體店面	
1	一月	35	25	
2	二月	24	43	

2 【Excel>啟動 Excel】動作是啟動 Excel 和開啟 Excel 檔案「D:\WebScraper\Ch15\第一季業績資料.xlsx」。

3 【Excel>寫入 Excel 工作表】動作可以將 DataTable 變數寫入 Excel 工作表，在【要寫入的值】欄是 DataTable 變數，【寫入模式】欄選【於指定的儲存格】開始寫入，【資料行】是 A 欄；【資料列】是 1 列，即從"A1"儲存格開始寫入，如下圖：

4 【Excel>儲存 Excel】動作是另存 Excel 檔，在【儲存模式】欄選【另存文件為】，【文件路徑】欄是另存檔案的路徑，可以另存成"第一季業績資料 2.xlsx"。

5 【Excel>關閉 Excel】動作是不儲存文件直接關閉 Excel。

上述流程的執行結果和第 15-1-1 節相同，可以在相同目錄新增寫入 DataTable 物件的 Excel 檔案"第一季業績資料 2.xlsx"。

15-2 ｜ 自動化在 Excel 工作表新增整列和整欄資料

對於已經存在的 Excel 檔案，我們可以建立 Power Automate Desktop 流程開啟 Excel 檔案來新增工作表的整列和整欄資料。

15-2-1 在 Excel 工作表新增整列資料

在建立第 15-1 節的 Excel 檔案"第一季業績資料 2.xlsx"後，我們準備建立流程來新增【三月】的業績資料：15、32，然後儲存成"第一季業績資料 3.xlsx"。

在【在 Excel 工作表新增整列資料】流程（流程檔：ch15-2-1.txt）共有 6 個步驟的動作，可以在工作表新增三月的整列業績資料，如下圖：

1	**啟動 Excel** 使用現有的 Excel 程序啟動 Excel 並開啟文件 'D:\WebScraper\Ch15\第一季業績資料2.xlsx'，並將之儲存至 Excel 執行個體 ExcelInstance
2	**寫入 Excel 工作表** 在 Excel 執行個體 ExcelInstance 的欄 'A' 與列 4 的儲存格中寫入值 '三月'
3	**寫入 Excel 工作表** 在 Excel 執行個體 ExcelInstance 的欄 'B' 與列 4 的儲存格中寫入值 15
4	**寫入 Excel 工作表** 在 Excel 執行個體 ExcelInstance 的欄 'C' 與列 4 的儲存格中寫入值 32
5	**儲存 Excel** 儲存已儲存至 ExcelInstance 的 Excel 文件成 'D:\WebScraper\Ch15\第一季業績資料3.xlsx'
6	**關閉 Excel** 關閉已儲存至 ExcelInstance 中的 Excel 執行個體

1 【 Excel> 啟動 Excel 】 動作是啟動 Excel 和開啟 Excel 檔案「D:\WebScraper\Ch15\第一季業績資料 2.xlsx」。

2 ～ **4** 使用 3 個【Excel>寫入 Excel 工作表】動作將【三月】、【15】和【32】資料依序寫入"A4"、"B4"和"C4"儲存格，以步驟 2 為例是在【寫入模式】欄選【於指定的儲存格】，【資料行】是第 A 欄；【資料列】是第 4 列，即在"A4"儲存格寫入【要寫入的值】欄的【三月】值，如下圖：

5 【Excel>儲存 Excel】動作是另存成"第一季業績資料 3.xlsx"。

6 【Excel>關閉 Excel】動作是不儲存文件直接關閉 Excel。

上述流程的執行結果，可以在相同目錄看到寫入整列資料的 Excel 檔案"第一季業績資料 3.xlsx"，如右圖：

	A	B	C
1	月份	網路商店	實體店面
2	一月	35	25
3	二月	24	43
4	三月	15	32

15-2-2　在 Excel 工作表新增整欄資料

Excel 的整欄資料可以使用清單來新增，我們準備在 Excel 檔案"第一季業績資料 3.xlsx "，新增整欄【業務直銷】的業績資料：33、25、12 後，儲存成 "第一季業績資料 4.xlsx"。

在【在 Excel 工作表新增整欄資料】流程（流程檔：ch15-2-2.txt）共有 10 個步驟的動作，可以在工作表新增業務直銷的整欄業績資料，如下圖：

1 【變數>新增清單】動作可以新增 List 變數的空白清單。

2 ～ **5** 使用 4 個【變數/新增項目至清單】動作依序新增【業務直銷】、
【33】、【25】和【12】至 List 變數,如右圖:

6 【Excel>啟動 Excel】動作是啟動 Excel 和開啟 Excel 檔案
「D:\WebScraper\Ch15\第一季業績資料 3.xlsx」。

7 【Excel>從 Excel 工作表中取得第 1 個可用資料行/資料列】動作可以取
得 Excel 工作表第 1 個可用的欄和第 1 個可用列的索引,即
FirstFreeColumn 和 FirstFreeRow 變數,如下圖:

8 【Excel>寫入 Excel 工作表】動作可以將清單資料寫入工作表,寫入動
作從指定儲存格垂直寫入之後的儲存格,在【要寫入的值】欄是 List 變
數,【寫入模式】欄請選【於指定的儲存格】,【資料行】是 FristFreeColumn
變數的第 1 個可用欄,即最後 1 欄,【資料列】是 1,如下圖:

9 【Excel>儲存 Excel】動作是另存成"第一季業績資料 4.xlsx"。

10 【Excel>關閉 Excel】動作是不儲存文件直接關閉 Excel。

上述流程的執行結果，可以在相同目錄看到寫入整欄資料的 Excel 檔案"第一季業績資料 4.xlsx"，如右圖：

	A	B	C	D
1	月份	網路商店	實體店面	業務直銷
2	一月	35	25	33
3	二月	24	43	25
4	三月	15	32	12

15-3　自動化讀取和編輯 Excel 儲存格資料

Power Automate Desktop 支援 Excel 讀寫的相關動作，可以讓我們讀取指定 Excel 儲存格、整個工作表、或匯出工作表成為 CSV 檔案。除了第 15-2 節在工作表新增資料外，也可以編輯指定儲存格的資料。

15-3-1　讀取指定儲存格或範圍資料

我們可以使用 Excel 分類的【讀取自 Excel 工作表】動作來讀取指定儲存格或範圍資料。在【讀取指定儲存格或範圍資料】流程（流程檔：ch15-3-1.txt）共有 4 個步驟的動作，可以讀取工作表指定儲存格和儲存格範圍的資料，如下圖：

1	↗	**啟動 Excel** 使用現有的 Excel 程序啟動 Excel 並開啟文件 'D:\WebScraper\Ch15\第一季業績資料4.xlsx'，並將之儲存至 Excel 執行個體 ExcelInstance
2	▦	**讀取自 Excel 工作表** 讀取欄 'A' 列 2 中儲存格的值，並將其儲存至 ExcelData
3	▦	**讀取自 Excel 工作表** 讀取範圍從欄 'A' 列 2 至欄 'C' 列 3 的儲存格值，並將其儲存至 ExcelData2
4	↙	**關閉 Excel** 關閉已儲存至 ExcelInstance 中的 Excel 執行個體

1　【 Excel > 啟動 Excel 】動作是啟動 Excel 和開啟 Excel 檔案「D:\WebScraper\Ch15\第一季業績資料 4.xlsx」。

2　第 1 個【 Excel > 讀取自 Excel 工作表】動作是讀取指定儲存格的資料後，儲存至 ExcelData 變數，在【Excel 執行個體】就是指定讀取哪一個 Excel 檔案，【擷取】欄選【單一儲存格的值】，可以取得指定儲存格的資料，

在【開始欄】是第 A 欄;【開始列】是第 2 列,即讀取"A2"儲存格的值,
如下圖:

3 第 2 個【Excel>讀取自 Excel 工作表】動作是讀取指定範圍的儲存格資
料後,儲存至 ExcelData2 變數,在【擷取】欄選【儲存格範圍中的值】,
可以取得儲存格範圍的資料,在【開始欄】是第 A 欄;【開始列】是第
2 列;【結尾欄】是第 C 欄;【結尾列】是第 3 列,即讀取"A2:C3"儲存
格範圍的值,如下圖:

> **Memo**
>
> 展開【進階】，可以選擇開啟是否以文字取得儲存格值，和包含欄名的標題文字，如下圖：
>
>

4　【Excel>關閉 Excel】動作是不儲存文件直接關閉 Excel。

上述流程的執行結果，可以在「變數」窗格的【流程變數】框看到變數 ExcelData 和 ExcelData2 取得的儲存格值，如下圖：

雙擊【ExcelData2】變數，可以看到取得的儲存格範圍資料，這是 DataTable 資料表物件，如下圖：

15-3-2　讀取整個工作表的資料

我們可以建立流程使用【從 Excel 工作表中取得第 1 個可用資料行/資料列】動作取得工作表可用的第 1 列和第 1 欄後，只需都減 1，就可以取得整個工作表的範圍，讓我們自動化讀取整個工作表的資料。

【讀取整個工作表的資料】流程（流程檔：ch15-3-2.txt）共有 4 個步驟的動作，可以讀取整個工作表有資料範圍的資料，如下圖：

1　【 Excel> 啟動 Excel 】 動作是啟動 Excel 和開啟 Excel 檔案「D:\WebScraper\Ch15\第一季業績資料 4.xlsx」。

2　【Excel>從 Excel 工作表中取得第 1 個可用資料行/資料列】動作可以取得工作表第 1 個可用的欄和第 1 個可用列的索引，即 FirstFreeColumn 和 FirstFreeRow 變數，如下圖：

3　【Excel>讀取自 Excel 工作表】動作是讀取儲存格範圍的資料後，儲存至 ExcelData 變數，在【擷取】欄選【儲存格範圍中的值】，【開始欄】是第 1 欄；【開始列】是第 1 列；【結尾欄】和【結尾列】是使用減 1

的運算式來取得範圍，因為在「%」符號之中不只可以是變數，也可以是一個數學運算式，如下：

```
%FirstFreeColumn - 1%
%FirstFreeRow - 1%
```

4 【Excel>關閉 Excel】動作是不儲存文件直接關閉 Excel。

　　上述流程的執行結果，可以在「變數」窗格的【流程變數】框看到 ExcelData 變數取得的儲存格值，如下圖：

　　上述可用的範圍都是 5，減 1 就是 4，所以工作表的範圍是第 4 欄 D 和第 4 列，即"A1:D4"。雙擊【ExcelData】變數，可以看到取得的儲存格範圍資料，這是 DataTable 資料表物件，如下圖：

變數值				×

ExcelData (資料表)

#	Column1	Column2	Column3	Column4
0	月份	網路商店	實體店面	業務直銷
1	一月	35	25	33
2	二月	24	43	25
3	三月	15	32	12

關閉

15-3-3 讀取 Excel 工作表資料儲存成 CSV 檔案

在第 15-3-2 節我們已經建立流程來自動化讀取 Excel 工作表有資料範圍的資料，這是一個 DataTable 資料表物件，在流程只需新增【寫入 CSV 檔案】動作，就可以將 DataTable 資料表物件儲存成 CSV 檔案，換句話說，就是讀取 Excel 工作表資料儲存成 CSV 檔案。

請將第 15-3-2 節的流程建立成名為【讀取 Excel 工作表資料儲存成 CSV 檔案】的複本流程（流程檔：ch15-3-3.txt），然後在最後新增步驟 5，如下圖：。

5	Aa	**寫入 CSV 檔案** 將 CSV 資料表 ExcelData 寫入檔案 'D:\WebScraper\Ch15\第一季業績資料4.csv'

5 【檔案>寫入 CSV 檔案】動作可以將 DataTable 資料表物件寫入 CSV 檔案，在【要寫入的變數】欄選【ExcelData】變數；【檔案路徑】欄是 CSV 檔案路徑；【編碼】欄是 UTF-8 編碼，如下圖：

∨ 一般

要寫入的變數： %ExcelData% {x} ⓘ

檔案路徑： D:\WebScraper\Ch15\第一季業績資料4.csv {x} ⓘ

編碼： UTF-8 ∨ ⓘ

上述流程的執行結果，可以在 Excel 檔案的相同目錄看到 CSV 檔案"第一季業績資料 4.csv"。

15-3-4 編輯指定儲存格的資料

我們準備編輯工作表的儲存格資料，請建立流程開啟 Excel 檔案"第一季業績資料 4.xlsx"，然後更改【二月】的網路商店業績成為 26，【三月】的實體店面改成 35 後，儲存成"第一季業績資料 5.xlsx"。

在【編輯指定儲存格的資料】流程（流程檔：ch15-3-4.txt）共有 5 個步驟的動作，可以編輯指定儲存格"B3"和"C4"的資料，如下圖：

1　【 Excel> 啟動 Excel 】動作是啟動 Excel 和開啟 Excel 檔案「D:\WebScraper\Ch15\第一季業績資料 4.xlsx」。

2　【Excel>寫入 Excel 工作表】動作可以更改【二月】的網路商店業績成為 26，在【要寫入的值】欄是值 26，【寫入模式】欄選【於指定的儲存格】，【資料行】是第 B 欄；【資料列】是第 3 列，即在"B3"儲存格寫入 26，如下圖：

3　【Excel＞寫入 Excel 工作表】動作可以將【三月】的實體店面改成 35，在【要寫入的值】欄是值 35，【寫入模式】欄選【於指定的儲存格】，【資料行】是第 C 欄；【資料列】是第 4 列，即在"C4"儲存格寫入 35，如下圖：

4　【Excel＞儲存 Excel】動作是另存成"第一季業績資料 5.xlsx"。

5　【Excel＞關閉 Excel】動作是不儲存文件直接關閉 Excel。

　　上述流程的執行結果，可以在相同目錄看到更改 2 個儲存格資料的 Excel 檔案"第一季業績資料 5.xlsx"，如下圖：

	A	B	C	D
1	月份	網路商店	實體店面	業務直銷
2	一月	35	25	33
3	二月	26	43	25
4	三月	15	35	12

15-4 ｜ 自動化 Excel 工作表的處理

在 Excel 檔案"各班的成績管理.xlsx"是 2 個班級的成績資料，如下圖：

我們準備將【工作表 1】更名成【A 班】，然後刪除【工作表 2】的 Excel 工作表後，新增一個名為【B 班】的全新工作表，最後將 A 班前 2 列的資料複製至 B 班的新工作表。

在【自動化 Excel 工作表的處理】流程（流程檔：ch15-4.txt）共有 9 個步驟的動作，可以自動化新增、刪除和更名工作表，如下圖：

1 【Excel>啟動 Excel】動作是啟動 Excel 和開啟 Excel 檔案「D:\WebScraper\Ch15\各班的成績管理.xlsx」。

2 【Excel>進階>重新命名 Excel 工作表】動作可以使用索引或名稱來更名工作表，在【重新命名工作表】欄選【名字】是用名稱，索引是用工作表索引（從 1 開始），【工作表名稱】欄輸入【工作表 1】；【工作表新名稱】欄輸入【A 班】來更名工作表，如下圖：

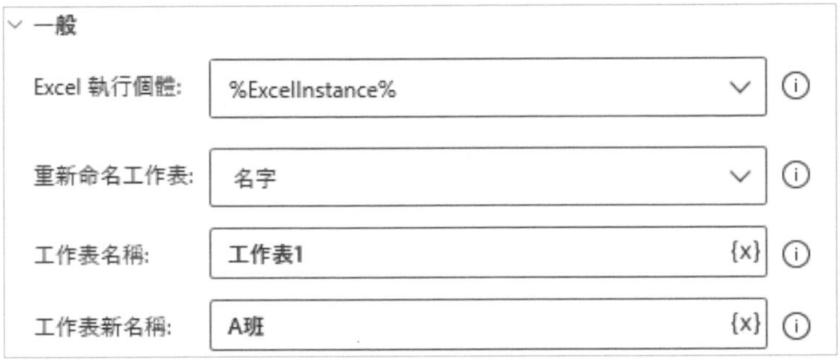

3 【Excel>進階>刪除 Excel 工作表】動作可以使用索引或名稱來刪除工作表，在【刪除工作表】欄選【索引】使用工作表索引（從 1 開始），【工作表索引】欄輸入 2 是刪除第 2 個工作表，即【工作表 2】，如下圖：

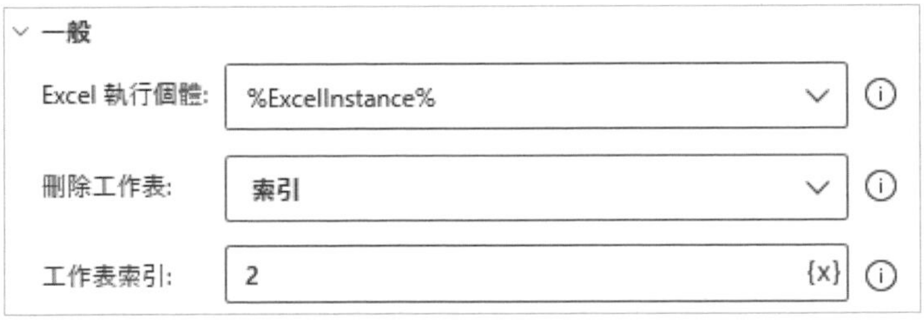

4 【Excel>讀取自 Excel 工作表】動作是讀取指定範圍的儲存格資料後，儲存至 ExcelData 變數，在【擷取】欄選【儲存格範圍中的值】，可以取得儲存格範圍的資料，在【開始欄】是第 A 欄；【開始列】是第 1 列；【結尾欄】是第 D 欄；【結尾列】是第 2 列，即讀取"A1:D2"儲存格範圍，即前 2 列資料，如下圖：

5 【Excel > 加入新的工作表】動作可以加入新工作表成為第 1 個或最後 1
個工作表，在【新的工作表名稱】欄輸入工作表名稱【B 班】，【加入
工作表做為】欄選【最後一個工作表】是新增至最後；【第一個工作表】
就是新增成為第 1 個工作表，如下圖：

一般		
Excel 執行個體：	%ExcelInstance%	⌄ ⓘ
新的工作表名稱：	B班	{x} ⓘ
加入工作表做為：	最後一個工作表	⌄ ⓘ

6 【Excel > 設定使用中的工作表】動作可以指定目前作用中的工作表是哪
一個，在【啟用工作表時搭配】欄選【名字】是用名稱，索引是用工作
表索引（從 1 開始），【工作表名稱】欄輸入【B 班】，可以指定此工
作表是目前作用中的工作表，如下圖：

一般		
Excel 執行個體：	%ExcelInstance%	⌄ ⓘ
啟用工作表時搭配：	名字	⌄ ⓘ
工作表名稱：	B班	{x} ⓘ

7 【Excel > 寫入 Excel 工作表】動作可以將資料寫入目前作用中的【B 班】工作表，在【寫入模式】欄選【於指定的儲存格】，【資料行】是第 A 欄;【資料列】是第 1 列，即在"A1"儲存格寫入【要寫入的值】欄的 ExcelData 變數（這是【A 班】工作表的前 2 列），如下圖：

8 【Excel > 儲存 Excel】動作是另存成"各班的成績管理 2.xlsx "。

9 【Excel > 關閉 Excel】動作是不儲存文件直接關閉 Excel。

上述流程的執行結果，可以在相同目錄看到更名、刪除和新增工作表的 Excel 檔案"各班的成績管理 2.xlsx "，如下圖：

15-5 實作案例：自動化統計和篩選 Excel 工作表的資料

Excel 檔案"第一季業績資料 4.xlsx"是三個通路第一季的業績資料，如下圖：

	A	B	C	D	E	F
1	月份	網路商店	實體店面	業務直銷		
2	一月	35	25	33		
3	二月	24	43	25		
4	三月	15	32	12		

工作表1

我們準備建立流程計算 3 個通路的業績總和後儲存在"E"欄，並且在"F"欄顯示當業績總和小於等於 60 時，顯示"業績沒有達標!"。

自動化統計 Excel 工作表的資料：ch15-5.txt

請建立【自動化統計 Excel 工作表的資料】流程，這是第 15-3-2 節【讀取整個工作表的資料】流程的複本，我們需要修改步驟 3 的【讀取自 Excel 工作表】動作，展開【進階】後，開啟第 2 個選項【第一個行範圍包含欄名稱】，如右圖：

然後，請執行流程，可以看到取得 Excel 工作表的 DataTable 物件擁有欄位的標題名稱，如下圖：

變數值

ExcelData （資料表）

#	月份	網路商店	實體店面	業務直銷
0	一月	35	25	33
1	二月	24	43	25
2	三月	15	32	12

關閉

現在，我們可以在原步驟 4 的【關閉 Excel】動作前新增步驟 4~5 的 2 個動作，如下圖：

1	↗	**啟動 Excel** 使用現有的 Excel 程序啟動 Excel 並開啟文件 'D:\WebScraper\Ch15\第一季業績資料4.xlsx'，並將之儲存至 Excel 執行個體 `ExcelInstance`
2		**從 Excel 工作表中取得第一個可用資料行/資料列** 針對執行個體儲存至 `ExcelInstance` 的 Excel 文件，擷取其使用中工作表的第一個空白欄/列，並儲存至 `FirstFreeColumn` 和 `FirstFreeRow`
3		**讀取自 Excel 工作表** 讀取範圍從欄 'A' 列 1 至欄 `FirstFreeColumn` - 1 列 `FirstFreeRow` - 1 的儲存格值，並將其儲存至 `ExcelData`
4		**寫入 Excel 工作表** 在 Excel 執行個體 `ExcelInstance` 的欄 'E' 與列 1 的儲存格中寫入值 '業績總和'
5		**啟用 Excel 工作表中的儲存格** 啟動 `ExcelInstance` 執行個體中 Excel 文件 'E' 資料行和 1 資料列中的儲存格

4　【Excel>寫入 Excel 工作表】動作是在 E 欄新增標題文字，在【要寫入的值】欄是【業績總和】，【寫入模式】欄選【於指定的儲存格】，【資料行】是第 E 欄；【資料列】是第 1 列，即在"E1"儲存格寫入"業績總和"，如下圖：

5　【Excel>進階>啟用 Excel 工作表中的儲存格】動作可以啟用作用中的儲存格，因為此欄會依序向下寫入業績總和，所以在【啟用】欄是選【絕對定位的指定儲存格】，【資料行】是第 E 欄；【資料列】是第 1 列，即開始位置是"E1"儲存格，如下圖：

然後，我們需要新增步驟 6~12 的 For each 迴圈動作來走訪 Excel 工作表的每一列，即走訪 ExcelData 變數來計算 3 個通路的業績總和，如下圖：

6 ～ **12** 【迴圈>For each 迴圈】動作可以走訪 Excel 工作表的 ExcelData 變數，每一列是儲存至 CurrentItem 變數，如下圖：

7 【Excel>進階>啟用 Excel 工作表中的儲存格】動作可以啟用作用中的儲存格，因為在步驟 5 已經是絕對定位在"E1"儲存格，所以在【啟用】

欄是選【相對定位的指定儲存格】,【方向】選【向下】;【與使用中儲存格間的位移】是 1,即從開始位置的"E1"儲存格開始,每次向下位移一格,如下圖:

8 ~ 10 【文字>將文字轉換成數字】動作可以將 3 個欄位'網路商店'、'實體店面'和'業務直銷'的文字資料轉換成數字變數 Item1~3,在【要轉換的文字】欄就是欄位資料,因為列是 CurrentItem 變數,我們是使用欄位標題來取得此欄位的值,以此例就是'網路商店'欄位的值,如下:

```
%CurrentItem['網路商店']%
```

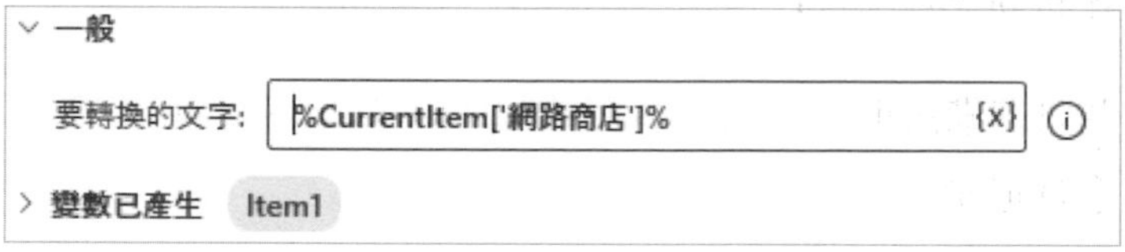

11 【Excel>寫入 Excel 工作表】動作將 Item1~3 變數的加總寫入目前作用中的儲存格,在【要寫入的值】欄是 3 個變數的和,【寫入模式】欄選【於目前使用中儲存格】,即寫入目前作用中的儲存格,如下圖:

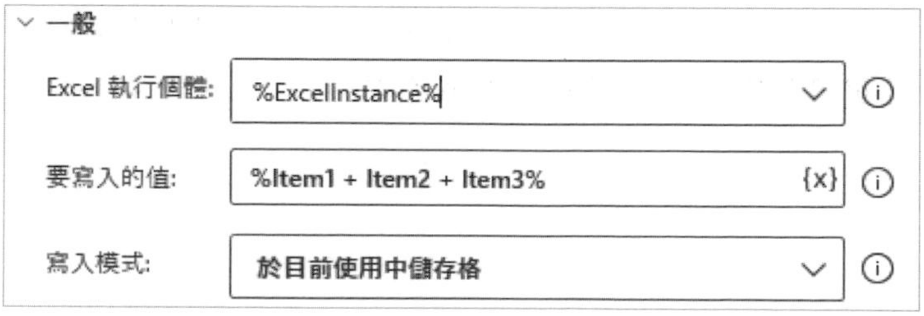

最後，在步驟 13 和 14 另存成 Excel 檔案「D:\WebScraper\Ch15\第一季業績資料 6.xlsx」和關閉 Excel，如下圖：

上述流程的執行結果，可以在相同目錄看到 Excel 檔案"第一季業績資料6.xlsx"，已經新增"E"欄的業績總和，如下圖：

	A	B	C	D	E
1	月份	網路商店	實體店面	業務直銷	業績總和
2	一月	35	25	33	93
3	二月	24	43	25	92
4	三月	15	32	12	59

工作表1

自動化篩選 Excel 工作表的資料：ch15-5a.txt

請建立【自動化統計 Excel 工作表的資料】流程的複本，名稱是【自動化篩選 Excel 工作表的資料】，我們準備加上 If 條件判斷業績總和，當業績總和小於等於 60 時，在"F"欄顯示"業績沒有達標!"。

筆者只準備說明流程有修改的部分，首先在 For each 迴圈動作前新增步驟 6 的【設定變數】動作，如下：

6　【變數>設定變數】動作可以新增變數，這是"F"欄的列索引 RowIdx 值 2，即從第 2 列開始寫入資料，如下圖：

　　然後在步驟 13~15 的 For each 迴圈中新增 If 動作,步驟 16 增加 RowIdx 的值,即每次加 1,如下圖:

13 ~ 15 【條件>If】動作可建立單選條件,在【第一個運算元】欄位是 Item1~3 變數的和;【運算子】欄選小於或等於;【第二個運算元】 是 60,如下圖:

14 【Excel>寫入 Excel 工作表】動作是在對應的"F"欄寫入【要寫入的值】 欄位值【業績沒有達標!】,【寫入模式】欄選【於指定的儲存格】,【資 料行】是第 F 欄;【資料列】是變數 RowIdx,如下圖:

16 【變數＞增加變數】動作可以增加變數值，在【變數名稱】欄是欲增加值的 RowIdx 變數；【增加的量】欄的值是 1，即每次將 RowIdx 變數值加 1，如下圖：

最後，在步驟 18 另存成 Excel 檔案「D:\WebScraper\Ch15\第一季業績資料 7.xlsx」，如下圖：

上述流程的執行結果，可以在相同目錄看到 Excel 檔案"第一季業績資料 7.xlsx"，和在"F"欄顯示業績沒有達標，如下圖：

▲	A	B	C	D	E	F	G
1	月份	網路商店	實體店面	業務直銷	業績總和		
2	一月	35	25	33	93		
3	二月	24	43	25	92		
4	三月	15	32	12	59	業績沒有達標!	

工作表1 ＋

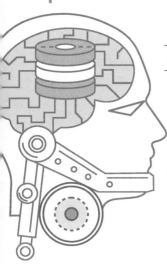

16

Power Automate Desktop + SQL 高效率 Excel 資料處理術

16-1 在 Power Automate Desktop 執行 SQL 指令

「SQL 結構化查詢語言」（Structured Query Language，SQL）是目前關聯式資料庫主要使用的資料庫語言，Excel 工作表如同是資料庫的資料表，Power Automate Desktop 流程可以在 Excel 工作表使用 SQL 語言來查詢資料，其執行效率超過直接處理 Excel 工作表。

我們準備建立 Power Automate Desktop 流程在 Excel 檔案來執行 SQL 指令，Excel 檔案"圖書資料.xlsx" 的內容，如右圖：

	A	B	C
1	書號	書名	定價
2	P0001	C語言程式設計	500
3	P0002	Python程式設計	550
4	D0001	SQL Server資料庫	600
5	W0001	PHP資料庫程式設計	540
6	W0002	ASP.NET網頁設計	650
7	D0002	Access資料庫	490

圖書資料 +

上述工作表名稱就是資料表名稱，建議使用「[]和「」」符號括起，並且在最後加上「$」，即[圖書資料$]，我們查詢所有圖書的 SQL 指令是 SELECT，如下：

```
SELECT * FROM [圖書資料$]
```

現在，我們可以建立流程來執行上述 SQL 指令，其建立步驟如下：

1 請建立名為【在 Power Automate Desktop 執行 SQL 指令】的流程（流程檔：ch16-1.txt），然後編輯此流程。

2 在「動作」窗格拖拉【變數>設定變數】動作，將【變數】欄的變數名稱改為【 Excel_File_Path 】，【 值 】欄是 Excel 檔案的路徑「D:\WebScraper\Ch16\圖書資料.xlsx」，按【儲存】鈕。

3 接著拖拉【資料庫>開啟 SQL 連線】動作，可以建立 SQL 連線變數 SQLConnection，請在【連接字串】欄輸入下列連接字串，這是使用 Excel_File_Path 變數的 Excel 檔案路徑，即可按【儲存】鈕，如下：

```
Provider=Microsoft.ACE.OLEDB.12.0;Data
Source=%Excel_File_Path%;Extended Properties="Excel 12.0 Xml;HDR=YES";
```

4 然後拖拉【資料庫>執行 SQL 陳述式】動作,在【取得連線透過】欄選
【SQL 連線變數】;【SQL 連線】欄是 SQLConnection 變數,在【SQL
陳述式】欄輸入【SELECT * FROM [圖書資料$]】,SQL 指令的執行結
果是儲存至 QueryResult 變數,按【儲存】鈕。

5 最後拖拉【資料庫>關閉 SQL 連線】動作，請在【SQL 連線】欄選 SQLConnection 變數後，按【儲存】鈕。

可以看到我們建立的 Power Automate Desktop 流程，如下圖：

上述流程的執行結果，可以在「變數」窗格的【流程變數】框看到 SQL 查詢結果的 QueryResult 變數，如下圖：

雙擊【QueryResult】變數，可以看到取得的儲存格範圍資料，這是 DataTable 資料表物件，如下圖：

變數值 ×

QueryResult （資料表）

#	書號	書名	定價
0	P0001	C語言程式設計	500
1	P0002	Python程式設計	550
2	D0001	SQL Server資料庫	600
3	W0001	PHP資料庫程式設計	540
4	W0002	ASP.NET網頁設計	650
5	D0002	Access資料庫	490

關閉

> ▌**Memo**
>
> 如果流程執行失敗，請再次確認 Excel 檔案的路徑正確，而且在 Windows 電腦已經安裝 OLE DB 驅動程式，如果沒有安裝，請在下列網址下載安裝 64 位元版的 Microsoft Access Database Engine 2010 可轉散發套件。
>
> https://www.microsoft.com/zh-tw/download/details.aspx?id=13255

16-2 │ 使用 ChatGPT 學習 SQL 語言

SQL 是關聯式資料庫使用的語言，提供相關指令來插入、更新、刪除和查詢資料庫的記錄資料。

16-2-1 認識 SQL

「SQL 結構化查詢語言」（Structured Query Language，SQL）是目前主要的資料庫語言，早在 1970 年，E. F. Codd 建立關聯式資料庫觀念的同時，就提出構想的資料庫語言，在 1974 年 Chamberlin 和 Boyce 開發 SEQUEL 語言，這是 SQL 原型，IBM 稍加修改後作為其資料庫 DBMS 的資料庫語言，稱為 System R，1980 年 SQL 名稱正式誕生，從此 SQL 逐漸壯大成為一種標準的關聯式資料庫語言。

SQL 語言能夠使用很少指令和直覺語法，單以記錄存取和資料查詢指令來說，SQL 指令只有 4 個，如下表：

指令	說明
INSERT	在資料表插入一筆新記錄
UPDATE	更新資料表記錄，這些記錄是已經存在的記錄
DELETE	刪除資料表記錄
SELECT	查詢資料表記錄，可以使用條件查詢符合條件的記錄

上述 SQL 資料庫操作指令有三個：INSERT、DELETE 和 UPDATE。請注意！Power Automate Desktop 是使用 OLE DB 連線 Excel 檔案，只支援 SQL 新增和更新記錄，並不支援 DELETE 刪除指令來刪除記錄。

16-2-2 SQL 語言的 SELECT 指令

SQL 語言的【SELECT】指令可以查詢資料表符合條件的記錄資料，其基本語法如下：

```
SELECT column1, column2
FROM table
WHERE conditions
```

上述 column1~2 是欲取得的記錄欄位，table 是資料表，conditions 是查詢條件，以口語來說，就是：「從資料表 table 取回符合 WHERE 條件所有記錄的欄位 column1 和 column2」。

SELECT 子句指定取出的欄位

SELECT 指令如果需要取出記錄的全部欄位，可以在 SELECT 子句使用「*」符號代表所有欄位名稱的清單，如下：

```
SELECT * FROM [圖書資料$]
```

上述指令沒有 WHERE 子句的過濾條件，其執行結果可以取回【圖書資料】工作表的所有記錄和所有欄位。在 SELECT 子句也可以只列出使用「,」號分隔的欲取出欄位，例如：只取出書號和書名兩個欄位，如下：

```
SELECT 書號, 書名 FROM [圖書資料$]
```

FROM 子句指定查詢的目標資料表

SELECT 指令的 FROM 子句是指定查詢的目標資料表，在 Excel 就是指整個工作表，或工作表的特定範圍，例如：在之前 FROM 子句使用的 Excel 工作表，如下：

```
[圖書資料$]
```

上述資料表是名為【圖書資料】的 Excel 工作表，在之後的「$」符號代表整個工作表有資料的範圍，在名稱外使用「[]」方括號括起是為了避免在資料庫名稱之中有特殊符號，同理，當欄位擁有特殊符號或空白字元時，記得使用方括號括起。

例如，查詢 Excel 檔"業績資料.xlsx"名為【工作表 1】的工作表（流程檔：ch16-2-2.txt），如下：

```
SELECT * FROM [工作表 1$]
```

上述 FROM 子句的目標資料表是【工作表 1】工作表整個範圍的 4 個欄位 12 筆記錄。如果資料表只有工作表的部分範圍，請在「$」符號後指定範圍（流程檔：ch16-2-2a.txt），如下：

```
SELECT * FROM [工作表 1$A1:D7]
```

上述 FROM 子句的目標資料表是工作表"A1:D7"範圍的 4 個欄位 6 筆記錄。

16-2-3 用 ChatGPT 幫助我們學習 SQL 語言

ChatGPT 可以幫助我們寫出 SQL 指令敘述，只需提供資料表的欄位定義資料（在 Excel 工作表就是第一列的欄位標題文字），就可以使用自然語言描述來寫出 SQL 指令敘述。提問 ChatGPT 的詳細問題描述（ch16-2-3_gpt.txt），如下：

你是 SQL 專家，現在有一個[圖書資料$]資料表，擁有書號、書名和定價三個欄位，請寫出 SQL 指令敘述查詢圖書的定價大於等於 500 元的圖書資料。

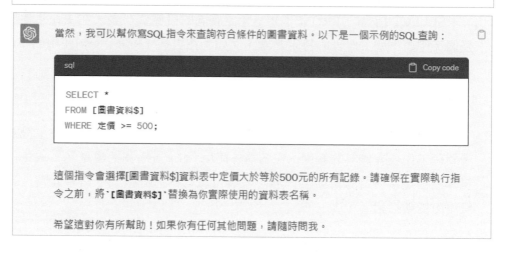

點選右上方【Copy code】就可以複製 ChatGPT 寫出的 SQL 指令字串。不只如此，我們還可以在交談過程中，逐步修改 SQL 指令敘述。請繼續交談過程，我們準備修改 SQL 指令敘述只顯示 2 個欄位。ChatGPT 的詳細問題描述（ch16-2-3a_gpt.txt），如下：

請修改上述 SQL 指令，只顯示書號和書名二個欄位。

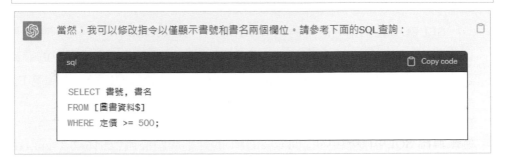

請繼續交談過程，我們準備修改 SQL 指令敘述來增加書名條件。ChatGPT 的詳細問題描述（ch16-2-3b_gpt.txt），如下：

請改寫上述 SQL 指令，其條件除了定價大於等於 500 元，而且[書名]欄位需要有"程式"的圖書。

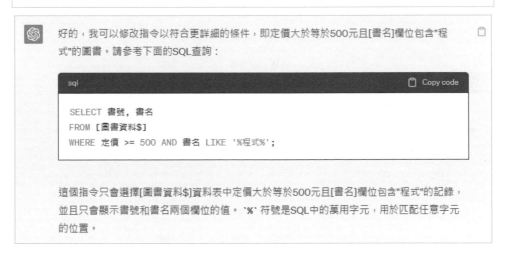

上述 SQL 指令敘述增加 AND 的書名條件，這是使用 LIKE 運算子建立包含子字串"程式"的條件。

16-3 使用 SQL 指令篩選 Excel 資料

SELECT 查詢指令的主角是 WHERE 子句，FROM 子句只是指明從哪一個資料表，SELECT 子句指定取得哪些欄位，WHERE 子句才是真正的過濾篩選條件。我們可以透過 Power Automate Desktop 執行 SQL 指令來篩選 Excel 工作表的資料。

單一查詢條件：ch16-3.txt

SQL 查詢如果使用單一條件，在 WHERE 子句條件的基本規則和範例，如下：

- 文字欄位需要使用單引號括起，例如：查詢書號是'P0001'，如下：

```
SELECT * FROM [圖書資料$]
WHERE 書號='P0001'
```

QueryResult	(資料表)		
#	書號	書名	定價
0	P0001	C語言程式設計	500

- 數值欄位不需單引號括起，例如：查詢定價是 550 元，如下：

```
SELECT * FROM [圖書資料$]
WHERE 定價=550
```

QueryResult2	(資料表)		
#	書號	書名	定價
0	P0002	Python程式設計	550

- 文字欄位可以使用【LIKE】包含運算子，包含指定字串即符合條件，我們還可以配合「%」或「_」萬用字元代表任何字串或單一字元，只需包含指定子字串就符合條件，請注意！在 Power Automate 的「%」符號需要使用 2 個「%%」。例如：查詢書名包含'程式'子字串，如下：

```
SELECT * FROM [圖書資料$]
WHERE 書名 LIKE '%%程式%%'
```

QueryResult3 (資料表)			
#	書號	書名	定價
0	P0001	C語言程式設計	500
1	P0002	Python程式設計	550
2	W0001	PHP資料庫程式設計	540

- 數值欄位可以使用<>、>、<、>=和<=不等於、大於、小於、大於等於和小於等於等運算子建立查詢條件，例如：查詢定價大於 500 元，如下：

```
SELECT * FROM [圖書資料$]
WHERE 定價 > 500
```

QueryResult4 (資料表)			
#	書號	書名	定價
0	P0002	Python程式設計	550
1	D0001	SQL Server資料庫	600
2	W0001	PHP資料庫程式設計	540
3	W0002	ASP.NET網頁設計	650

使用邏輯運算子建立多查詢條件：ch16-3a.txt

WHERE 子句的條件如果不只一個，可以使用邏輯運算子 AND 和 OR 來連接，其基本規則如下：

- AND「且」運算子：在 AND 運算子連接的前後條件都需成立，整個條件才成立。例如：查詢書價大於等於 500 元且書名有'資料庫'子字串，如下：

```
SELECT * FROM [圖書資料$]
WHERE 定價 >= 500 AND 書名 LIKE '%%資料庫%%'
```

QueryResult	(資料表)		
#	書號	書名	定價
0	D0001	SQL Server資料庫	600
1	W0001	PHP資料庫程式設計	540

- OR「或」運算子：在 OR 運算子連接的前後條件，只需任一條件成立即可。例如：查詢書價大於等於 500 元或書名有'資料庫'子字串，如下：

```
SELECT * FROM [圖書資料$]
WHERE 定價 >= 500 OR 書名 LIKE '%%資料庫%%'
```

QueryResult2	(資料表)		
#	書號	書名	定價
0	P0001	C語言程式設計	500
1	P0002	Python程式設計	550
2	D0001	SQL Server資料庫	600
3	W0001	PHP資料庫程式設計	540
4	W0002	ASP.NET網頁設計	650
5	D0002	Access資料庫	490

- 多個 AND 和 OR 運算子：在 WHERE 子句還可以連接 2 個以上的條件來建立複雜條件，即在同一 WHERE 子句同時使用多個 AND 和 OR 運算子，如下：

```
SELECT * FROM [圖書資料$]
WHERE 定價 < 550
    OR 書名 LIKE '%%設計%%'
    AND 書名 LIKE '%%Python%%'
```

上述指令可以查詢書價小於 550 元，或書名有'設計'和'Python'子字串，如下圖：

#	書號	書名	定價
	QueryResult3 (資料表)		
0	P0001	C語言程式設計	500
1	P0002	Python程式設計	550
2	W0001	PHP資料庫程式設計	540
3	D0002	Access資料庫	490

在 WHERE 子句使用「()」括號：ch16-3b.txt

在 WHERE 子句的條件如果有括號，查詢的優先順序是括號中優先，所以會產生不同的查詢結果，如下：

```
SELECT * FROM [圖書資料$]
WHERE (定價 < 500
   OR 書名 LIKE '%%設計%%')
   AND 書名 LIKE '%%資料庫%%'
```

上述指令可以查詢書價小於 500 元或書名有'設計'子字串，而且書名有'資料庫'子字串，如下圖：

#	書號	書名	定價
	QueryResult (資料表)		
0	W0001	PHP資料庫程式設計	540
1	D0002	Access資料庫	490

16-4　使用 SQL 指令進行 Excel 資料分析

我們可以使用 SQL 語言的排序和 TOP 指令來找出 Excel 資料中的前幾名，和配合聚合函數來進行 Excel 資料分析。

排序輸出：ch16-4.txt

　　SQL 查詢結果如果需要進行排序，可以使用指定欄位進行由小到大，或由大到小的排序，請在 SELECT 查詢指令後加上 ORDER BY 子句，如下：

```
SELECT * FROM [圖書資料$]
WHERE 定價 >= 500
ORDER BY 定價
```

　　上述 ORDER BY 子句之後是排序欄位，這個 SQL 指令是使用定價欄位進行排序，預設由小到大，即 ASC，如下圖：

QueryResult	(資料表)		
#	書號	書名	定價
0	P0001	C語言程式設計	500
1	W0001	PHP資料庫程式設計	540
2	P0002	Python程式設計	550
3	D0001	SQL Server資料庫	600
4	W0002	ASP.NET網頁設計	650

　　如果想倒過來由大到小，請加上 DESC，如下：

```
SELECT * FROM [圖書資料$]
WHERE 定價 >= 500
ORDER BY 定價 DESC
```

QueryResult2	(資料表)		
#	書號	書名	定價
0	W0002	ASP.NET網頁設計	650
1	D0001	SQL Server資料庫	600
2	P0002	Python程式設計	550
3	W0001	PHP資料庫程式設計	540
4	P0001	C語言程式設計	500

取出前幾筆記錄：ch16-4a.txt

SQL 語言的 TOP 指令可以取出前幾筆記錄，搭配 ORDER BY 子句的排序，就可以找出書價前 3 低的圖書資料，即 TOP 3，如下：

```
SELECT TOP 3 *
FROM [圖書資料$]
ORDER BY 定價
```

QueryResult	(資料表)		
#	**書號**	**書名**	**定價**
0	D0002	Access資料庫	490
1	P0001	C語言程式設計	500
2	W0001	PHP資料庫程式設計	540

同理，我們可以找出書價前 3 高的圖書資料，如下：

```
SELECT TOP 3 *
FROM [圖書資料$]
ORDER BY 定價 DESC
```

QueryResult2	(資料表)		
#	**書號**	**書名**	**定價**
0	W0002	ASP.NET網頁設計	650
1	D0001	SQL Server資料庫	600
2	P0002	Python程式設計	550

SQL 聚合函數：ch16-4b.txt

SQL 聚合函數可以進行資料表欄位的筆數、平均、範圍和統計函數，以便提供進一步欄位資料的分析資訊，如下表：

函數	說明
Count(Column)	計算記錄筆數
Avg(Column)	計算欄位平均值

函數	說明
Max(Column)	取得記錄欄位的最大值
Min(Column)	取得記錄欄位的最小值
Sum(Column)	取得記錄欄位的總計
StDev(Column)	統計樣本的標準差
StDevP(Column)	統計母體的標準差
Var(Column)	統計樣本的變異數
VarP(Column)	統計母體的變異數

上表 Column 參數如為「*」表示所有欄位，也可以是欄位名稱。

- 計算圖書的平均書價，如下：

```
SELECT Avg(定價) As 平均書價 FROM [圖書資料$]
```

QueryResult (資料表)	
#	平均書價
0	555

- 找出最貴的圖書，如下：

```
SELECT Max(定價) As 最貴書價 FROM [圖書資料$]
```

QueryResult2 (資料表)	
#	最貴書價
0	650

- 計算出圖書資料共有幾本書，如下：

```
SELECT Count(*) As 圖書數 FROM [圖書資料$]
```

QueryResult3 (資料表)	
#	圖書數
0	6

16-5 實作案例：使用 SQL 指令處理 Excel 遺漏值

我們可以使用 SQL 指令處理 Excel 遺漏值，首先使用 SELECT 指令找出指定欄位的遺漏值後，再使用 UPDATE 指令將遺漏值填補成平均值。因為 OLE DB 並不支援 DELETE 指令來刪除資料，所以無法直接使用刪除記錄方式來處理遺漏值。

在這一節我們準備使用精簡版鐵達尼號資料集（Titanic Dataset），Excel 檔案"titanic_test.xlsx"只有資料集的前 100 筆記錄，如下圖：

	A	B	C	D	E	F
1	PassengerId	Name	PClass	Age	Sex	Survived
2	1	Allen, Miss Elisabeth Walton	1st	29	female	1
3	2	Allison, Miss Helen Loraine	1st	2	female	0
4	3	Allison, Mr Hudson Joshua Creighton	1st	30	male	0
5	4	Allison, Mrs Hudson JC (Bessie Waldo Daniels)	1st	25	female	0
6	5	Allison, Master Hudson Trevor	1st	0.92	male	1
7	6	Anderson, Mr Harry	1st	47	male	1
8	7	Andrews, Miss Kornelia Theodosia	1st	63	female	1
9	8	Andrews, Mr Thomas, jr	1st	39	male	0
10	9	Appleton, Mrs Edward Dale (Charlotte Lamson)	1st	58	female	1
11	10	Artagaveytia, Mr Ramon	1st	71	male	0
12	11	Astor, Colonel John Jacob	1st	47	male	0
13	12	Astor, Mrs John Jacob (Madeleine Talmadge Force)	1st	19	female	1
14	13	Aubert, Mrs Leontine Pauline	1st	NA	female	1
15	14	Barkworth, Mr Algernon H	1st	NA	male	1
16	15	Baumann, Mr John D	1st	NA	male	0

titanic_test +

上述 Age 欄位有很多"NA"字串值的儲存格，這些值不是年齡，雖然並非空白字元，但一樣是資料集中的遺漏值。SQL 語言的 SELECT 指令可以配合 Count()聚合函數來找出共有多少個遺漏值，如下：

```
SELECT Count(*) AS 遺漏值數 FROM [titanic_test$]
WHERE Age = "NA"
```

然後，使用 Avg()聚合函數計算 Age 欄位的平均值，Round()函數是 SQL 語言內建的四捨五入函數，可以取得整數的平均值，如下：

```
SELECT Round(Avg(Age)) AS 平均值 FROM [titanic_test$]
WHERE Age <> "NA"
```

最後使用 SQL 語言的 UPDATE 指令將資料表符合條件的記錄，更新成指定的欄位值，即可將遺漏值填補成平均值，其基本語法如下：

```
UPDATE table SET column1 = 'value1' , column2 = 'value2'
WHERE conditions
```

上述指令的 table 是資料表，column1~2 是資料表需更新的欄位名稱，欄位不用全部資料表欄位，只需列出需要更新的欄位即可，value1~2 是更新的欄位值，如果欲更新的欄位不只一個，請使用逗號分隔，最後的 conditions 是更新條件。

例如：更新[titanic_test$]資料表中，Age 欄位是'NA'的記錄，可以將 Age 欄位更新成變數 Average 的平均值，如下：

```
UPDATE [titanic_test$] SET Age=%Average%
WHERE Age='NA'
```

在【使用 SQL 指令處理 Excel 遺漏值】流程（流程檔：ch16-5.txt）共有 9 個步驟的動作，可以使用 SQL 語言的 SELECT 和 UPDATE 指令來找出和處理"titanic_test2.xlsx"中 Age 欄位的遺漏值，如下圖：

1	{x}	**設定變數** 將值 'D:\WebScraper\Ch16\titanic_test2.xlsx' 指派給變數 Excel_File_Path
2		**開啟 SQL 連線** 開啟 SQL 連線 'Provider=Microsoft.ACE.OLEDB.12.0;Data Source=' Excel_File_Path ';Extended Properties="Excel 12.0 Xml;HDR=YES";', 並將其儲存至 SQLConnection
3		**執行 SQL 陳述式** 在 SQLConnection 上執行 SQL 陳述式 'SELECT Count(*) AS 遺漏值數 FROM [titanic_test$] WHERE Age = "NA"'
4		**顯示訊息** 在標題為 '顯示遺漏值數' 的通知快顯視窗中顯示訊息 '遺漏值數 = ' QueryResult [0]['遺漏值數'], 並將按下的按鈕儲存至 ButtonPressed
5		**執行 SQL 陳述式** 在 SQLConnection 上執行 SQL 陳述式 'SELECT Round(Avg(Age)) AS 平均值 FROM [titanic_test$] WHERE Age <> "NA" ', 並將查詢結果儲存至 QueryResult2
6	{x}	**設定變數** 將值 QueryResult2 [0]['平均值'] 指派給變數 Average
7		**執行 SQL 陳述式** 在 SQLConnection 上執行 SQL 陳述式 'UPDATE [titanic_test$] SET Age=' Average ' WHERE Age='NA' ', 並將查詢結果儲存至 QueryResult3
8		**關閉 SQL 連線** 關閉 SQL 連線 SQLConnection

1 【變數>設定變數】動作可以新增變數 Excel_File_Path，這是 Excel 檔案的路徑「D:\WebScraper\Ch16\titanic_test2.xlsx」。

2 【資料庫>開啟 SQL 連線】動作可以指定連線字串，使用 OLE DB 連接 Excel 檔案，如下：

```
Provider=Microsoft.ACE.OLEDB.12.0;Data
Source=%Excel_File_Path%;Extended Properties="Excel 12.0 Xml;HDR=YES";
```

3 【資料庫>執行 SQL 陳述式】動作可以執行【SQL 陳述式】欄輸入的 SELECT 指令，查詢 Age 欄位是"NA"的記錄數，如下圖：

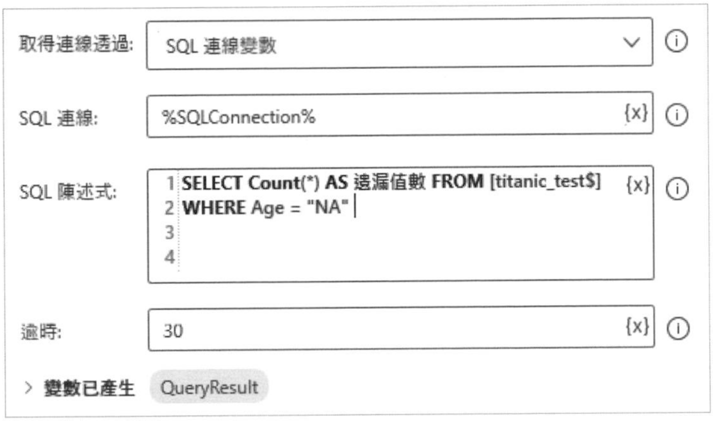

取得連線透過：	SQL 連線變數	∨
SQL 連線：	%SQLConnection%	{x}
SQL 陳述式：	1 SELECT Count(*) AS 遺漏值數 FROM [titanic_test$] 2 WHERE Age = "NA" 3 4	{x}
逾時：	30	{x}

> 變數已產生　QueryResult

4 【訊息方塊>顯示訊息】動作可以顯示步驟 4 查詢結果的遺漏值數，因為回傳的是單筆記錄的 DataTable 物件，所以使用索引 0 取得第 1 筆，即可取出'遺漏值數'欄位值，如下：

```
遺漏值數 = %QueryResult[0]['遺漏值數']%
```

訊息方塊標題：	顯示遺漏值數	{x}
要顯示的訊息：	遺漏值數 = %QueryResult[0]['遺漏值數']%	{x}

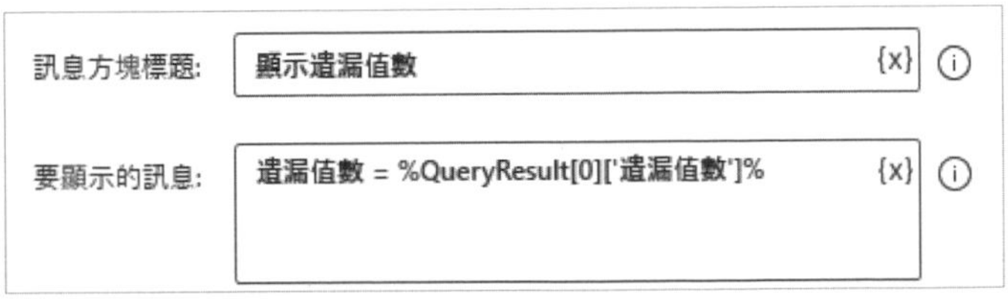

5 【資料庫>執行 SQL 陳述式】動作可以執行【SQL 陳述式】欄輸入的 SELECT 指令,計算 Age 欄位不是"NA"的平均值,如下圖:

取得連線透過:	SQL 連線變數	⌄	ⓘ
SQL 連線:	%SQLConnection%	{x}	ⓘ
SQL 陳述式:	1 SELECT Round(Avg(Age)) AS 平均值 FROM [titanic_test$] 2 WHERE Age <> "NA"	{x}	ⓘ
逾時:	30	{x}	ⓘ
> 變數已產生	QueryResult2		

6 【變數>設定變數】動作可以新增變數 Average,這就是步驟 6 取得 QueryResult2 變數的平均值,如下:

```
%QueryResult2[0]['平均值']%
```

7 【資料庫>執行 SQL 陳述式】動作可以執行【SQL 陳述式】欄輸入的 UPDATE 指令,更新 Age 欄位值成為 Average 變數值,如下圖:

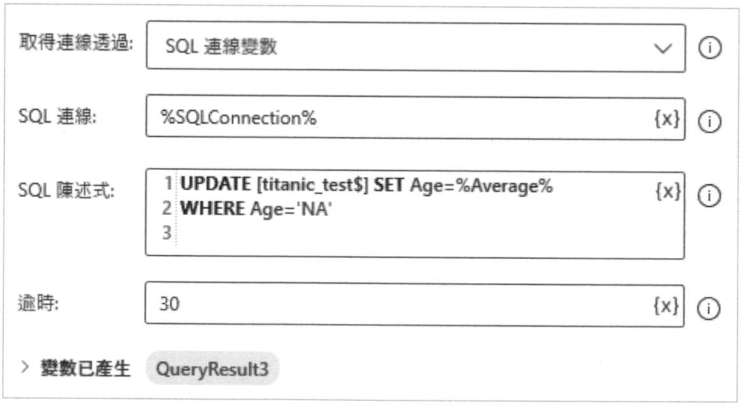

取得連線透過:	SQL 連線變數	⌄	ⓘ
SQL 連線:	%SQLConnection%	{x}	ⓘ
SQL 陳述式:	1 UPDATE [titanic_test$] SET Age=%Average% 2 WHERE Age='NA' 3	{x}	ⓘ
逾時:	30	{x}	ⓘ
> 變數已產生	QueryResult3		

8 【資料庫>關閉 SQL 連線】動作關閉步驟 2 開啟的 SQL 連線。

在執行上述流程前,請先複製 Excel 檔案"titanic_test. xlsx"成為"titanic_test2.xlsx"後,就可以執行此流程,首先執行 SELECT 指令找出遺漏值數,請按【確定】鈕繼續,如右圖:

然後執行 SELECT 指令計算出欄位的平均值後,執行 UPDATE 指令來更新"titanic_test2.xlsx"中 Age 欄位的遺漏值,填補成平均值 38,如下圖:

	A	B	C	D	E	F
1	PassengerId	Name	PClass	Age	Sex	Survived
2	1	Allen, Miss Elisabeth Walton	1st	29	female	1
3	2	Allison, Miss Helen Loraine	1st	2	female	0
4	3	Allison, Mr Hudson Joshua Creighton	1st	30	male	0
5	4	Allison, Mrs Hudson JC (Bessie Waldo Daniels)	1st	25	female	0
6	5	Allison, Master Hudson Trevor	1st	0.92	male	1
7	6	Anderson, Mr Harry	1st	47	male	1
8	7	Andrews, Miss Kornelia Theodosia	1st	63	female	1
9	8	Andrews, Mr Thomas, jr	1st	39	male	0
10	9	Appleton, Mrs Edward Dale (Charlotte Lamson)	1st	58	female	1
11	10	Artagaveytia, Mr Ramon	1st	71	male	0
12	11	Astor, Colonel John Jacob	1st	47	male	0
13	12	Astor, Mrs John Jacob (Madeleine Talmadge Force)	1st	19	female	1
14	13	Aubert, Mrs Leontine Pauline	1st	38	female	1
15	14	Barkworth, Mr Algernon H	1st	38	male	1
16	15	Baumann, Mr John D	1st	38	male	0

titanic_test ＋

16-6　實作案例:使用 SQL 指令在 Excel 工作表新增記錄

我們可以使用 SQL 語言的 INSERT 指令在 Excel 工作表新增一列資料,如同在資料庫新增 1 筆記錄,其基本語法如下:

```
INSERT INTO table (column1,column2,…)
VALUES ('value1', 'value2 ', …)
```

上述指令的 table 是準備插入記錄的資料表名稱,column1~n 為資料表的欄位名稱,value1~n 是對應的欄位值。例如:在[圖書資料$]資料表執行 INSERT 指令新增 1 筆圖書記錄,如下:

```
INSERT INTO [圖書資料$] (書號, 書名, 定價)
VALUES ('P0003', 'Java 語言程式設計', 510)
```

然後，再執行一次 INSERT 指令新增第 2 筆圖書記錄，如下：

```
INSERT INTO [圖書資料$] (書號, 書名, 定價)
VALUES ('P0004', 'C#語言程式設計', 650)
```

在【使用 SQL 指令在 Excel 工作表新增記錄】流程（流程檔：ch16-6.txt）
共有 5 個步驟的動作，可以使用 SQL 指令在"圖書資料 2.xlsx"的【圖書資料】
工作表新增 2 筆圖書資料，如下圖：

1　【變數>設定變數】動作可以新增變數 Excel_File_Path，這是 Excel 檔
　　案的路徑「D:\WebScraper\Ch16\圖書資料 2.xlsx」。

2　【資料庫>開啟 SQL 連線】動作可以指定連線字串，使用 OLE DB 連接
　　Excel 檔案，如下：

```
Provider=Microsoft.ACE.OLEDB.12.0;Data Source=%Excel_File_
Path%;Extended Properties="Excel 12.0 Xml;HDR=YES";
```

3　【資料庫>執行 SQL 陳述式】動作可以執行【SQL 陳述式】欄輸入的
　　INSERT 指令，在工作表新增第 1 筆圖書記錄，如下圖：

4　【資料庫>執行 SQL 陳述式】動作可以執行【SQL 陳述式】欄輸入的 INSERT 指令，在工作表新增第 2 筆圖書記錄，如下圖：

5　【資料庫>關閉 SQL 連線】動作關閉步驟 2 開啟的 SQL 連線。

　　在執行上述流程前，請先複製 Excel 檔案"圖書資料.xlsx"成為"圖書資料 2.xlsx"後，就可以執行此流程，在流程共執行 2 次 INSERT 指令，可以在"圖書資料 2.xlsx"新增 2 筆圖書資料，如右圖：

	A	B	C
1	書號	書名	定價
2	P0001	C語言程式設計	500
3	P0002	Python程式設計	550
4	D0001	SQL Server資料庫	600
5	W0001	PHP資料庫程式設計	540
6	W0002	ASP.NET網頁設計	650
7	D0002	Access資料庫	490
8	P0003	Java語言程式設計	510
9	P0004	C#語言程式設計	650

圖書資料　+

文科生也可以輕鬆學會 Web Scraper 網路爬蟲與 Power Automate X Excel 大數據分析

作　　者：陳會安
企劃編輯：江佳慧
文字編輯：詹祐甯
設計裝幀：張寶莉
發 行 人：廖文良

發 行 所：碁峰資訊股份有限公司
地　　址：台北市南港區三重路 66 號 7 樓之 6
電　　話：(02)2788-2408
傳　　真：(02)8192-4433
網　　站：www.gotop.com.tw
書　　號：ACD023900
版　　次：2023 年 11 月初版
建議售價：NT$600

國家圖書館出版品預行編目資料

文科生也可以輕鬆學會 Web Scraper 網路爬蟲與 Power Automate
X Excel 大數據分析 / 陳會安著. -- 初版. -- 臺北市：碁峰資訊,
2023.11
　　面；　公分
　　ISBN 978-626-324-645-4(平裝)
　　1.CST：搜尋引擎　2.CST：資訊蒐集　3.CST：大數據
4.CST：電腦程式設計
028.73　　　　　　　　　　　　　　　　　112016266